艺苑
游牧

杨刚年谱长编

杨肖 / 著

作家出版社

图书在版编目（CIP）数据

艺苑游牧 / 杨肖著 . -- 北京：作家出版社，2025.

7. -- ISBN 978-7-5212-3539-5

Ⅰ. K825.72

中国国家版本馆 CIP 数据核字第 2025K711W2 号

艺苑游牧

作　　者：杨　肖

责任编辑：朱莲莲

装帧设计：丁奔亮

出版发行：作家出版社有限公司

社　　址：北京农展馆南里 10 号　　邮　　编：100125

电话传真：86-10-65067186（发行中心）

　　　　　86-10-65004079（总编室）

E-mail:zuojia @ zuojia.net.cn

http://www.zuojiachubanshe.com

印　　刷：河北尚唐印刷包装有限公司

成品尺寸：142×210

字　　数：201 千

印　　张：9.875

版　　次：2025 年 7 月第 1 版

印　　次：2025 年 7 月第 1 次印刷

ISBN 978-7-5212-3539-5

定　　价：52.00 元

目　录

体例说明

一、是谱分为谱前、正谱和谱后三部分。

二、谱前述杨刚家世，以见其家庭教育和影响。

三、正谱分为六章。一是青少年时代，述杨刚求学经历，时间为1946—1963年。二是预流[①]时代，时间为1963—1973年，讲杨刚中央美院附中十年求学经历。三是漫游时代，记杨刚在锡林浩特工作经历，时间为1973—1978年。四是思想解放时代，言杨刚在中央美院读研究生的经历，时间为1978—1981年。五是转折时代，记录杨刚艺术转折和探索，时间为1981—1996年。六是天游时代，此时杨刚创作成熟，艺术臻于化境，独与天地精神往来，以创作的实绩将中国美术推到了新的高度，时间为1996—2019年。

[①] 陈寅恪先生《敦煌劫余录·序》言："一时代之学术，必有其新材料与新问题，取用此材料研究新问题，则为此时代之新学术。治学之士得预于此潮流者，谓之预流，其未得预者，谓之未入流。"

四、谱后目前只是一个简单的开端。杨刚曾说，五十年后大家才能逐渐认识他。尼采说，有的人死后方生。杨刚即尼采所说的"有的人"。杨刚的谱后将会很长很长，我们只是发其端，后面交给历史和来者。

五、关于材料来源。本年谱的基础来自杨刚自编年谱。2017年，经杨肖建议，杨刚纂成《杨刚自编简谱》，约一万字。笔者整理杨刚所遗留的文字，已出版《心远集——杨刚谈艺录》，另有《杨刚自传》待出版，本年谱引用的杨刚的言论，大抵出于此。杨刚写给董正贺很多信，笔者也深入采访了她，董正贺回忆了杨刚诸多事情，皆成为本年谱重要的材料来源。笔者也广泛采访了杨刚的亲属、昔年一起在内蒙古插队工作的朋友、中央美院附中同学、中央美院同学、北京画院的同事们，整理成多份采访实录，将很多内容编入了本谱。此前，笔者针对杨刚不同时期的作品做了广泛的研究，写了一系列文章，也是本年谱材料的来源。

六、作者在此年谱中具有多重身份。一是作者，作者以"笔者"之称出现于正文。二是被叙述者，因为作者是传主的女儿，所以经常出现于正文，这个身份以"杨肖"来标明。

七、关于杨刚的生平，从笔者角度来看，可分三类。一是所见，笔者除2006—2009年在复旦读硕士、2009—2017年在美国西北大学读博士，其余时间大致和杨刚在一起生活，亲见他的生活和创作，亲聆他的言谈和议论。二是所闻，杨刚和笔者讲过很多他少年和青年时期的故事、创作情况等。三是所听闻，杨刚辞世后，我们采访了杨刚的很多亲友、同学和同事，听他们讲过杨刚的生活和创作等情况。

八、本传记有附录。附录为杨刚辞世时北京画院所写《杨刚同志生平与艺术》，由此可见其生前所供职单位的评价。

九、相关事件能确定年而不能确定月者，缀于当年文末，以"是年"标出。个别不能确定年者，度之缀于某年，虽不中亦不远也。

十、本书还将动态调整，有些或将进一步提炼，有些还有待补充，大家对杨刚的认识还需要时间，此谱只是杨刚年谱的初级阶段，补充与提高留给历史与后来者。

谱

前

祖父

　　杨刚的祖父名杨念先，经营商业，是当地大贾。杨家老屋邻近淮颍河码头，淮颍河是淮河支流，是重要的河运通道。杨家的大船队驻于此，运输盐、粮，通蚌埠、达上海，因时因地、懋迁有无。沈丘地处平原，码头附近是沈丘最高点。这里曾是交通要冲，政要聚焉，巨商附焉，今日荒草萋萋，河水亦已萎缩。杨家是沈丘大户，槐店镇中心区域半条大街属焉，时称杨家大院。

祖母

　　尝采访杨刚的妹妹、乡亲等，竟无所得，阙存于此。

外祖父母

　　杨刚的外祖父为李鸣钟（1887—1949），出生于河南沈丘县中医之家，十七岁至北京清兵第六镇当兵。1905 年，结识冯玉祥。1911 年辛亥革命爆发时，任新军第二十镇排长，随该镇管带冯玉祥、王金铭、施从云等举行起义，史称滦州起义。民国成立后，与冯玉祥部共练新军。1914年，冯玉祥任命其为第十六旅混成旅模范连连长。追随冯玉祥南征北战，逐步成为冯军集团重要将领，与张之江、鹿钟麟、刘郁芳、宋哲元并称为西北军"五虎上将"。1931年，因不满蒋介石所为，愤然辞职，隐居北京养马胡同。1937年，抗日战争爆发，拒绝为日伪服务，遂归乡居，主持河南省赈济工作，负责花园口黄河大堤堵口工程等。1946年国民党政府实行宪政，成立了立法院和监察院，李鸣钟先生被河南省选为监察院监察委员，于1946年到南京任职。1947年，于右任引诗赠李鸣钟："千家笑语漏迟迟，忧患潜从物外知。悄立市桥人不识，一星如月看多时。"1949年6月29日，李鸣钟因食管癌病逝于上海，享年六十二岁。曾任河北省副省长的李兴中先生所送挽联大致概括了李鸣钟一生："为政以德有勇知方缅怀儒将风流精神不死，起义滦州归真沪上历数终身行谊大节无亏。"今河南沈丘县存李鸣钟故居，一度用为县委大院，现为河南省文物保护单位。

杨刚的外祖母名为毛淑清（1895—1971）。杨刚到北京后，幼时由外祖母带大。故杨刚对外祖母念念不忘，时常提起，说她为人善良、脾气温和，终日为家人操劳。杨刚画过多幅作品怀念追思外祖母。杨刚《寿比胡同7号》写道："据说姥姥的父亲是清末御林军的教头。姥姥年轻时坚决不裹小脚，因为是独生女父母溺爱，也就随了她。后来她成了冯玉祥五虎上将李鸣钟的原配夫人，为辅助姥爷闯天下出了不少力。后来姥爷下野回到乡里，姥姥又帮他为家乡百姓做了不少的好事。姥爷晚年定居上海。上海解放后，姥爷病故，姥姥带着全家来到北京。大人们说姥爷要是还在理应是民主人士。姥姥常说：'老头子后来凡事不听我的，只在最后听了一句，就是没去台湾。''文革'期间，姥姥被遣回姥爷原籍河南的一个小村庄，后来就在那里故去了。据说姥爷在家乡口碑很好，所以村民对姥姥都很照顾，这倒比在北京担惊受怕强得多。"

父母

杨刚的父亲名杨宗琦，是四十年代河南大学农科毕业生。杨宗琦多次和笔者谈起在河南大学听冯友兰先生等课之事。新中国成立后，杨宗琦为农科院专家，从事农业病虫害研究。1960 年，赴西藏援建，退休后归北京，2019 年辞世。杨刚在《我和四舅》文中记录："父亲搞农业科研，小时候常见他用鸭嘴笔画一些昆虫标本，也许就因为有这么点遗传基因吧，我从小就喜欢画画。"杨刚伯父名杨宗慎，印光有一封《复杨宗慎居士书》，或是写给他的，这一脉今在新加坡。笔者在复旦读书时，有一位长几岁的哥哥赴上海出差，还与我会过一面。

杨刚的母亲名李宝华，少时长于北京，始在家庭私塾读四书五经，后入新学堂。新中国成立后为北京 195 中学教师，2020 年辞世。杨刚父母结婚时，据说在当地颇为轰动，一些老人依稀记得，"迎亲队伍的队头已经到了李宅，队尾还没出杨宅"。

正

谱

第一章　青少年时代（1946—1963）

1946 年，杨刚出生。

12 月 19 日，杨刚出生于河南省周口市沈丘县槐店镇。杨刚辞世后，北京画院所撰写《杨刚同志生平与艺术》，将籍贯写为淮阳，据说档案中即作此。后经询杨刚的学生王颖生先生等，才知此地曾设淮阳专区，沈丘属焉，故档案中籍贯作淮阳。但此淮阳与今淮阳县不同。地理区划沿革变迁经常造成误会，今辨明于此。

杨刚生前只回过两次家乡。笔者猜测，杨刚对于家乡情感较为复杂，故近乡情怯。杨刚在《故乡寻根记》中说："我本人不满周岁就离开了故乡，四十九年从没回去过，要说对那儿还有点印象，也全是从别人那儿听来的。据说老家的近亲都出来了，'文革'中姥姥又被遣返回乡死在那里，我对这个故乡就更不愿去多想了。"

是年，叶浅予先生三十九岁，刘凌沧先生三十七岁，卢沉先生十一岁，周思聪先生七岁，朱振庚先生六岁。

1947 年，杨刚一岁。

1948 年，杨刚二岁。

据杨刚的三姨、中国地质大学教授李宝芳女士回忆，杨刚父母携其赴上海，住卢湾区香山路十号，此地为李鸣钟房产。当时杨刚的保姆名为景他娘。

1949 年，杨刚三岁。

花旗银行退还李鸣钟战前存款，故李鸣钟在北京购置了房子。5 月，杨刚父母携其至北京。

6 月 29 日，李鸣钟先生因食管癌病逝于上海。

1950 年，杨刚四岁。

居住于北京市东城区寿比胡同 7 号一座四合院。杨刚在《寿比胡同 7 号》中写道："记忆中的四合院很大，院里立着两棵大槐树，花开时节满院飘香。北面是房东许爷爷住的三间大瓦房，三间南屋跟北屋一样铺着花砖地，东西各有两间厢房，屋外都有红漆柱子花格窗。"

杨刚和其姥姥、舅舅、表哥、表姐等共居一个四合院。此院是杨刚姥爷李鸣钟将军老部下的房子，杨刚的姥姥租下南、西、东屋，杨刚与大他十岁的表哥李鸿程住东屋，杨刚的母亲李宝华住西屋，杨刚的姥姥和五舅一家分别住南屋外间和里间，房东许氏夫妇住北屋。据杨刚表哥李鸿程先生回忆，东屋很小，冬天也不生火，非常冷，"桌上放一碗水，早上就冻瓷实了"。

杨刚的姥姥负责看护杨刚和几位小朋友。杨刚在《寿比胡同7号》里记录道："7号院里最辛劳的要数姥姥，做饭收拾屋子看孩子。一家大小十几口，事事都得她操心。孩子一出事，她准得说，'哎哟，我的乖乖！我说什么来着！'每晚等全家都睡了，姥姥就泡上一杯浓茶，点上一支恒大牌香烟，弓着背坐在床沿上喘口气。我一觉醒来，蒙眬中还瞅见那烟头的红光在黑暗中一闪一闪地亮。"

杨刚幼时与表哥李鸿程亲密无间。杨刚在《寿比胡同7号》中记录道："7号院里，我最崇拜的人物是表哥。他脾气好从不惹事，喜欢运动，身体特棒。每天清晨他都跑着去四中上学，还常带我们去游泳，他教我们游，还给我们表演高台跳水。表哥兴趣广泛，没事就跟表姐们一起唱《外国民歌二百首》，还时不时地拿红布蒙上东屋的窗户，用自制的暗箱洗相片。他功课特棒，还爱发明创造，我亲眼看过他自制微型发电机的全过程。后来他考上了西安交大电机系，还当了班长。"之后，李鸿程移居美国。

1951 年，杨刚五岁。

杨刚的四舅常陪杨刚玩，给了杨刚艺术启蒙。杨刚在《我和四舅》中记录："在大年初一的鞭炮声中，四舅来了灵感，拿起毛笔在我脸上画了个张飞脸谱。我觉得有一股臭墨汁味钻进鼻子，很不舒服。画完照镜子一瞧，我都认不出自己来了。这还不算，四舅非要带我去'招摇过市'。走在街上，人家看得我怪不好意思的，可四舅却显得非常得意。拿今天的眼光看，那真是一次行为艺术。"

杨刚原名杨继贤，因小时候爱哭，家人期盼其变得刚强些，是年改名杨刚。

杨刚已表现出很强的绘画天赋。杨刚在《让我们荡起双桨，小船儿推开波浪》中记录："记得五岁那年，跟大人逛动物园回来，在强烈的绘画创造欲驱使下，我抓起一根粉笔就在地上画了头四平方米的大象，大人们见此都很诧异。这大概就是我艺术人生的序曲。"杨刚的母亲李宝华在《母亲的回忆》中说："杨刚小时候是个性格内向、沉静、爱思考的孩子。他四五岁时，我们就发现他对画画的特殊喜爱，同时他也明显表现出善于观察的能力。每逢游动物园回来，他常在纸上、地上画出各种各样的小动物。有一次，他竟在屋里一块约四平方米的空地上，用粉笔画了一只形神肖似的大象。每次外出玩耍或看电影后，他常常凭着记忆，在纸上、屋子和院子里的地面上，画出一幅幅大大小小的人物、景物和动物图像，或影片中的某个画面，很能抓住事物的特点。"杨刚在《寿比胡同7号》中写道："五舅是个外向人，对我小时候的孤僻性格不以为然，对我的画却赞不绝口：'你说多怪！谁教他啦？'"

杨刚经常画电影镜头和小人书。杨刚在《寿比胡同7号》中写道："表哥表姐常带我们几个小的去看电影，回来后我就把印象较深的镜头全都默画出来。在书摊上看过的小人书我也常背着画出来，家里人看了都很惊奇。"

是年，董正贺生。

1952年，杨刚六岁。

杨刚在《寿比胡同7号》中写道："夏天睡得晚，做完作业，除了跟伙伴们在胡同里玩，有时还搬着板凳到门前空场上去听许老头讲鬼故事。小凉风一吹，树叶唰唰响，看不清老人的脸，却能从说话声调里听出可怕又神秘的韵味来，越怕越想听。这时对我来说，比鬼更可怕的就是大人催我回家睡觉。""三伏天，天闷热，全家人搭起各种床铺睡当院，等后半夜天凉了再进屋。妈妈流水作业似的给几个小不点洗完澡，大家就扇着芭蕉扇聊天。我躺在木板床上仰望着夏夜星空，听表哥谈天说地，在幻想中不知不觉地睡去。"又写道："岔道里还有俩女孩常跟我玩。一个夏日的午后，太阳懒洋洋地照在胡同里，静极了，只有树上的知了在此起彼伏地叫。我们仨坐在门槛上，别的都玩腻了，忽然想要比赛唱歌。比我大的女孩当裁判，比我小的女孩先唱了一段《让我们荡起双桨》，她得 4 分。该我了，我想超过她，就非常投入地唱起了《敖包相会》，头一段用的男嗓，后一段用的女嗓 '……只要哥哥你耐心地等待哟，你心上的人儿就会……' '没羞！2 分！'"

1953 年，杨刚七岁。

杨刚沉迷于绘画。杨刚在《寿比胡同 7 号》中记录："在我印象中，7 号院最热闹那阵子，一到周末大人小孩就都聚在南屋说说笑笑。而我却经常一个人躲在西屋，摆几个瓶瓶罐罐对着画。"

杨刚自幼就不爱说话。张抗抗女士在《自由的力度——读杨刚画集》中说："杨刚特别不爱说话，沉默寡言甚至有些憨厚木讷，与他绘画作品中的自由奔放形成强烈反差。有一次，杨刚破例告诉朋友们，不爱说话的原因是小时候他妈妈的话特别多，天下的话都已被妈妈说完了，他无话可说，只好埋头画画。"

1954 年，杨刚八岁。

是年，杨刚入小学，就读于北京市东城区第二中心小学（今分司厅小学）。分司厅小学始建于 1914 年，1956 年增设初中部。

在四舅李克非和东城区第二中心小学美术老师徐志远先生辅导下，杨刚开始学习水墨画。

李克非先生（1924—1995），是西北军李鸣钟将军第四子，自幼接受了良好的传统教育，肄业于河南大学中文系、中央戏剧学院，读书时发表散文、新诗多篇，尝从何其巩、谢无量诸先生研习书画。熟读经史，谙京剧、书画、篆刻等，导演过吴祖光《凤凰城》及曹禺《北京人》《日出》等。新中国成立后，李克非处境艰难，辗转北京、河南，做过工人、老师、编剧、编辑等，晚年为北京市文史馆馆员。晚年著有《京华感旧录》（江苏古籍出版社，1986 年），张伯驹、端木蕻良作序。此书比诸《东京梦华录》，是国祚转移之后，思京华故事，所涉则有京剧、书画、美食、老人、旧事、风俗等。张伯驹序称："舍表弟克非以其近年来为海外及港澳各报刊所撰之随笔、散文百余篇出示，并嘱写序言。克非弟乃辛亥名流先表叔沈丘李晓东公之哲嗣，髫年就学即聪颖过人，每读唐人绝句，辄能过目成诵。假日偶随长辈赴戏园观剧，登场诸伶，姓氏艺名凡见诸海报者，皆能全记无误，故自幼深得堂上欢娱。稍长，从桐城何克之（其巩）先生习书法，后又拜至谢无量先生之门，兼临汉魏各碑，常获师长褒奖。卢沟变起，李、张两家皆避难洛阳、镐京，余与克非弟为诗文、京剧之同好，时相过从，切磋琢磨。抗战期间，伊即常撰诗文及剧评发表于豫、陕各报刊，颇为当时读者所注目。"杨刚在《我和四舅》中记录："四舅有才，也爱才。他发现我爱画，就经常对我进行这方面的熏陶和诱导。四舅的世界充满书卷气，谈论的也多是些与艺术有关的事，这些都在潜移默化中影响着我。"杨刚在《寿比胡同 7 号》中称："四舅是个文人，还是杂家，他夸我有才气，常给我看些字画文物之类的好东西。有时还磨平印石篆上的印文让我把刀，说是'小孩子能刻出天真朴拙的味道'。南屋西头有个大硬木柜，两扇柜门的木雕中央镶着块大玻璃，内有两幅绢上水墨山水，画的是唐人诗意，四舅教我用高丽纸把它们临摹下来。后来参加小学美术组，徐志远老师常夸我山水画的笔力雄健，这想必是得益于在家的临摹。"

杨刚的近亲中无人从事文艺工作，唯李克非与文艺界联系紧密，对杨刚颇多引导，可谓杨刚的启蒙老师。徐志远，其人其事已不甚详，笔者尝在杨刚父母家中见过一幅徐志远先生的书法作品。

经常临摹并画创意画。杨刚的妹妹杨少华介绍，杨刚话很少，整日埋头画画。杨刚在《寿比胡同 7 号》中记录："空场西南角伸进去个岔道，里头住着两位爱画画的大男孩，没事我就跑去找他俩玩。在于元祖家经常能看到他画的铅笔水彩画，每次我都对着它们琢磨半天。"

观察父亲画昆虫标本。杨刚在《寿比胡同7号》写道："爸爸是搞植物保护的，经常用鸭嘴笔蘸上碳素墨水画昆虫标本，先用细线勾出轮廓结构，再用疏密有致的点子点出体积和质感。他每次画，我都站在一旁仔细地瞧。"

1955年，杨刚九岁。

是年，读小学二年级。

3月，观看苏联展览馆（1958年更名北京展览馆）速写展，受到鼓舞。杨刚在访谈中说道："我们小时候去苏联展览馆，现在的北京展览馆，有一个四人的大展览——叶浅予、黄胄、邵宇、陆志庠速写展。我一看，特别受感染，再加上附中老师的鼓动，讲话特有煽动性，我就特来劲。"在《绘事随缘》中写道："虽然我小时候不认识叶浅予先生，但是从小就受他的影响，那时我看过一个很大的速写展览，就是叶浅予、黄胄、邵宇、陆志庠四个人的画展，特别叹服他们在速写中捕捉稍纵即逝情态的本事。我长期有意识训练自己敏锐的感觉，使劲去追这个东西，没想到'文革'后真的当了叶浅予先生的学生。"

小时候喜欢踢足球。杨刚在《寿比胡同7号》中写道："记得那会儿每天放学做完作业，我就迫不及待地抱起红蓝两色的大皮球，跑出去找胡同里那帮孩子踢球。他们有的比我大好些，有的比我小。我小名叫三娃，却被他们叫成了三皇。我从小缺钙，长得细胳膊细腿大脑壳，他们又叫我大头。我踢球总爱不管不顾地往前冲，因头重脚轻而常摔跟头。"

经常画小人书。杨刚《让我们荡起双桨，小船儿推开波浪》中写道："那时的街头有一种小人书（连环画）摊，放学后我就常去看小人书。书中的故事和人物深深地吸引着我，一坐就是老半天。回家后，什么关云长、张翼德就都出现在我的画上。那会儿苏联电影很多，看完后，我的画上又出现了娜达莎、谢廖沙、保尔什么的。"

是年，拜见蒋兆和先生。杨刚在《我和四舅》中写道："四舅认识不少当时文艺界的名流。有一回，他带我去拜一位画家为师。那画家是个瘦小的男子，看上去岁数不小。画室中飘着墨香，墙上挂着一幅未完成的大幅水墨。那画家看了我带来的几幅习作，建议我多画些写生。'多谢指点。对不起，打扰您作画了。'四舅临走客气地说。后来我才知道，原来这位画家就是蒋兆和先生。"

1956 年，杨刚十岁。

是年，读小学三年级。

杨刚的绘画才能颇得左邻右舍夸奖。杨刚在《寿比胡同 7 号》中记录："街道积极分子们听说我会画，就拿来几块粘了木柄的大硬纸壳，求我画'除四害讲卫生'的宣传牌。""胡同东头连着另一个胡同，那里住着一位姓曲的小学女同学。有一回放学后，她请我去她家看她妈绣花。伯母见我看得入神，就用弓子绷了块素绢，让我随便绣个什么。于是我想了想，就在绢上画了个关云长，然后用各色丝线绣出来。红脸绿袍金线描，还找了点微妙的色彩变化，虽然手指被扎破了几回，针脚也不算齐整，可大效果还挺好看。母女俩看了连声称赞，弄得我的脸比关公还红。"

杨刚的绘画才能也获得学校的认可。杨刚在《让我们荡起双桨，小船儿推开波浪》中记录道："学校里的壁报板报也都是我的差事。十月革命节到了，我画列宁克里姆林宫；政治形势紧张了，我边画边学习反帝的壁画……有时为了画完一张报头，要熬到后半夜。妈妈一觉醒来，见我还在画，就心疼地催我快点睡觉。可我老是光答应不动窝，非得把任务完成了才踏实地进入梦乡。"

杨刚在《绘事随缘》中写道："我上小学的时候，对文化课的学习不太主动，像是为家长、为老师学习，但语文、作文、音乐、体育、绘画课我是比较主动的。被动学习就不能算好学生了，经常被老师批评，老师一叫我的名字，我就比较紧张。"

随四舅到北海公园后门勤工俭学卖画。杨刚在《我和四舅》中记录："我小时候性格内向，怕生人，四舅老说我怵窝子。有一回他说要带我去锻炼锻炼。他把我带到了北海公园后门，在地上放了张小桌子，摆上笔墨纸砚；又在两棵树中间拉了根绳，挂上我临摹齐白石、徐悲鸿的水墨；最后挂上一条横幅'勤工俭学，十岁杨刚卖画'。他让我坐在桌前小凳上，自己却躲在了一边。很快就有不少游人被我吸引过来，四周围得水泄不通。我涨红了脸坐在那儿，支支吾吾地回答人家提出的各种问题。'小朋友，这些都是你自己画的吗？'一位穿海军服、帽后有两条飘带的叔叔笑着问。'是。''我想买一张，你能当场画吗？''能。'于是，我便头一回当着这么多人画起画来。我画的是徐悲鸿的《奔马》。这本来是我画熟了的，可这会儿不知怎么搞的，笔也不听使唤了、含水多少也拿不准了，好不容易总算画完，衣服都被汗水湿透了！我在画的右边写上'十岁杨刚仿悲鸿画马'一行歪歪扭扭的字，盖上图章，然后把画交给那位海军叔叔。'画得不错，可是比上面挂的差了点。你还得好好练，不然就要退步了，你说对吗？''对。'我有些羞愧地说。海军叔叔把画买走，又不断有人来买，一上午很快就过去了。四舅走过来，帮我收拾起东西，带上我用劳动换来的几块钱回家了。大人们让我把钱交给学校。校长又派人用这钱买了些画具送给我，作为对我的鼓励。"关于杨刚在北海勤工俭学卖画，路盛章先生说，记得是个下午，阳光很好，在北海公园后门售票处，杨刚在一棵国槐树下摆了一个摊，他画鸡、画马等，有水墨、彩墨，还有题字，当时很多人围观。

1957 年，杨刚十一岁。

是年，读小学四年级。

杨刚的水墨画《放花炮》参加新西兰国际儿童画展并获奖。

杨刚在《绘事随缘》中写道："有一次到操场做广播体操，做完以后集合，校长开始讲话，突然叫我名字，我就特紧张，不知道又有什么事，说'杨刚同学的儿童画在新西兰儿童国际画展获奖了！'"此作现存照片，为所能见杨刚最早的作品。画作中一个小男孩在点花炮，欲点还怕，姿态生动；左侧为一棵枯树，左后侧一个包着头巾的小姑娘正捂着耳朵躲避；其后有一个更小的男孩远远地、好奇地观望；地面全是大雪，有一个个的脚印；远处是四合院，再远处是隐约的山；画面右下角题"一九五七放花炮"。

杨刚在《我和四舅》中记录："一次到四舅家玩，他卧室里的一幅水墨吸引了我。那是四舅自己画的，一看就知道画的是四舅妈，寥寥几笔却画得很传神：盘起的头发像一团黑云、脸部的线条很有弹性、特别是那裸露的后颈画得很美……这幅画深深打动了我。本来我不太喜欢水墨，可从这以后也开始画起来。十二岁时，我的一幅水墨《放花炮》还得了国际奖呢！"杨刚的四舅妈是陆丽珠女士，即电影《永不消逝的电波》中女特务柳尼娜和《霓虹灯下的哨兵》中女特务曲曼丽的扮演者。今天知道其人者或鲜矣，当时陆丽珠鼎鼎大名。1966 年后，陆丽珠因为扮演女特务，长期遭受不公正待遇。

2021 年，中国美术馆举办"自由长旅——杨刚艺术展"期间，杨刚小学同学付得一在接受采访时说，读小学时杨刚曾为他治过一枚印章。具体哪年已不可考，姑缀于此。

1958 年，杨刚十二岁。

是年，读小学五年级。

杨刚的弟弟、妹妹随父亲搬到西苑马连洼，此处是其父亲中国农科院的宿舍。杨刚陪同母亲继续住在寿比胡同。

经常帮助居委会大妈画"除四害"连环画。杨刚在《绘事随缘》中写道："当时画着玩，没想到为社会服务，慢慢大了以后，人家看你画得好了，胡同里的居委会大妈让帮着画'除四害'的宣传画，配合街道上举办的活动。当时我很小，为社会服务的事很多，这对我也是一种鼓励，因此对绘画更热爱了，也觉得绘画很有意义。"杨刚在《绘画伴随着少年时代》中写道："一天，胡同里的积极分子拿了几张带木把的硬纸来找姥姥，说是要请我画'除四害'的宣传画。我接了活儿，就非常认真地画了一只彩色大苍蝇、一只大老鼠、一只大麻雀和一只大蚊子。"1958 年，中共中央、国务院发出《关于除四害讲卫生的指示》，要求各地开展除四害、讲卫生，全国 6 亿多人投入其中。杨刚帮助居委会大妈画"除四害"宣传画，即在此时。

杨刚被学校派到京郊农村画宣传总路线、"大跃进"、人民公社的壁画。杨刚在《让我们荡起双桨，小船儿推开波浪》中写道："上五年级时的一天上午，正上着课，忽然有位高班同学走进我们教室，他对班主任嘀咕了几句，班主任就把我叫起来，让我马上收拾书包跟那位校友走。原来是六年级要下乡劳动，让我跟他们一起去农村画壁画。我们到达村里时天已入夜。在队部的大食堂里点着两盏汽灯。地上放着几个大簸箩，里面堆满热气腾腾的煮白薯。队长用洪亮的嗓门讲完欢迎的话，我们就可以开吃了。我很饿，白薯又很香，我就挑了个最大的。可才吃了一半儿就吃不下了，只得不好意思地给了一位大哥哥。记得我头一回睡农村热炕，觉得很舒服。我被说话声吵醒时，看见窗户纸已微微发白。吃过早饭，别人都去地里干活儿，我和六年级两位善画的同学带上画具，冒着凛冽的寒风出发了。我们挑了个背风向阳的大土墙，又向老乡借了把梯子就开始工作了。画的内容都很浪漫：两个小孩站在巨大饱满的麦穗儿上；一个壮汉伸展双臂推开两座山，让河水流到农田里；工农兵高举总路线、'大跃进'、人民公社三面红旗，乘着巨龙奋勇前进，等等。我还是头一回画这么大的画，非常兴奋，刺骨的北风吹裂了手脸的皮，我也不在乎。当时哪里知道，我们为之宣传的那一套，却给中国百姓带来了好几年的饥荒！"

杨刚下乡学农，谈到昔年城乡差别给老乡们带来的冲击。他在《求索自由之路——杨刚访谈录》中说："就是当时教育改革，学工学农，吃派饭，去老乡家吃派饭。有些地方比较穷的农村，那里的农民原来没接触过我们这些城里来的人之前，他们觉得自己那里一切很合理、很正常，就应该这样，但当我们要走的时候，他们都哭。大约是头一次亲身感受到城乡差别……"1958年，《中共中央、国务院关于教育工作的指示》指出，党的教育工作方针，是教育为无产阶级革命的政治服务，教育与生产劳动相结合，在此背景下学校开始"学工学农"。

1959 年，杨刚十三岁。

是年，读小学六年级。

喜欢音乐，经常听音乐。杨刚《绘事随缘》里写道："记得小时候，仅次于绘画的，就是对旋律的敏感。当乐声响起时，常有一种类似电流通过全身的感觉，使我兴奋不已。我虽然最终没有选择音乐专业，她却一直伴随着我的绘画人生。"

杨刚常常画马。杨刚诗歌《画马缘》写道："小时候／属于众多画马男孩之列／拿起毛笔蘸上墨／眼前便出现了／悲鸿的《奔马》／骑马打仗多刺激／无论关云长、夏伯阳／还是十字军、郁金香方方／赤兔、乌骓、白龙马／还有神气的卡巴津、纯血阿哈／英雄无碍／千里平蹚。"

杨刚的同学何龙江在《画家老同学杨刚》文中谈到对杨刚的印象："杨刚小学和初中在北京分司厅学习读书，与我曾经是一个班的同学。印象里的他皮肤白净，大脑门儿，不善言辞，从小喜欢画画。"

杨刚在"超越自我——96 杨刚艺术展"的《前言》中评价自己少年时代："儿时像个女孩——内向、孤僻、爱哭、感情细腻、好幻想，画起画来如醉如痴。"

1960 年，十四岁。

是年，杨刚升入分司厅中学，读初中一年级。

分司厅中学很难考入，不是按片分配，都是按照成绩录取。1956年，分司厅小学增设初中班，是为分司厅中学。分司厅在民国时期是司法部门所在地，是分犯人之地。路盛章先生回忆，其小时候还看到过押解犯人。1959年，建人民大会堂和历史博物馆，用不了的材料，给了分司厅小学。

和同学蔡兴隆交往密切。杨刚在《蔡兴隆》一文中记录："我是兴隆家的常客。除父母外，他还有个哥哥和一个漂亮的姐姐。他家室内陈设简单而有文化，还带着南洋的异域风味。院子里种了不少果树花草，果树开花时满园飘香。活动室摆放着一个球台，我们常在那儿打乒乓球。记得有一天放学后，我和几个同学一起到兴隆家玩。他那位当工程师的爸爸饶有兴致地陪我们解一道几何国际难题。平时我对理科并不感兴趣，可这回瞧他们一个个都那么投入，也受了感染，就跟他们一块儿忙活起来。我们又算又画的，一直弄到天黑才各自回家。国际难题虽然没解开，可大伙儿心里却充满了快感。"

随学校高班同学下乡，在农舍墙壁上绘制大型壁画，宣传"三面红旗"。杨刚在《画马缘》诗中写道："高班下乡支农／却带上我这低班生／他人下地干活／我却登梯爬高／在农舍的山墙上／用粉土刷出'大跃进'的／飞马。"1960年，社会主义建设总路线、"大跃进"和人民公社，被称为"三个法宝"，5月之后称为"三面红旗"。杨刚下乡绘制壁画，宣传"三面红旗"当在斯时。

是年，杨刚的父亲踏上支援西藏之路。杨刚负担起长子之责，为母亲分忧，承担了不少照顾家庭的工作。杨刚的母亲李宝华《母亲的回忆》中说："杨刚是我的长子。他的父亲为支援边疆，1960年就去西藏了。我是个教师，工作繁忙，常顾不了家，所以买物、做饭、去幼儿园接小妹等不少家务事，都要靠杨刚来帮我分担。这些年来，他简直成了我的左右手。记得是杨刚入初中后的一个五一节，天还不亮，我就带学生去天安门了，回家时已是下午四点多钟了。杨刚也刚从学校回来不久，这时发现他的小妹妹正在发高烧，得马上去医院，他又陪我一起到医院去。那天因看急诊的孩子多，又因检验、观察病情等，花了很长时间，最后离开医院时已过午夜，连末班的公共汽车也过去了。杨刚虽然也很疲乏，可二话不说就和我轮流背着他妹妹步行回家。平时杨刚对弟弟妹妹也知关心爱护，遇事能够忍让。虽说在一个多子女家庭里，孩子们争争吵吵并不算什么稀奇事，可他却尽力劝解，很像个老大哥的样子，所以受到了弟弟妹妹们的尊敬。他的四个弟妹互相之间是直呼其名，唯独对他都亲切地叫大哥。"

关于杨刚父亲杨宗琦先生援藏的经历，可参见社会科学文献出版社2022年出版的吴长生先生《凝固的浮云：一个共和国同龄人的四十年人生回忆》一书。吴先生记录了杨刚父亲杨宗琦在西藏的生活情况："回程途中，我在泽当拜访了地区农技站的杨宗琦。他是解放前的大学生，1960年代从北京中国农业科学院调来西藏，专攻作物病虫害防治。我们到加查后不久，他曾以老乡的身份到家里看望我们，并给我们带去了他在自己宿舍窗户根前微型'自留地'里的实验成果——一麻袋土豆。那土豆大得出奇，最小的一个也有两三斤重，凹下去的深坑是土豆出芽的部位。12个大土豆，装了几乎一满麻袋。与那时在藏工作的许多汉族干部一样，老杨也是别妻离子'单身赴任'。他在农技站的宿舍，简陋但整洁。书桌前窗台上厚薄不同的一摞方木片、一个粗铁丝做的三腿支架，那是他的夜宵灶具。与西藏多数地方一样，泽当还没有水电站，晚间照明全靠柴油发电机，一般九点来钟就停电了。知识分子只能秉烛读书了，冬夜无取暖设备，为了御寒，一是要多穿衣服，二是要用大搪瓷缸子暖手——那时，西藏干部基本人手一缸，泡着热茶的缸子既能补水又能焐手。为了保持茶缸中的水温，老杨精心制作了一套'灶具'——搪瓷缸子放在铁丝架上；而那些厚薄不同的方木块，是用来为蜡烛垫脚的——随着蜡烛燃烧变短，不断垫高，以保证烛苗与搪瓷缸底保持最佳距离。有时看书太晚了，就煮几根挂面、卧个鸡蛋，这小灶真解决问题。老杨还向我展示了他的'维权'纪念品：几块干馒头片。他说，本来口粮就够紧了，没想到单位食堂还狠心克扣。他发现食堂的馒头个小，怀疑分量不够二两，就把一个馒头切成四片，充分晾干，然后用实验室的天平称重。才八十三克，少了三钱多！二两就少三钱多，这不是少一点儿。'铁证如山'，食堂不得不承认了失误。而这几块馒头片，就成了老杨取胜的纪念品。"诗人杨星火（1925—2000），1978年进藏采访，其日记记录："15日，上午访次仁措姆，下午访杨宗琦老师，晚上写生活笔记。"

也提到了杨宗琦先生。

1961 年，杨刚十五岁。

是年，读初中二年级。

在美术方面，杨刚已经表现出很强的能力。路盛章先生说，杨刚的班主任是一位女老师，很漂亮，有一些口音，经常在课堂上表扬杨刚。

是年，常锐伦先生开始教授杨刚，逐渐将杨刚带入美术科班之路。路盛章先生回忆，分司厅中学原来就有美术组，负责人是徐老师，徐老师挽着袖子，穿着灰短裤，鼓励大家画国画。常锐伦老师一来，情况就完全不一样了。之前，杨刚在四舅李克非和老师徐志远指导下，主要接受传统水墨教育；逢常锐伦老师，杨刚接受的美术教育一变，具体而言就是重走进生活，重速写。

1954 年 1 月，蔡若虹在《美术》发表《开辟美术创作的广阔道路》中言："我们必须跑到画室以外的生活中去，必须不间断地进行各种生活形象的速写，必须认识到生活形象的速写工作是我们创作的基础。我们现在很缺乏这种基础，所以在作品中往往看不见形象的真实，看不见生活的真实，当然也就没有什么艺术的真实。一般化的形象是从这里产生的，公式主义的构图是从这里产生的，创作内容的干枯也是在这里产生的。我们必须停止画家身边不带速写簿子的不良状况。在我看来，作为现实主义的画家的主要条件，应该首先看他有多少速写簿子，因为没有生活形象的积累就没有现实生活的根据。因而也就没有现实意义的根据。"

1954年2月，中国美协举行关于速写问题的讨论会，大家认为一个现实主义的画家，必须随时随地多画速写，这不仅可以记录生活、锻炼技巧，还可以进一步帮助画家更深入地观察生活。1942年，毛泽东《在延安文艺座谈会上的讲话》提倡要"站在无产阶级和人民大众的立场"，文艺要服务人民，要深入生活。新中国成立后，《讲话》成为新中国的文艺政策。于美术而言，速写是贯彻《讲话》精神的最好载体，既可以走进火热生活，又可以表现人民。经过中国美协的大力提倡，速写逐渐成为美术创作的重要载体。观当时杨刚的经历，可以了解到重视速写这一观念逐渐进入了美术教育领域，并逐渐成为主流教育模式。杨刚幼时接受传统水墨教育（其四舅李克非可谓"旧时代人物"），及逢常锐伦先生（可谓"新时代人物"），尤其是进入中央美院附中（此新时代教育机构），接受的是当时的主流美术教育（重西画基础），这两种观念彼此不同，甚至互相否定。80年代以来，杨刚在两个大美术传统之间左右互搏，及90年代以后逐渐消化了这两个大传统，融会贯通，走出了自己的创作之路。

常锐伦先生出生于1939年，1955年考入北京师范大学美术系，师从卫天霖、白雪石、阿老、李瑞年、吴冠中等。据常老师回忆，他读书时第一学年课程以速写、素描、水彩等为主，课外时间同学们被分在三个画室画画，吴冠中经常到他所在的画室为大家批改作业。1957年，北京艺术师范学院成立，北京师范大学美术系等几个院系并入该校。1961年，更名北京艺术学院。因有多所冠以北京市字样的艺术院校，1963年该校取消，学生并入中央美术学院附中；老师或去中央美院，或赴中央工艺美院，或到北京师范学院（首都师范大学前身）。常锐伦先生在《美术学科教育学·前言》中说："1960年，我从北京艺术师范学院毕业，先教小学，后教中学，再教大学，教中小学时，正是我精力充沛的青年时期。那时的中小学美术学科，没有教材，只有北京市教师进修学校编写的蜡纸刻版油印的《教学参考资料》，其课程设置及教学内容，令年轻气盛的我看不上眼，又由于当时无人检查美术教学，我便自编教材，在教法上也往往打破常规教法。每当我收上学生作业时，那一幅幅稚拙而生动的画面和独出心裁的工艺设计，往往感动得我不辞辛劳地选出优者在全校展览，让师生分享我的快乐。那时，我利用课余时间作画，经常在报刊上发表作品和参加展览，所以身边总聚着一批爱好美术的学生。我将他们组织成美术小组，但学校没有也不给活动场所，我便经常带领他们到街上画速写，布置速写任务，每周定期观摩讲座。"

分司厅中学是分司厅小学"戴帽"而成，美术教学条件不好，画素描须从兄弟学校借石膏像，还得向学校借专门的屋子，所以只能偶尔开设素描课。速写不受课堂限制，万事万物皆可入于笔端，且当时文艺强调现实主义，速写是直接反映现实的体裁，故尤被倡导。常老师说："画速写是艺术创作从生活中来的重要体现，可以练习捕捉形象的能力和造型能力。"故他特别注重教美术小组的同学画速写。常老师带着大家在大街上画速写，让他们学会观察把握人物的特征、性格等。当时分司厅中学建筑非常气派，学校里有许多芙蓉树、铁树等，像一个大花园，有时常老师也带着他们徜徉于校园，从心所欲地画写生。据路盛章先生回忆，常老师的教学方法与北京市少年宫、东城区少年之家等处的美术老师均不相同，并不强调苏式素描的套路，而是鼓励大家要多画生活速写（路盛章曾在北京市少年宫、东城区少年之家学画，故有此比较）。

美术组将全校不同年级的美术爱好者聚集在一起，其中，路盛章比杨刚高一年级，杨刚和封楚方、李凯等是同一年级。美术组上课形式是点评式教学，每隔几天，常老师就将大家最近的作品摆出来，一一点评，每个同学自由发言。据路盛章回忆，常老师喜欢鼓励式教学，爱表扬认真钻研的学生。杨刚沉迷于速写，每次上课都带着很多速写稿，常老师总对同学们说，要向杨刚学习，得多画才能画得好。常老师也会将优秀的作品选出来，在学校的大通道进行展览，杨刚、路盛章等人的作品就曾参加过展览。

从此，杨刚热衷于画生活速写。杨刚在《让我们荡起双桨，小船儿推开波浪》中写道："从那时起，我画速写就着了迷。每天一放学，就跟同伴一起大街小巷、城里城外地画开了。什么街头小景、路上行人、干活的工人、下棋的老人、玩耍的小孩……都被我一一收入笔底。画好了一批就拿去给常老师看，他启发人的语言很生动，我特爱听。常老师还向我们介绍叶浅予、黄胄、门采尔等大师的速写佳作，他们敏锐的观察力、有力的线条、生动准确的造型在潜移默化中影响着我。"可惜，杨刚的这些作品今已不存。

杨刚在《发小封楚方》中写道："当时在一起画画的还有同班的司徒罗和李凯。我们一下课就拿起速写本，城里、城外、大街、胡同、文化馆、公园、火车站，到处画速写，男的女的老的少的、花草树木、车辆建筑，见什么画什么。画好一批就拿给美术老师常锐伦看。常老师毕业于艺术师范学院，是我们的速写启蒙老师，在他辅导下，我们几个进步很快。"

傅溪鹏在《草原的乳汁哺育了他》中写道："每到放学后、星期天、寒暑假，杨刚便拿着速写本，背着画夹，走上街道，跑到古城墙下或护城河边，甚至远涉郊外到颐和园、香山和北京其他郊外风景区去写生。年轻的美术老师对他的每一张新作，都不厌其烦耐心细致地评论，肯定优点，指出毛病，在这位老师热心指导下，杨刚进步飞快。"

崇拜叶浅予、黄胄、门采尔等素描速写大师。杨刚在《绘事随缘》里写道："我小时候受叶浅予、黄胄速写的影响，也接触门采尔等大师的印刷品，又加上俄罗斯的谢洛夫，欧洲的伦勃朗、马蒂斯的线描，后来又接触中国古人的白描，画好速写，也是我小时候的定位。"

是年，还常作电影记忆画和插图练习。杨刚回忆，读初中时经常去看电影，回来后就将印象深刻的人物形象或故事情节默写下来。杨刚在《平常心用在艺术上就是艺术本体》中说："初中时看了很多名著，陀思妥耶夫斯基的《罪与罚》，结尾的描写特别感动，我就画了一张，男主角和女主角在西伯利亚见面，男主角跪在地上，后面背景是西伯利亚，我也没去过西伯利亚，但是电影镜头画多了这些东西就容易想象和推理。"

杨刚在《从艺录》中言："晨曦中丫丫杈杈的树梢、正午时分懒洋洋的胡同、初春一段老城墙上掠过的群鸽、暮色中城楼上盘旋的昏鸦、圆明园废墟上空的一只飞鸟、昆明湖畔慈禧太后留下的火轮船、五龙亭侧柳浪轻拂着波光粼粼的水面、景山树丛中星星点点的游人——这一切都在对我诉说着什么，而这什么，只有让我的画笔才能说清楚。鼓楼文化站里对弈老人的神情、卖炸丸子的老奶奶脸上深深的皱纹、京郊铁路边一群步履蹒跚的下班工人、胡同里一位不能加入同伴游戏的架拐女孩、冰球场上疾速滑行的运动员、候诊室里患眼疾的无奈少女、朝霞中淘粪工人负重的背影、菜市场里豆腐西施美丽的回眸、高压线上带电作业的架线工、书店里认真阅读的学子、灯光阑珊处朦胧闪现的倩影——这一切当然可以用照相机抓拍，但怎能代替充满灵性的线条描绘？"以上这些描述就是杨刚对昔年画速写情形的提炼与总结。他少年时期对速写的喜爱和用功程度，由此可见。

1962 年，杨刚十六岁。

是年，在分司厅中学读三年级。

杨刚的速写在北京美术圈已颇有名气。杨刚的同学马德恩先生说："因为陆保推荐，我初中时就知道杨刚了，我们都知道他速写画得好。有一次在鼓楼附近，几个老头在下棋，我看到杨刚在边上画速写，就过去和他打了个招呼。"王玉崑说，他读初中时已知道杨刚，因为其育英学校的学长、杨刚的附中同学杨永正曾带了几幅杨刚的速写作品给他们看。当时王先生就被杨刚的速写打动，他说现在还记得一幅作品，名字大概为《看眼病的小男孩》，写一个小男孩坐在一把高椅子上，脚还够不到地，右眼贴着纱布，在静静地候诊，非常生动传神。

和同学封楚方交往密切。杨刚在《发小封楚方》中写道："那时封楚方是我家的常客。他长得标致，又有礼貌，我家大人孩子都喜欢他。每当我们谈论艺术时，妹妹们总爱坐在一旁饶有兴趣地倾听，于是我们就聊得更起劲了。我也是他家的常客。记得那是个知识分子家庭，爸爸是造船工程师，还有个文气的姐姐，其他成员已经印象不深了。"

是年，杨刚始知有中央美院附中。杨刚《发小封楚方》一文中写道："我上初中就跟封楚方同班，因为都爱画画，就成了好友。我当时学画是独立大队，封楚方则是北京市少年宫美术组学员。我还是从他那儿才头一回听说有个专门学画的学校，叫中央美院附中。又知道了要考这所学校，必须得画好素描、速写、色彩和创作。"

杨刚在《考美院附中》里写道："中央美术学院附中这个校名，在20世纪五六十年代是被多少青少年美术爱好者所仰慕的艺术殿堂啊！然而从小就酷爱绘画的我，在上初中三年级之前，却对这个校名浑然不知。升入初三，学校新来了一位美术教员，叫常锐伦，他成了我学画生活速写的启蒙老师。在我当时的小画友中，有一位叫封楚方，他是北京市少年宫美术组的组员；还有一位叫司徒罗，他的父亲是中央美术学院的教授。从他们那里，我才听说有这么一个专门学画的中等美术专业学校。还了解到，要想考这个学校，必须会画素描、速写、色彩和创作。从那时起，我画速写就着了迷。每天一放学，就拿上速写本跟几个同伴一起大街小巷到处转，把对各种事物的感受快速地画下来，直到上了瘾。司徒罗的姐姐是美院附中学生，她看了我画的生活速写，说'比附中学生画得还好'。这真让我受宠若惊。初中毕业，我是背着一麻袋速写报考美院附中的，这件事后来被传为佳话。"

关于备考中央美院附中的过程，杨刚在访谈中说："但要考上，光会速写不行，还要会素描、色彩。然后就练素描、色彩。但是素描、色彩也没怎么练，就开始考试。结果，我们平常画速写的经验，用在考试的素描这一项上，还真管事。虽然我们没有好好练素描，但是考试这张素描是一个小时还是多长时间，就是一个活人，模特老头。但是我速写画多了以后，画这个不费劲。虽然我石膏像画得不多，但是这关我很快就过了，所以就考上附中，进入科班了。"

第二章 预流时代（1963—1973）

1963 年，杨刚十七岁。

是年，考入中央美术学院附中。中央美院附中创办于 1953 年，丁井文先生为首任校长。

关于考试的过程，杨刚在《考美院附中》中写道："在报名处，我看见有人拿了些水墨小品来报考，被拒之门外，说他们不该拿这些不讲科学的画来这里碰壁。这件事对我影响很大，以至于好长时间都没有再碰过国画。在校园里，我看到那些梳着欧式发型昂然走过的女教员时，被她们高雅的气质震住了，更增强了对这个学校的敬慕之心。封楚方说那些老师都是全国知名的大画家！考试那天，考场外面人很多。我见有位女生正靠墙站着背外语，借此分散注意力克服紧张情绪。考试开始时，不知为什么，我一拿起画笔就一点也不紧张了。在此之前我很少画二十分钟以上的素描，然而完成那幅老人头像时并没有感到吃力，这大概跟平时人物速写画得多有关。面试时，常老师预先押的题人家一道也没问，好几个问题我都答不上来。听说老校长就在屏风后面听着呐！我想这回大概没什么希望了！然而不久，封楚方、李凯和我，以及外班的两位同学就都接到了录取通知，司徒罗却没能考上。我们在为自己庆幸的同时，也都在替他惋惜。一千多人报名，几百人考试，却只要四十几位。而一个分司厅中学就考上了五位！我们都觉得这是个奇迹，是常老师辅导有方，能碰上这样一位启蒙老师，实在是一大幸事。从此，我便走上了专业美术的漫长道路。"

杨刚的母亲李宝华在《母亲的回忆》文中说："杨刚上学以后，更是迷上了画画，只要一有机会就拿起画笔。遇到节假日或放学后的空闲时间，他常不畏寒暑，背起画夹去外面写生。甚至在观看一场文艺演出或体育比赛时，他也要抓紧时机画几张速写，家里到处都是他的画，实在没地方就装到麻袋里，以至 1963 年美院附中招生时，因他背了一麻袋速写去报考而传为佳话。"

文溪在《他自己的路》中描述杨刚参加考试的情形："1963年夏季的一天，中央美术学院附中的校园里聚集着来自全国各地的报考者，在这众多的报考者中数他最特殊，埋头下去看着路，背上扛着一个大麻袋，里面装满了他在初中老师指导下画的速写。他这'一麻袋'成了轰动一时的新闻，而他步入美术殿堂的路也随之开始了。"

杨刚的同学李凯先生回忆道，得知考入附中时，杨刚、李凯、封楚方从分司厅中学徒步走到隆福寺，因是中考前夕，大街上一个学生都没有。他们去东四剧场看了《游侠那斯列金》电影，整个电影院就他们三人。

杨刚在《金色年华》中记录当时心态："上附中之前，我总觉得是在给别人学习，上了附中才头一回感到是在为自己学习。这里的一切，都好像是专门为我准备的。我自身的艺术细胞在不断地被唤醒，灵性每天都碰撞出耀眼的火花。"

关于当时的绘画定位，杨刚在《绘事随缘——杨刚谈艺录》中写道："刚开始进科班，当时老美院附中受苏联学院派影响，我给自己定的是折射的欧洲学院派艺术体系，因为是经过苏联又传到中国，当时有很多政治原因，只能经过苏联来折射欧洲学院派，所以当时给自己的定位就是这个，将来做列宾、苏里科夫那样的画家。"

关于附中的分班与课程情况，杨刚同学胡清华先生说，当时班上共 33 人，其中女生 4 人，一个班分成甲乙两个业务组，文化课在一起上课。当时的课程以苏联学院派为主，业务课有素描、色彩、速写。同学们每周都要交速写，当时大家都知道杨刚速写好，比中央美院的很多同学都画得好。萧琼是书法老师，她常和他们讲什么帖可以临，什么帖不能临等。

杨刚在中央美院附中成绩极为优秀。杨刚的素描、色彩、构图等西画基础，成绩全优。速写、默写和创意画习作常被留作教学范画在走廊展出。笔者搜集到一张杨刚的成绩单：1963年上学期素描 5-，下学期 5-，学年总评 5-；速写上学期 5，下学期 5，学年总评 5；创作上学期 5－，下学期 5－，学年总评 5－；水彩 5；图画 5；书法上学期 5－，下学期 4，学年总评 5－；美术常识 92。文化课成绩如下：政治上学期 95，下学期 78，学年总评 78；语文上学期 85，下学期 82，学年总评 82；俄文上学期 78，下学期 85，学年总评 82；代数上学期 85，下学期 75，学年总评 75；物理下学期 95，学年总评 95；化学上学期 79，下学期 80，学年总评 62；体育上学期 4，下学期 4，学年总评 4。当时美院附中画速写成风，形成了速写热，杨刚的速写全部 5 分。附中的很多同学还记得，杨刚的速写、默写等常被留作教学范画在走廊展出。由此亦可见当时美院附中的教学体系，业务科以西画为主，开设素描、速写、水彩等，但也有书法课。

当时的业务课班主任是温葆和王德娟老师。杨刚的《金色年华》中记录："素描课上，温葆、王德娟老师的婆婆嘴，好像句句话都能拨亮我心头的明灯。很少画长课时素描的我，首张作业就得了满分。速写观摩课上，老师也常拿我的速写作为范画。"

温葆 1957 年毕业于中央美术学院附中，1962 年毕业于中国中央美术学院油画系罗工柳工作室，代表作《四个姑娘》。《四个姑娘》是对农村女性真实的描述，故与当时"虚构"的铁姑娘形象迥异。杨刚 1973 年入选全国美展的油画《打靶归来》，其中有四个骑马的姑娘，或与《四个姑娘》存在对话。

王德娟，1954 年毕业于中央美术学院，1954 年至 1957 年任《中苏友好报》美术编辑，1957年至1989年任教于中央美院附中。王德娟在《如何画素描，如何画长期习作》中强调："尤其是在画速写的时候，不用基本形去观察，不从总的动态来认识，是很难一下子把握住对象的。从作画开始到最后阶段都不能孤立地抄一个局部。用概括的方法必然看得整体，下笔虽在局部，但它是有关全局的局部，决不是和全局无关的局部。"这种创作观念，或影响了杨刚的创作。2013年，杨刚作《受益终身之一》文："六三六四是佳年，西画入轨在科班。学海恩师多引路，首推温葆王德娟。"

笔者采访了温葆先生，据先生回忆，她1963年去中央美院附中任教，即开始教授杨刚。附中二十人一班，十个人一个小班，作业也是十个人为单位看。附中画室好，在隆福寺，比美院画室都大、都好。素描、色彩，都教。中央美院附中不分得很细，主要课程是西画基础课，但也有教工笔的，有教书法的，雕塑、版画，不隔绝，都学一点，全面接触。学生中，对杨刚、张鸿年尤其印象深刻。她常让学生们画各种形体，圆锥、圆柱等。大部分人画得干干净净，拿笔比着比例，没什么感受，比较干净，像做数学题，大部分在追求标准答案，没有代入自己的感受。杨刚画圆球，脏兮兮的，画得像铁球，但球体的质感和体积感表现得特别有其感受，不追求画面干净整洁，但有其鲜明的感受，画得和别人不一样，所以给他很高的分数。杨刚不言不语，一共没说过几句话。其实，心里有想法，能从画里看出来。喜欢听着别人说。虽然一开始是打基础，但个人性格，艺术素质，再加上生活体验等，就不会走入教条的一路。

在萧琼先生辅导下临习楷书。萧琼是著名中医兼书法家萧龙友之女、蒋兆和之妻，师从齐白石、溥心畬、王雪涛，擅山水画、花卉等。此为杨刚较为专业从事书法临习之始。

在于月川、金鸿钧先生辅导下学习过白描。于月川，1959年中央美院附中老师，1972年转入中央美院国画系任教。金鸿钧，满族，北京人，1962年毕业于中央美术学院中国画系。当时附中的国画课很少，杨刚在两位老师的指导下画过白描，临摹过菊花等。

杨刚称，当时的素描速写得益于谢罗夫、柯罗惠支等大师的影响。

关于当时的日常生活，杨刚在《金色年华》中记录："三年困难刚过，学校伙食很差，粮食定量，副食也没什么油水。开饭时十人一桌，值日生很认真地把搪瓷盆里的米饭均匀地切成十等份，大家每人一份。男生不够吃，饭量小的女生就主动把饭让给男生。物质生活虽苦了些，精神生活却很充实，这毕竟是全国一流的美术专科学校。每天晚上结束了一天紧张的学习，同学们齐声哼着俄罗斯民歌，在明亮的日光灯下互相画着头像写生，心里充满了幸福感。"1963年正处于三年严重困难阶段，附中伙食主要是熬白菜、窝头、咸菜，每周一次包子、狮子头。但同学们血气方刚，倒也没觉得艰苦。是年，恰值附中建校十周年，高四班自编自演话剧《十年以后》，当时的教导主任、政治老师李华上台演出。每个班还有生活老师，负责同学的起居（颇似古代的太保）。负责他们班的郎老师对同学特别关心，后来社教运动开始，说配备生活老师是培养修正主义，郎老师被辞退。许涿先生说："当时，中央美院附中在隆福寺美术馆的东边，出门就是隆福寺的一条街，两边都是小商贩卖吃的，卖小金鱼，烤白薯的。吃完饭没事就出去画素描，这对今后的艺术生涯影响很大。"

和同学王良武交好。杨刚在《在王良武画展开幕式上的讲话》中回忆："王良武是我的老同学，老美院附中的同班同学，在班上，他和李凯两位同学的色彩特别好。王良武先生就坐在我的座位前边，每次放假回来上晚自习的时候，他就拿出小本子往肩膀上一搁，我就拿过来看。里面都是很好的色彩构图练习。那时除了老师教，同学们之间的影响也很大，我当时的色彩就受到过他们的影响。"

王良武回忆道，当时他住在海淀，其家近农村。杨刚周末时，经常去找他，两人一起出去画速写。早上九点多一起开始画画，画到下午三点多，再一起坐车回附中。有一次，俩人从安定门沿着护城河，走到德胜门，一路画速写。杨刚和王良武还经常一起打羽毛球，王良武说，杨刚擅长快打，于是两人常一起快速打来回。

杨刚的母亲李宝华在《母亲的回忆》文中说："杨刚为人诚挚宽厚，许多同学都愿和他交往。他平时沉默寡言，可一有同学来谈起画画，却兴致勃勃，谈个没完，连他的小妹妹也对他们的谈话发生了极大的兴趣，经常坐在旁边听他们交谈。对别人的画，他都诚恳地提出意见，但绝没有丝毫菲薄之意，更不会背后议论长短。即使有时为人捉刀，事后也绝不炫耀自己。"

同学们对杨刚的印象几乎一致，称他为人厚道、勤奋好学、不善言辞、速写突出。同学艾轩说，杨刚当时在甲班，不仅速写好，素描、色彩都好，属于全冠型；他的创作像其笔下的脱缰野马，一路飞驰，挡不住。同学吴建群先生说，当时杨刚给人的印象是直挺挺的，不爱说话，和哥们在一起才有话；他速写非常好，我们问他怎么画，他也说不出来，但一示范就非常好，看到杨刚的速写后，感觉以后自己就不要画画了。王良武说："第一次看到杨刚的画，吓着了，感觉不能改，像俄罗斯教科书画的。"同学马德恩先生说，上附中后，杨刚非常勤奋，速写非常精彩，善于捕捉日常生活场景，看见有人吃冰棍、喝汽水，都能很快画成速写作品。同学李之栋先生说，杨刚不太爱说话，业务刻苦，一直坚持写生，善于观察人物，描写特别仔细，常于人所忽略处画出精彩，"杨刚画过一幅我们传达室的李大爷，吸着大烟斗，烟斗冒着烟，非常传神，当时同学们都争着看这幅作品"。同学王季夏先生说，杨刚是中央美院附中标志性人物，他非常刻苦，说话很少，非常谦虚，也不说同学们之间的是非，就是自己创作自己的；他的画路很宽，各种都愿意尝试。同学许涿先生说："那个时候成绩是5分，杨刚就都是5分。杨刚在我们班是尖子，这是大家公认的。杨刚不停地画速写，到哪儿都画。我们附中有一个习惯，老师对速写的要求特别高。杨刚的速写是我们班最好的。"同学孙为民说："我和杨刚是在中央美院附中学习时期的同学，而且还是同班同桌。杨刚的艺术天赋高，他善于观察，很敏锐地抓住感受。他的记忆能力很强，且有很好的变通能力。他勤奋亦持之以恒。在附中的学习磨炼使他打下了坚实的造型基础，也练就了他驾驭自如的构图能力。这为他后来的深造发展打下了坚实的基础。内蒙古的生活经历成就他的绘画艺术的丰厚成果。他的艺术特点是饱含生活的真实感受，简约概括的自由表达，既达意亦传情。"

年龄稍小一些的画家，也对杨刚有一些印象。画家邵飞女士说："最初我了解杨刚，是因为我母亲邵晶坤。当时，杨刚在中央美院附中读书，他曾和我母亲一起下乡搞'四清'。当时，我母亲告诉我，我们那里有一个叫杨刚的同学，速写画得特别好，都是一麻袋一麻袋地装着，有时候生火都用速写纸。当时，我在石家庄当兵，还不认识杨刚呢。后来，我妈给我寄了一本他的速写，画得可真好啊。"

稍长于杨刚的一些同学对杨刚的速写成绩也有深刻的印象。画家楼家本先生说："我是 1956 年进中央美院附中，杨刚是 1963 年进美院附中。附中期间，我印象中杨刚速写画得很多、很好，他和生活接触很多，他不是躲在美院的金字塔中，而是深入到草根之中，他的速写功夫深厚，可以把当时的感受精确地表达出来。"画家孙景坡先生说："我 1960 年考入中央美院附中，杨刚是 1963 年考入附中。我在四年级的时候，他在一年级。可是一年级的杨刚，他的速写和素描在学校就非常突出了，他的作品经常在学院长廊展出。因为这个原因，我跨过两届同学就对他的作品情有独钟，我还曾经跟班上的同学讲，一年级有一个学弟画速写特别棒，这个人叫杨刚。"

作家张抗抗在《自由的力度——读杨刚画集》中写道："早在三十多年前的中国美术学院附中时期，少年杨刚的速写就惊动了全校的老师同学，寥寥几根洗练而沉稳的线条，准确生动的造型便诞生了，那些生命一成形就躁动不安，它们开始旋转、跳跃、奔跑、飞翔，每个动作似乎都在发出铿锵的声响，伴随着少年一寸寸拔节的骨骼生长的声音。同学们外出写生，带回来薄薄的练习本，而杨刚的速写却是成捆成捆的。纸的消耗实在太大了，他只能到废品收购站去买白纸的边角料。他控制不住绘画的欲望，白天黑夜满眼都是横空出世的炭笔线条。为此当时的附中校长丁井文，每年送一本空白速写簿给杨刚，很有些另眼相看的意思。"

认识卢沉先生和丁井文校长，此二人成为杨刚绘画道路上重要的领路人和帮助者。

卢沉先生其时为中央美院附中青年老师。杨刚在《良师益友卢沉先生》中写道："篮球场上一片喧腾，教师队和学生队正打得难解难分。只见有一位男老师，中等身材皮肤微黑，方阔的前额浓眉下一双倔强的大眼，那眼神总是直冲冲的。他时而飞奔时而大喊，忽然一个球传到手中，他离篮筐还老远就奋力将球投了出去，可能觉得球偏了，便将身体使劲往相反的方向歪，好像这样就能让皮球在空中改变方向，口中还不停地喊着'歪了！歪了……'其实那球根本没歪，还是个空心入网呐，于是引来场内外一片笑声。这一位，就是中央美院附中的国画教员卢沉先生。"

关于丁井文校长，杨刚在《艺途贵人——丁井文先生》中写道："60 年代考入附中，听这位纯朴憨厚的老人讲话，讲话简洁无华、催人奋进。听说他是位热心美术教育事业的老革命，还当过毛主席的警卫员。"

1963 年第一学期杨刚的"操行成绩"写道："思想要求进步，能积极靠拢团组织，经常把自己的思想变化向团组织汇报，能关心集体和帮助同学，在下乡劳动中表现得比较能吃苦耐劳。"下学期"操行成绩"写道："今后希望能踏实地学习文化课和广泛地团结同学。"这大概能见出当时学校对杨刚的印象。杨刚的很多同学对其印象是"红外围"，有一定的倾向，但对于运动不热心。杨刚性格内向，专心绘画，不爱说话，故"希望他能广泛地团结同学"。

1964 年，杨刚十八岁。

是年，在中央美院附中读二年级。

关于当时的创作，杨刚在《金色年华》中记录："有一次构图练习作业，题目是《校园室内一角》，很多同学都选择了教室或体育器材室作为表现对象。那天晚上，我偶尔到传达室办事，眼前的景物吸引了我，窗外已经很暗，屋里明亮的灯光照在办公桌的玻璃板上，反射出明亮的光。值班员李大爷不在，桌上放着他的老花镜和大烟斗。桌前的椅背上搭着他的外套，墙上挂着文件袋，里面插着各种信件杂志。这不就是《校园室内一角》吗？多有生活味呀！我激动地把这个既平常又容易被忽视的场景变成了一张素描习作。另一次构图练习的题目是《假日》。我回家时，偶尔看到一张爸爸在天安门广场给妹妹照的相片，阳光灿烂，穿浅色连衣裙的妹妹站在白晃晃的华表前，脸上泛着天真的笑。于是我就把这个主题搬上了画面，又加了个身穿白色海军服的年轻战士，正蹲着给小姑娘拍照。湛蓝的天空和雄伟的天安门城楼衬托着高调的前景，使画面显得格外明亮。这幅画表现了我对童年幸福时光的留恋，也反映了我在附中学习初期那种乐观向上的心态。"杨刚的《假日》今已不存，但其部分附中同学说，孙慈溪老师的《我在天安门前合个影》对此作品有所借鉴。同学王玉崑说，读中央美院附中时对杨刚的一幅水彩画《天安门前照张相》有深刻的印象——"我印象中这幅作品基本是水彩，少数局部似乎掺了点白。小女孩粉白色调裙子，天安门上方是蓝天白云。小女孩站立在华表基座上，背靠华表站立，两胳膊向后围抱华表柱，头稍微向右上方扬起。风吹动着小女孩的裙摆。小女孩在画中心偏右的位置，表情阳光、灿烂。"

关于当时的心态，杨刚在《金色年华》中记录："当时附中流传着一个有名的故事：一群骑手赛马，大家都怕落后，于是就在路上争出风头互相倾轧，结果却影响了速度。只有一位骑手不去注意他人，只顾专心驾驭自己的马，结果他取得了最好的成绩。我受这个故事启发，只顾埋头学画，对同学间激烈的角逐并不留意。"杨刚就是那个"只顾专心驾驭自己的马"的骑手，后来无论世事如何变迁、个人处境如何变化，他几乎不受影响、不为所动，不在乎名利、不关心别人的议论，念兹在兹者唯有作画，如此"骑行"一生，成绩如何留待后人评说。

关于附中的氛围，杨刚在《金色年华》中写道："那时的附中学生除了关心业务，还要关心政治。我们都是长在红旗下的一代，从小受党的教育自然都想加入共青团，将来好当个又红又专的革命文艺工作者。组织上每次找我谈心，我就把心里话都掏出来，甚至把亲人都不知道的各种隐私也暴露出来。可组织上对我的表现总是不大满意，主要是白专思想、不善于联系群众，等等，所以我最终也没能入团。"

是年，美院附中爆发批判杨献珍事件，批判杨献珍"合二而一论"。1963 年和 1964 年，大家专心学习，话题以业务为主。1964 年 10 月开始，开始停课搞运动，批判杨献珍事件是重要转折点。2019 年，杨刚曾找来杨献珍的文章阅读，还和笔者一起讨论其观点。1964 年，附中政治老师李华请中央党校杨献珍与高四年级进行座谈。杨献珍讲，业务学好了才有本领真正为工农兵服务，这就是"合二为一论"。附中有位政治老师名为严跃，其爱人是中央党校的老师，可能了解高层对杨献珍的态度。1964 年暑假返校后，严跃看见墙上贴着杨献珍座谈会的照片，于是出来批评杨献珍。附中的丁井文校长没有支持他。于是，严跃写信告状，获得了高层的支持，于是转而批判丁井文校长。据金春明说，批判杨献珍经历了一个从学术讨论到政治批判的过程。1964年5月29日《光明日报》发表艾恒武与林青山合写的文章《"一分为二"与"合二而一"》开始了批判，为了引蛇出洞，始之当作学术问题对待。"这种'当作'学术讨论的过程很短，不到五十天。7月17日，《人民日报》发表了署名王中、郭佩衡的文章《就"合二而一"问题与杨献珍同志商榷》。在中共中央的机关报上，点名批判一位中央委员，当然非同小可，一下子就挑开了那层薄薄的学术幕布，改变了人们对这一争论的看法。"①

杨献珍事件后，工作组进驻中央美院附中，丁井文校长被打倒，对学生也几乎是半军事化管理。早上六点，学校紧急集合，天还黑着就开始跑步，从附中跑到沙滩、景山，登到景山最高处可以休息。杨刚属于非常能吃苦耐劳者，大部分人跑到景山上面就歇了。杨刚和项钢一起，从附中跑到西四。跑步之前，杨刚先洗冷水浴。当时附中有一拨人洗冷水浴，因为受到车尔尼雪夫斯基《怎么办》主人公拉赫梅托夫影响。跑步回来后听新闻联播，七点吃饭，七点半开始擦楼道，八点上课。每天晚自习结束了，点名、总结，然后开始擦楼道，擦完才能洗脸睡觉。附中每礼拜有半天劳动课，扫大街，或淘大粪，或卖

---

① 金春明：《批判杨献珍"合二而一"亲历记》，《同舟共济》2009年第5期。

菜。也加强了军训力度，木工房为同学们做了木头枪、刀，同学之间互相拼刺刀。大家也一起唱革命歌曲，同学李可克有大厚本《革命歌曲大家唱》，大家时不时就和他一起学一首歌。每隔一段，学校组织同学排队走着去北展，看战士演出队（《毛主席的战士最听党的歌》)、乌兰牧骑演出队、大庆演出队的演出等。

附中进行教学改革，开始"社会主义教育运动"。下厂下乡下连队，学工学农学军，顺带为工农兵服务的业务实习。中央美院附中的教学改革有三个显著特点：一是走出课堂，走进农村、下到工厂等，二是强调文艺为政治服务，三是强调文艺为工农兵服务。1964年，杨刚他们下工厂，与工人同吃同住，三班倒，写标语、劳动、画宣传画；去大孙各庄、石家庄平山县等地参加劳动。杨刚帮助工厂绘制阶级斗争史，相关图画今亦不存。到原北京军区坦克学校军训，回校后创作水粉画《愉快的歌声满天飞》，此作今已不存。到京郊顺义区大孙各庄参加农业劳动，帮助公社绘制村落地图等。到国棉三厂劳动，帮助工厂绘制阶级斗争史。

1965 年，杨刚十九岁。

是年，在中央美院附中读三年级。

3 月，故宫举办了苏联画展，杨刚与同学们去看展览。因当时中苏交恶，故唯在故宫红墙上贴了个红色海报，20 米外即看不清。有人还专门在展览会上盯梢——一幅画前不能停留太长时间，否则将被举报。展出的画作有：科尔热夫《共产党员三部曲》、莫依先科《红军进村了》、小谢洛夫《占领冬宫》、乌克兰画家的《十月的风》等。附中组织同学进行了集体参观，但不准私下再去看。聂崇文自己又去看了一次，结果被学校批评。据说，此展印了两万本画册，部分捐给图书馆等机构，其余皆销毁。附中教学体系以苏联范式为主，他们第一次近距离观看苏联油画真迹，兴奋可想而知。

王德娟老师带领全班同学参加筹备工业学大庆展览会，创作水粉画《大会战》。1965 年，北京师范艺术学院美术系转到美院附中，部分同学怕被瞧不起，就写大字报说丁校长打压他们，于是王德娟等一批业务最好的老师都调给了他们班。同年，下工厂劳动时，他们去的也是条件好的焦化厂，而原附中学生去了染料厂。水粉画《大会战》，今已不存，附中很多同学对此画尚有印象。杨刚称，在北京染料厂劳动时，皮肤被化学染料损坏而破相。"破相"具体情况已不得而知，染料有剧毒，估计当时颇为严重。

1966 年，杨刚二十岁。

是年，在中央美院附中读四年级。

三四月间，随学校到河北平山县农村劳动锻炼，帮助村里画宣传壁画和颂扬好人好事的幻灯片。

5月，"文化大革命"开始，全校师生被召回学校，停课闹革命。杨刚在《金色年华》中记录："附中的夺权斗争比一般中学要早，社会主义教育运动开始后，校园里政治空气不断升温。革命干部、革命军人、工人、贫下中农子女即所谓'红五类'夺取了各班级的领导权。以他们为核心，又暗中把全体同学划分为心、骨、肉、疮。不知是因为我业务好，还是因为不爱惹事，或是因为跟班头关系不错，我被作为红外围，当上了小组长。""又有一次军训回来，我画了一张表现战士打靶归来的水粉画，题目来自一首流行军歌的歌词'愉快的歌声满天飞'。画面被处理成苏式构图，地平线很低，几辆载着战士和人形靶的军车在暮色中驶向远方，天空占了绝大部分画面，上面飘动着万道彩霞，像是歌声在飞扬。那时我是全身心地陶醉在革命浪漫主义的理想之中，没留神班上的那些'疮'正在逐渐被孤立起来。他们常在班务会上挨批，有的是因为搞小集团，有的是因为去偷看'苏修'画展，有的是因为资产阶级思想严重尽画小猫小狗和美人……我当时并没理会他们的尴尬处境，也跟别人一样觉得这些人剥削阶级烙印太深，需要加强思想改造。"

杨刚在《毁灭》中写道："'红五类'组成的'红卫兵——红军战斗队'率先开始了革命造反，人称老兵。而当'老子英雄儿好汉，老子反动儿混蛋'的反动对联被批判后，他们又成了保爹保妈保皇派；新的造反派上台后，内部又分裂成互不两立的'反修兵团'和'红旗兵团'；满楼道的大字报由批判封、资、修，变成了打派仗、打毛主席语录仗；各派组织互相攻击对方是反革命非法组织，而自己才是忠于毛主席无产阶级革命司令部的人，成排的高音喇叭从早吵到晚。然而我心里却时常默念着，革命的大方向始终是正确的、正确的……革命是乱了敌人，锻炼了群众，'文化大革命'就是好，就是好。"

因杨刚姥爷李鸣钟生前是西北军高级将领，杨刚家遭红卫兵砸抢，姥姥被打成反动家属，子女们被叫作"狗崽子"，全家人被妈妈学校的红卫兵拘留数日。杨刚《抄家》描述了当时情形："'起来起来！都他妈起来！'屋里的灯全亮了，人影在白窗帘上晃来晃去，还不时传来翻箱倒柜的声音。'臭地主婆！把你们剥削来的东西都藏哪儿啦？''除了这些硬木家具，我……我们真的什么都没有啊！'这是姥姥在辩解。我听说过，姥爷在旧社会是西北军冯玉祥的五虎上将之一，快解放时病逝了。大人常说他如果没死就是位民主人士，没想到现在姥姥却成了'地主婆'！这一下我们不是都成反动家属了吗？没容我多想，只见姥姥妈妈和妹妹们都被从屋里赶了出来。俩妹妹都吓傻了，妈妈倒还镇静。我和弟弟也被轰起来，全家人都站在了当院。领头的红卫兵厉声喝道，'我们当牛做马，你们倒骑在劳动人民头上作威作福！……'我心想，看他那样子，也不大像当牛做马的呀？后来，妈妈学校的红卫兵把我们押送到他们学校去。路上，我们全家排成一队，低着头往前走。我不服气地抬着头，结果挨了狠狠的一棍。听见妹妹在身后小声劝我，这才含着泪，屈辱地把头低下去。我们被关进妈妈学校操场边一间小屋里。没糊纸的窗户外头围着好些孩子。他们像看耍猴儿似的起着哄，还拿棍儿朝我们身上乱捅……"杨刚的妹妹杨敏回忆当时情形说，红卫兵抄家时，让他们全部站在外面，又大声嚷着"低头"；杨刚倔强，一直不低头，被红卫兵打了一棒子。

中央美院附中的学生们开始大串联。10月，杨刚和李凯结伴串联。第一站到长沙，此是革命圣地。第二站上海，住延安中学，翌日去看大字报。第三站赴浙江，宿浙江美院，看大字报，交流形势，游西湖等。第四站到武汉，因为没票了，暂困于此。杨刚看地图，建议从岳阳上车赴南昌。但岳阳依然人多，在车上几乎一只脚悬空。杨刚受不了，二人遂弃车乘船。第五站到南昌，住九江饭店。翌日奔庐山，早上五点起床，坐车到庐山脚下。二人爬过好汉坡、十八盘，是夜宿庐山宾馆。翌日游仙人洞、大石头、九江城等。第六站从庐山到长沙，住湖南一师。时已月底，特别湿冷，杨刚早晨还冲了冷水澡。第七站到了广州，直奔广州美院。在广州碰到同学，一起游英雄广场，越秀山等。从广州返北京，一人买了一块绿香蕉，回京后香蕉都变黄了。

串联之后，学校提出学工。同学项钢有亲戚在河北承德寿王坟铜矿厂工作。年底，杨刚、项钢、许涿等决定赴此地。他们相约步行，走到顺义，许涿坚持不住，坐车走了，杨刚等坚持走到寿王坟。铜矿有大量下井的工作，非常沉重，学生们承受不了，于是主要工作就是洗矿石。

是年，时常画些配合宣传的绘画。

1967 年，杨刚二十一岁。

是年，在中央美院附中第五年。

野莲在中国工人出版社 2001 年出版的《落荒》一书中记录当时中央美院附中的情况："'文化大革命'开始以来，因为我们艺术院校是文化革命的重点，中宣部派了工作组进驻。工作组来了五十多天就撤走了，楼道里一下子贴满了大字报，说是批判刘少奇反动路线。堂堂国家主席一下子变成了'反动'，学生师生骤然分成两大派。工作组带来我们班'文革'小组成员给班里同学划左中右名单，分别是'文化大革命'的依靠对象、团结对象和打击对象。'红五类'就是工人阶级、贫下中农、革命军人、革命干部和革命知识分子；'黑五类'就是地主、富农、反革命、坏分子、右派分子。其余的中间阶级都是革命团结的对象。学校里运动的参与者全是未成年或刚刚成年的中学生，没有这样的阶级成分，便根据学生的家庭出身划左中右。"野莲，原名张彦斌，是杨刚中央美院附中的同学。《落荒》虽名小说，实为实录，是其经历的客观记录，故可参考。

中央美院附中出现"复课闹革命"运动，图书馆重新开放，可以借书。在学校四楼可以找模特，一起画画。杨刚在《毁灭》中描写了当时学校的情景："学校的同学和老师画了不少革命宣传画，有对敌斗争的讽刺漫画，也有歌颂革命领袖红卫兵战士工农兵革命群众的宣传画，革命者们端着扎枪般的大笔、炮筒般的大字报，举着红旗握着拳头向着走资派和一切牛鬼蛇神发起了冲击……我正在画一幅很大的画，王德娟老师恰巧路过，我就请她提意见。她很认真地看了看说：'这块颜色用得不错。'"

卢沉、丁井文等做检讨或被批斗。杨刚《良师益友卢沉先生》中记录："我跟卢老师真正交往是从'文革'中开始的。他虽然出身'红五类'，却不赞成血统论，愿意跟我们这些'狗崽子'交朋友。在一次批斗走资派大会上，轮到卢老师发言，会场上一片肃静。他站在台上，忽然浑身乱摸找不见发言稿了。只见他涨红了脸，急得汗都下来了。我当时就坐在台下，想乐却又不敢乐出声来。"

杨刚在《我心中的丁校长》中记录："丁校长被全校师生员工揪斗，被众人围在操场中央，脖子上挂着'走资派'牌子，站在写生课用的高凳上，身上胡乱披着当教具用的衬布，这些好看的丝织品看上去变得很滑稽，此刻它们代表的是反革命修正主义教育路线。丁校长满脸汗水，低头哈腰，累了，刚要伸一下腰又被人按下去。在一旁陪斗的好像还有几位教学骨干和领导骨干，都被剃了阴阳头或戴上高帽子，样子十分狼狈。"

1968 年，杨刚二十二岁。

是年，在中央美院附中第六年。

与同学白敬周等在校园里绘制颂扬"知识青年上山下乡"运动的宣传画。

欢送吕嘉民等同学赴内蒙古牧区插队落户。杨刚写道:"几位战友在天安门广场宣了誓就奔向了内蒙古草原。他们走后,我心里感到很失落,抱怨他们没叫我。后又强打起精神,倒要看看学校的斗、批、改最后能搞出什么结果。"吕嘉民即《狼图腾》的作者姜戎。

夏天,与蔡兴隆一起在北海游泳。杨刚在《蔡兴隆》中记录:"一个夏日傍晚,兴隆忽然到附中来找我,约我去什刹海游泳。我们到了湖边天已黑了,四周静悄悄没个人影。我二人脱得一丝不挂,在被夕阳余晖涂成暗紫色的湖面上畅游,尽兴后就坐在岸边天南海北地聊天。兴隆突然思虑万千地问,'你说,照这样下去,中国以后还有没有科学家、工程师什么的啦?'我被问住了,心想,这哥们儿怎么现在还关心这些事儿?黑暗中看不清对方的脸,我们谁也没再说话,只是呆呆地坐着。黑色的湖面上皱着层层波纹,柳梢在微风中轻轻摇着头,远处传来大喇叭播放的样板戏唱段。"

出身好的同学大都参加各种专案组,赴各地搞调查去了。学校分成了两派,两派之间互相抓人,各自清理队伍。杨刚参加学校革委会文攻武卫保卫组,卷入了北京红卫兵武斗。杨刚在《毁灭》描述道:"在一段沉闷的平静之后,武斗终于在美院附中爆发了!那是一天下午,一百多名'老兵'包围了美院附中大楼。我们在校的二十多名反修战士被逼到了顶层的角落里。我们利用楼道里一扇大木门做掩护，在后面顶上柜子桌椅，算是临时搭起的工事。紧急中，我也不知从哪儿来的那么大劲，双手一提，一大箱石块就搬上了掩体。我们正在忙活，大木门外已响起了整齐沉重的皮鞋声，敌人开始进攻了！一阵冰雹般密集的石块打在木门上，发出炸雷般的轰鸣。紧接着又是一阵，又一阵……很厚的木板门很快就被砸裂了好几处。楼道两旁是写生教室，屋顶有许多玻璃天窗。敌人在正面进攻的同时，还从天窗上把整块的瓷暖气片砸下来。沉重的暖气片在坚硬的水泥地上摔得粉碎，雪白的瓷片四处横飞，震耳欲聋的破裂声激起我心中一种莫名的兴奋。就在这时，我听见司令突然高声喊道'下定决心，不怕牺牲，排除万难去争取胜利！''下定决心，不怕牺牲，排除万难去争取胜利！'二十多个不同的嗓音齐声呐喊，这喊声在楼道里长久地回荡。敌人也许是被这不怕死的精神震住了，也许是觉得这道工事也不那么好攻，门外静了一阵，终于响起了后撤的脚步声。敌人撤退时还顺走了不少学校的器材。这就是美院附中'文革'中有名的'三二九事件'。打这以后，附中的大楼，这座昔日的艺术圣殿就变成了武斗战场。楼上所有的楼梯道口都垒起了工事，保卫组的弟兄们手持自制的兵器，日夜轮班把守，等着跟敌人一决雌雄。参加过'三二九事件'的那帮老兵被查明后，一个个被抓回来，在阴暗的地下室里受审。画静物用的落地灯按上大灯泡，刺眼的灯光射在被审讯者的脸上，一审就是一整夜。碰上软的还好说，要是碰上硬的他可就倒霉了。皮带棍棒大皮鞋，雨点般落在那些发出汗臭的身躯和闪亮的光头上，发出阵阵钝响，直到大伙打累了为止。"

1969 年，杨刚二十三岁。

是年，在中央美院附中第七年。

国务院公布禁止中专生下乡插队的规定。

当时，工宣队进校，武斗停止，学校大致恢复秩序，各派师生实现了大联合，大伙儿很不情愿地坐到了一块儿。

杨刚对学校里的斗批改开始厌倦，对于所谓的革命行动产生了深深的怀疑。此时已赴内蒙古的吕嘉民等来信，讲述在内蒙古放牧的情形。杨刚又因为读过《旷野的呼唤》，于是决定赴内蒙古投奔同学。2 月，杨刚背着家人和接管学校的工人毛泽东思想宣传队，与同学陆保到内蒙古东乌旗满都宝力格牧场，投奔吕嘉民、张乃勇（其后为印钦法师）、陈继群、张彦斌和曾平等先期插队的同学，想插队落户。

关于出走锡林浩特的原因，杨刚在《绘事随缘》中写道："我们赶上了'文化大革命'，普通中学都要去插队，我有几个同学去内蒙古插队当牧民了，经常给我们寄一些他们画的生活速写，他们穿着牧民的蒙古袍，在那儿骑马、放羊、挤牛奶等。我就觉得同学在那儿放牧挺有意思的，这也是后来我到内蒙古的原因。"又说："当时我们年轻不懂事，受到这种思潮的影响，产生了虚无主义极左的思想，现在都不能想象，当时怎么会给自己定位不画画了，而是想先去做一个普通劳动者，把二者对立起来。"

关于此次离校出走，杨刚描述道："清晨，宿舍里静悄悄的。我一夜没合眼，看看时候到了，就轻轻爬起来，对面床上的陆保也起来了。我们带上准备好的东西，一声不响地往外走。有几个哥儿们也醒了，从被窝儿里伸出手来跟我们告别。走出校门，走在空荡荡的街道上呼吸着清晨新鲜的空气，我心里十分畅快！后来，听说我走后妈妈总不见我回家，就让妹妹去学校找我。听说我偷着去了内蒙古，她们心里都很难过，也弄不清我为什么要出走。"

王良武、许涤记得，杨刚被子叠得很好，起初他们一直不知道他已去内蒙古，直到杨刚的两个妹妹来学校，将其行李带走了，才知道此事。杨刚的母亲李宝华在《母亲的回忆》中说："1969年春天的一个周末，杨刚还没回家来，这是自他入美院附中住校学习以来从未有过的事。特别是在那动荡的年代，即使不是假日，他有时也匆匆地跑回来说：'妈妈，可能我们学校有人要来抄家，您准备准备。'可现在却连招呼也不打就一夜未归，让我怎能不担心呢！第二天上午，我让女儿去学校找哥哥回家。我做了几样菜等着他们一块吃饭，可回来的只有女儿。她说学校里没有哥哥，听人说他已去内蒙古了。我们坐在餐桌前，谁也没有心思吃饭，屋里的空气异常凝重。"

同学张志忠和许涤去杨刚家，看望杨刚的父母。张志忠先生说："杨刚去内蒙古时候，我和许涤去了他父母家。他们不能简单地说有文化和教养，他们这是发自人性的善良。尤其是杨刚的父亲，我听了他父亲的经历特别敬佩，他是农科所研究小麦的，当时说去西藏支援两年就回来，但到了就回不来了。杨刚继承了家族的特点。"

关于出走途中的情况，杨刚在《可真有点野味了》中记录："我和陆保坐火车到了张家口，又搭上去锡林浩特的长途汽车。汽车一出张家口就不断地爬坡，不久便到了坝上。天地一下子变得格外开阔，大地一片银白，天空蓝得都不真实了。我从来没呼吸过这么新鲜的空气，全身热血沸腾并不感到寒冷。天过正午，到了一个吃饭的地方。两间白泥草坯房，里面摆着几张沾满油腻的桌子，墙角扔着一堆带血的牛羊肉。肥胖的老板娘操着林东林西口音热情地接待着客人，一位干巴瘦的大师傅在热气腾腾的灶台儿上颠着一把大炒勺。人们饿狼似的争着买饭。我真饿了，一会儿就吃完了一大盘羊肉圆白菜炒饼。饭后，陆保抽着烟，跟身旁的人瞎侃，故意摆出有社会经验的样子。车子下午到了一个叫那尔图的驿站，说是要在这儿过夜。这里只有几排土房孤零零地躺在雪原上，客店门前趴着一头大骆驼。它昂然扬起高傲的头，一疙瘩一块的棕色长毛被风吹得像波浪一样在翻滚。陆保感慨地说：'到了这儿，可真有点野味了。'四个人一屋，脏乎乎的床单满屋子煤烟味。我太渴睡了，也顾不上那许多，到头便睡，一夜连个梦都没做。第二天，到了锡林郭勒盟的首府——锡林浩特。我们也顾不上逛街景，就找了一辆去东乌旗的货车。车上货太多，副驾驶座位上只能再坐一个人，陆保就让我先走，到东乌旗等他。天越来越冷，路也越来越难走，汽车怕打滑，不断在雪原上轧出新路来。我下午到了东乌旗。这里给我的印象是一片高矮不齐的土墙，许多窗口像黑眼睛似的盯着我。满是泥雪的大道上不时跑过一些骑马的人，要是不说话，根本看不出是牧民还是知青，他们骑马疾驰的英姿使我很羡慕。"

杨刚在《重归乌珠穆沁》中写道："从东乌旗到满都牧场这段漫长难走的路，使不少想去的人望而却步。我在颠簸中不禁感慨，三十年前偷着跑来插队，早春的雪原还未解冻，在零下三十多度的气温下，顶着刀子般凛冽的寒风坐在卡车顶上，只穿着北京过冬的皮大衣和胶底棉鞋，只戴了顶棉帽，这一路是怎么熬过来的呀！"

关于在锡林郭勒大草原的生活，杨刚在《这是个新的家》中记录："长这么大我还是头一回骑马，又兴奋又紧张。马背上颠得厉害，我的五脏六腑都快颠出来啦，而欣喜却压倒了一切不适的感觉。与我们同行的还有一位名叫小才仁扎布的年轻马倌，小伙子头戴白色草原帽身穿天蓝缎面蒙古袍，胯下一匹白色杆子马（套马专用马），英姿勃勃一身俊气，五绚多长的套马杆在皮绳重力作用下随着马步的节奏上下颠颤。我骑在马上，还是头一回从这个角度观看同行的牧人，暗自欣赏着他每一个帅气的骑姿。一路上他不停地吹着好听的口哨，我好奇地问他吹的什么曲子。小伙子一伸舌头，只笑着摇头并不回答。事后我才知道，那是一首蒙古族情歌，这在'文革'中是犯大忌的。马们走出了汗，变得越发精神起来，打着响鼻喷着热气，高抬前腿猛蹬后腿奋力地前行。蹄声阵阵，雪片飞溅，在刺骨的朔风中几匹马争先恐后地涌向雪原深处。"

杨刚主要工作是放牧。杨刚在《放羊》中写道："有一回夜里刮白毛风，半夜发现我们包的羊群不见了！我和陈继群赶紧穿戴整齐，摸黑抓回了马，分两路朝顺风的方向找去。一直找到天亮，我们碰了头，羊群仍无踪影！我们只好回来，却发现临包的羊群扩大了一倍！这才知道是我们的羊顺风跑进人家的羊群，混群了！于是好多人骑马步行忙活了大半天，才把两群羊分清楚了。一个夏日夜晚，我负责下夜。天气闷热，我撩开蒙古包旁的毡子让风吹进来，也好听清外边的动静。夜里一个激灵醒过来，发现外边一点羊的声响都没有，出去一看，羊群不见了！我没顾上回去裹脚布就光脚穿着马靴顶着风追去。翻过一座山，没有。又翻过一座山还没有！我越急走得越快，光着的脚被硬皮马靴磨得生疼，终于在第三座山迎风的坡上找到了羊群。它们大概走累了，趴在那儿打着响鼻。再想把它们顺着风往回赶可没那么容易了，轰这边的，那边不动弹；轰那边的，这边又趴下了！我拿手电筒晃，趴在地上学狼叫……什么招儿都使了，累出一身大汗，才把这群'老爷'请回来，就好像我要害它们似的！最惨痛的，莫过于那一次教训：一个傍晚，我做好饭正等着放羊的回来，忽然有几个牧民一边喊一边用手指着对面的山头。我一看，只见盖满白雪的山顶上有几个小点，那分明是几只羊。我随手抄起一根半截子套马杆，光背骑上大青马就朝那边跑去。等到了跟前一看，哪是几只呀，山后还有一群呢！也不知是谁丢的羊。往回赶的路上，发现好多羊都受了伤，血呼啦的！后来才弄清楚，原来是前一天一位知青放羊时看书，羊在过一座山头时被山尖分成了两群，那知青没留神，就跟着一群走去，另一群却不知去向了。夜里狼群袭击了没人管的羊群，狼群先把羊大批地咬死咬伤，回头再慢慢吃……"

在草原放牧，杨刚多次迷路。杨刚在《迷路》中写道："而我却有这本事，好几回走夜道都没迷过路。最棒的要数那一天在瓢泼大雨中，我瞅准方向骑上马，一蹦子开出去。路上雨水不断从雨衣缝钻进来，内衣都湿透了。闪电划破黑暗，我和奔马以及下落的雨水，在一瞬间都变成了静止不动的亮影，顷刻之间又是漆黑一团。我极力控制住在滚雷中受惊的马，使它不至于走偏。从时间上推算，我觉得该到了。果然，透过水帘般的雨幕，前方正闪着一个白色的亮点，那是包里的哥们儿在向我打手电呢！一颗悬着的心总算落了地。没想到，就在我自以为得意的时候，我却迷路了。那是个深秋的夜晚，正赶上包里的人都出门了。我驾着一辆牛车从不远的地方拉毡子回家。人家看天色已晚，怕我迷路，留我住下来等第二天再走。我想反正离家不远，就很自信地上路了。走了没多远我就后悔了，这牛车不但不能像马那样飞奔，而且还扭来拐去走不了直线。天越来越暗，不一会儿我就分不清东南西北了。往回走也跟往前差不多，我就决定硬着头皮继续前行。夜很静，旷野上只有勒勒车发出的吱吱声和大黑牛的喘气声。过了好一阵子，我估摸该到了，可还听不到狗叫声。于是停下车，把牛卸下拴在车辀辘上。在黑暗中朝前走几十步，大喊几声，没反应。赶忙走回牛车，再向左走一段，大喊几声，还没动静。又走回牛车，再向右走，再喊，还没狗叫！我看没希望了，就开始考虑如何在这深秋寒冷的草原上过夜。猛然间，我想起车上拉的两块大毡子，就把它们卸下来，在牛车底下卷了个筒，和衣钻进毡筒，觉得挺暖和的。我就在这静静的草原之夜、在四外散发的野草芳香中渐渐睡着了……睡梦里，我忽然觉着有什么东西在蹭我的头皮，睁眼一看，天已经亮了。原来是大黑牛饿了，在用蹄子蹭我，想叫我撒开它，让它去吃草。我从毡筒里爬出来四下一望，差点没气晕了，就在离我二十多米远的地方，我们的蒙古包正立在那儿朝我微笑呢！"

杨刚和吕嘉民在草原掏了一窝狼，并带回一只小狼驯养。杨刚将此经历写成文章《养狼》，发表于《北京晚报》（1995年6月15日）。杨刚写道："这年春天，我们包的老吕来了兴致，非邀我去掏狼窝。我们一大早就带上工具出发了，一行三人，除了我和老吕，还有一位有经验的小马倌才仁加布。骑马走了十几里路，在一座小山上发现了一个不大的洞，他们说那就是狼窝，二人有经验地察看了一下洞口的狼脚印，断定母狼不在家。于是我们就用铁锹从洞的上方挖下去。挖了一会儿，忽然间咕咚一声塌下去一个大坑。几个圆乎乎、毛茸茸、落满尘土的小脑袋在下面摇晃着——一窝狼崽！我心里突突直跳，颤抖的手揪住它们的耳朵，一只只提上来，塞进帆布书包里。然后我们骑上马，兴高采烈地凯旋了。回来后，大家都说我们战功不小。按牧民的规矩，我们把小狼一只只抛向天空，掉下来摔死。就剩下一只时，老吕突发奇想，他留下这只小公狼，想让它长大了跟母狗杂交出狼狗来！这是一只强壮的小狼崽，看上去和狗崽没多大区别，胖乎乎的身体、大脑袋，两只眼睛还睁不开，全身稀疏地长着一层黄灰色的短毛，挺可爱的。我们拿肉喂它，它一口就吞下去了。过了些日子，它稍微长大了点，能睁眼了。我们怕它跑，就用多股铁丝弯了条链子，连着皮套，套在它脖子上，又用木桩把铁链固定在蒙古包旁。夜里，我们听见外边有呜呜的叫声，出去一看，只见那小狼坐在地上，望着天边的一弯新月，发出凄楚悲凉的叫声。几条大小不一的狗围坐在它周围。因为小狼是主人的客人，大家谁也不敢伤害它。不知是什么缘故，也许是狼的叫声唤醒了狗们的回归精神吧，这些狗操着各种腔调都学起狼叫来！那声音既不像狼，也不像狗，很是滑稽。夜深了，小狼还在不时地叫。叫声引来了远处的狼叫，那也许是它妈妈在呼唤它吧？为了羊群的安全，我们这一夜格外小心。草原上的消息就像风一样不胫而走，知青养狼的事牧民们很快就全知道了。人们都说这是瞎闹，是养了个祸害！可我们却不愿意就这么把它打死，而是想看看最后究竟会怎样。夏天里，小狼越长越大，逐渐显露出狼的本性——灰色的眼睛闪着挑战的光，显出一股勇往直前的精神。牙不像狗那么钝，而是又细又尖的。要是你把手放进它嘴里，它绝不会像狗那样温顺地含着，而是狠狠地给你一口，叫你疼半天。秋天转场，我们不知如何把它抱上牛车。最后想了个法子，用帆布雨衣将它没头没脑地蒙住，然后放上牛车。到秋草场后，再照此办法把它放到地上，这可真够麻烦的。一天下午，我突然发现小狼不见了！拴它的链子铁丝被一根一根地咬断了！小狼终于成了真正的祸害！还好，由于长期缺乏运动，小狼的后肢像小儿麻痹症一样发育不良，因此它没能跑远。最终，我们发现它就在蒙古包附近艰难地爬着。老吕骑上马追过去，用套马杆套住它，飞奔而去。小狼惨叫着，草地上留下一道殷红的血迹……人喊、马嘶、犬吠，又到了一年一度打狼的季节。目标出现了。我们的小黄一犬当先追了过去，庞大的狗群紧随其后。眼瞅着小黄追上了！怎么回事？只见它与那条狼并驾齐驱地跑着，你看看我，我看看你，丝毫没有敌意！眼瞧着狼跑远了，人们大失所望，都说小黄变坏了，认为这都是我们养狼闹的，把一条好端端的猎犬给毁了！"2017年，杨刚写过一幅书法作品，内容是："狼犬本同根，狼近天道而令人敬畏。犬通人性而使人温馨。丁酉冬月刚。"2004年，姜戎创作《狼图腾》，以"狼图腾"进行国民性批判，上承鲁迅国民性批判，下接柏杨《丑陋的中国人》和所谓"海洋文明""黄河文明"等，引发极大轰动。

夏天，杨刚回北京探亲。返内蒙古时，坐火车绕道宣化，去西合营看望同学。因为不认识路，乱走之际还被民兵抓了。第二天早上坐长途车，到了西合营，与同学相聚两天，方回锡林郭勒盟。

关于夏天的草原生活，杨刚在《牧神午后》中写道："阳光从包顶直射下来，在地上印了个亮圈儿。包里闷热，我把四周的毡子撩起来透透气。今天该我做饭，看看时候还早，就躺在地铺上随便翻翻《养马学》什么的书。几只苍蝇嗡嗡叫着，在酸奶子和干牛粪的气味里，我渐渐睡着了。""火辣辣的阳光刺透眼皮，眼前一片猩红。万籁俱寂，耳边除了微风、鸟叫、马打响鼻的声音外，就再没有别的声响了。时间像是被凝固了。不知过了多久，我睁开眼睛，看到头顶的天空又蓝又大，四周的草甸空荡荡连个人影也没有，灰绿色的草海地毯似的铺向天边。我置身在这巨大的空间里，尽情享受这慵懒的午后时光。直到日头偏西，该给羊倌做饭了，这才起身。看看衣服已经晒干了，我只穿条小裤衩徜徉着去抓大青马。它停下吃草抬起头，用鹿一般善良的黑眼睛看看我，然后把头埋在我胸前蹭来蹭去。一不小心，它那又粗又大的蹄子正好踩在我的光脚上！我疼得钻心，使劲儿推它、捶它，它却没事人似的还是那么善意地望着我，一动也不动！直到它好像发现自己做错了事，才慢慢挪开蹄子。我一瞧，大脚趾都青了！真没法跟它怄气。"

杨刚记录了在锡林浩特的冬天生活。杨刚在《冬日一天》中写道："推开包门和沉重的毡帘，一阵刺骨的寒风裹着团团雪片扑进门来。我缩起脖子闭上眼睛猛钻出去，一下子闯入了没天没地的银白世界。单单赶上我值班一大早就刮开了白毛风！漫天飞雪横着走，削在脸上生疼。四下里找不见引火的东西，灵机一动，便拿起斧子劈下了半扇木锨头。回到包里再把木锨头劈成许多细木棍，白泥炉里装满干牛粪，中间掏个洞，再用火柴把细木棍点着了放进洞里，牛粪引着后再倒进半簸箕冻羊粪，冒了一阵白烟，终于轰一声，火总算是生着了。回风灶发出有节奏的轰鸣，火舌一下一下窜出炉缝，包里渐渐暖和起来。大铁锅倒进刚撮来的雪块，化成水，捞去漂浮的草棍杂物，再拿菜刀砍些砖茶进去。锅开了，按牧民的习惯应该往茶里兑鲜奶，可我们知青包没挤奶，就只在茶里搁了点盐。别看我们都是城里人，在这儿却没牧民会过日子。""一边收听苏修敌台广播，一边用电工刀把手扒肉削成薄片，泡在滚烫的茶里，等肥肉泡得透明了再吃。敌台里有两个装作中国知青的男孩在对话，内容尽是骂中国领导如何浪费人才迫害知识分子的。他们的北京腔说得很地道，说不定还真是北京人？"

闻初中同学蔡兴隆亦在附近插队，然未能见面。杨刚在《蔡兴隆》文中写道："1969 年，我在内蒙古满都宝力格牧场放羊，从一位北京 65 中知青那儿得知，兴隆就在附近的沙麦公社插队。这人还向我讲起他的近况——兴隆有个远在印尼的女友，常给他写信。当时插队的知青里有个习惯，谁去场部买东西就把大家的信都捎回来。捎信的人往往在路上就把大伙儿的信拆看了。有一回，一个知青看到兴隆女友的来信，就把这事告诉了其他人。那会儿的人，都对这种事特别敏感，一些激进的同伴认为兴隆资产阶级思想严重，还开'帮助会'批判了他……听到这些，我感到兴隆的处境不妙，很想去看看他。可不久我就离开了牧场，这愿望最终没能实现。"

1969 年，杨刚常给家里和同学许涿写信，描述内蒙古的放牧生活。杨刚的母亲李宝华在《母亲的回忆》文中说："他那时给家里写的信中，字里行间流露出对草原生活的热爱。新的生活是艰苦的，也是有意思、有情趣的，有时候还在信的边边角角上看到一幅幅描绘他生活环境的小小插图。"

杨刚在《曾经草原》文中写道："初秋的乌珠穆沁草原，我只穿着一件夹袄跟在一千多只羊的后边'抓秋膘'。刚才还是晴空万里，一时间却突然阴云密布，飘起了雪花，风也越刮越大。只见地平线上出现了一个黑点，越来越大，走近了看清是一个骑马的人，他给我送来一件皮袍。我还逞强说不冷，他却已将袍子扔给了我。'少废话，快穿上。'说完就拨马朝知青蒙古包尥开了蹶子。他，就是陈继群。"

关于这一段的经历，杨刚在《这是个新的家》中总体评价道："印象中，我在满都宝力格牧场放羊的日子里，只想脱胎换骨改造自我，当个普通劳动者，应该是一张画也没画过的。然而当这篇文章写到最后时，我却猛然清晰地记起，在我从牧场写给家人的所有信件里，都画着插图式的速写日记。真是俗缘未了，六根不净！"

是年，董正贺赴内蒙古插队。

1970 年，杨刚二十四岁。

在中央美院附中第八年。

杨刚试图将户口落在锡林浩特，却因当地打派仗而未能落上户口。

五月，杨刚被中央美院附中学校召回。杨刚以黑户身份参加游牧生产和生活计一年零两个月。

陈继群先生说，当时内蒙古正在"挖肃"，吕嘉民和他们这些知青反对"挖肃"，于是产生矛盾，因此当地不允许杨刚落户。野莲的《落荒》中描述，知青领袖余汝明支持当地的书记朝鲁，因此引发了和当地造反派的矛盾。杨刚离开后，很多知青被捕入狱。

初夏，中央美院附中教工和少数在校学生到邯郸磁县某军队农场劳动，杨刚和卢沉被编在二连十班。杨刚在《心灵的低谷》中记录："中央美院附中留守组告诉我们，全校教师和高一部分同学刚下放到邯郸磁县一个军队农场，让我们赶快去那里报到。西陈村是个典型的河北农村，村子很大，村民们说着地道的河北话。附中的老师和部分同学按军队编制组成连、排、班、组，都住在老乡家，排长以上的干部由军人担任。美院大学部的教师连就住在旁边的东陈村。'你们为什么跑到内蒙古去？'指导员问。'响应毛主席号召上山下乡接受贫下中牧再教育。''不行！你们态度要老实。回去好好写一份检查给我。'我绞尽脑汁回忆自己做错了什么，检查写了三遍才算勉强通过。于是，保二爷被分到九班；我被分到十班，和卢沉老师在一个组，住在一位姓薛的老乡家。"

当时，对于美院附中的师生参照军事管理，禁止画画，要求参加劳动，其间，一项任务是抓"516反革命集团"。杨刚《心灵的低谷》中记录："连里按上级指示实行五不准：不准出村、不准画画、不准串班，等等。每天除了到地里干活，就是大会小会的政治学习。""骄阳似火，农场闷热的水田就像个大蒸笼。我们顶着四十多度的高温，弯着腰给水稻除草。眉毛已经挡不住从头顶流下的汗水，我的眼前一片迷茫。大学部有几位上年岁的老教授终于支撑不住晕了过去，被大伙儿抬到地头儿上。"

当时气氛紧张，关系复杂，杨刚《干校里的大男大女》提到当时情形："'谁是516就赶紧站出来吧！好汉做事好汉当，别让我们大家总在这里陪着。本来讲好是短期劳动，现在倒成了长期抓516！谁是516，我求求你就快承认吧！早完事，咱们好早日回北京！'一位资深教授在全体大会上疾呼，沉闷的会场顿时被激起了一片掌声。"

老乡们刚开始以为师生们是一群罪犯。杨刚在《干校里的大男大女》中说："中央美院和附中的全体教工，及部分没去农村牧区的高一同学，被安置在河北磁县的一个军队农场中。大学部叫一连，中学部叫二连，连以下又分排、班、组，以小组为单位分住在老乡家的派房里，排以上的干部全是现役军人。起初，老乡还以为我们是罪犯，后来又觉得像犯了错误的干部，日子久了才发现这些人不像是坏人。"

当时，画画不被允许，杨刚不得已只能偷偷画画。杨刚在《心灵的低谷》中写道："来这儿不久，我便感到一种巨大的精神压力，就像一匹草原的野马被关进了牢笼。"杨刚在《干校里的大男大女》中记录："隔壁老乡家的女孩长得挺端正，听说我画得好就想让我给她画张像。这天碰巧跟老乡一起干活。'仰杠（杨刚），能给俺画个像儿吗？'当着那么多老师同学，她又那么大方地请求，我脸上又发起烧来。上级规定不许画画，可我还是偷着根据她的照片画了一幅素描肖像，趁早上刚起床还没下地，偷着送到她家。"傅溪鹏在《草原的乳汁哺育了他》写道："在农场，每当开批判会、开小组讨论会的时候，杨刚的思想便不自觉地开小差。他开始意识到，草原已深深烙在他的胸膛！他开始下意识地拿起画笔来，在政治学习笔记本上，悄悄地画起记忆画来。草原的人物、景色，一个个跳进了他笔下的画面。一张、两张、三张，一组、二组、三组，那些小小的记忆画挤满了他所有的学习笔记本。小杨怎么也搁不下那些令人留恋的草原生活，怎么也不愿意放下手中的画笔！迫于现实的压力，他只好转入'地下活动'。有时躲在宿舍里偷偷画，有时藏到庄稼地里画。"

为逃避师生、同学之间的"攻心战"，杨刚常去老乡家做客。杨刚《干校里的大男大女》中写道："整天除了干活，就是对516嫌疑犯进行没完没了的攻心战。我心里闷得慌，就常跑到生产队长老薛家坐坐，那是个三口之家，除了老两口还有个可爱的女儿，叫宝娣。他们都对我很好，在他家做客，特别是在宝娣纯真好奇的目光下，我这不善言谈的人也经常一聊就聊到吹熄灯号。"

1971 年，杨刚二十五岁。

在中央美院附中第九年。

上半年，继续参加劳动。

9 月 13 日，林彪事件之后，管理中央美院附中的部队对师生的管控放松了，杨刚他们处境好转。

杨刚可以公开画画，赴陕北安塞探望在那里插队的妹妹杨少华，得到丁井文校长支持。杨刚且行且画速写，一路收获颇丰。杨刚在《西行记》中记录："我这时的心情，犹如一匹长期被拴住的野马，发现那缰绳已经糟了，便迫不及待地想要挣脱而去。我想起妹妹在陕北插队，就决定背着领导再来一次出走。把这想法跟正在烧茶炉的老丁校长一说，马上得到他的鼓励，'画速写……米脂的婆姨绥德的汉，形象都很好……'老丁说着，眼里闪出怀旧的光。我背起粗布画夹子，带上纸笔和一些钱就出发了。没去过陕北，单凭感觉就在石家庄火车站登上了西去的列车。汽车渐渐进入黄土高原，窗外的壮丽景观虽常在图片上见，却还是令我激动不已。过风陵渡时，正赶上太阳下山。湍急的黄河与两边耸立的陡岸被染上一层红铜色，熔金般的落日将辉煌尽情洒向河面，水上泛着耀眼的粼光。置身于如此恢宏的天地之中，我感到自己是那么地渺小，不由想起'长河落日圆'那苍茫雄浑的诗句，感到一种巨大的精神震撼。汽车路宿绥德，这一夜我是在一条僻静的小巷口度过的。在昏暗的路灯下，我以速写描绘那神秘的夜景。小巷石阶弯曲而下，石阶尽头默默地流着一条黑亮的河，河对岸的夜幕中，闪烁着星星点点的灯光……汽车继续西行，终于在一个下午到达了延安。下车后才发现当天去安塞的班车已经走了，我决定步行几十里去妹妹插队的后李家沟。身背速写夹，风尘仆仆地走在延河边，高坡上走过一辆毛驴车，赶车的老汉懒洋洋地唱着：'山上头——天底下那个走哇，解放区——太阳那个暖悠悠喂……'天快黑了。我在一家小店吃过晚饭，向店主打听去后李家沟的路。那是个戴金丝圆眼镜、又土又文、又黑又瘦的老人，他在纸上画了个圈圈，写上店家两个字，然后引出一条线，又画一个圈圈，再引线，再画圈圈……在最后的圈圈里写上后李家沟。虽然没说一句话，我已看明白了。向老人道了谢，又上路了。越走天越黑，起初还能听见路边山村里的人声、畜声、笛声，渐渐地，啥声都没了，窑洞的灯光也越走越少。我走向最后那点灯光，这窑洞窗户上大部分糊着纸，只有窗棂上一个小方格里镶着玻璃。透过玻璃，我见在昏暗的灯光里，有四个脑袋枕在炕沿上，两大两小。'请问，后李家沟还有多远？'两个大人吃了一惊。那光头汉子抬起赤裸的上身，操着陕西口音问：'谁个呀？'等他弄明白我的意思就告诉我到后李家沟还有三十多里，一直走。我在漆黑的山路上继续前行。夜是那么静，只听到路边山坡上不时滑下的碎石声。听说这一带夜间常有土匪劫道，那时我年轻气盛，身上又没多少钱，也不在乎。不知走了多久，远远看见黑暗中有片亮光。走近一看，原来是护路队的两座帐篷。我向一位领工模样的人问路，他说后李家沟就在河的对面，问我找谁。我说出妹妹的名字，他便热情地说：'养烧化（杨少华）呀，我知道，就是后沟那个胖女子。'他说，天黑看不见过河的石头，就让我先在帐篷里过一夜。第二天一大早，曙光刚把黄土坡顶染红，我这位不速之客就突然出现在多年不见的妹妹面前了。'哟！大哥！'妹妹没想到我会到这里来找她，先是惊喜地傻愣了一会儿，然后就把我让进知青户。这是并排的两孔窑洞，大部分知青都走了，只剩下妹妹他们三个。妹妹在队里当队办小学教师，另外那一男一女每天下地干活，挣的工分少得可怜，而且分值只有九分钱。吃得也很差，妹妹为了招待我这远道而来的哥哥，特意跑到安塞县城买了两个青西红柿，回来拿盐拌了拌，又用开水和了点糜子面，就算是不错的饭菜了。看到这些，我心里不由涌起一阵酸楚，那男生见了连说：'你来得不是时候，等到了大秋就好了。'听说我来的目的是画速写，妹妹就找来她的小学生让我画。消息传开，来画像的老乡越来越多，每天窑洞前都站满了想画像的人，有的媳妇甚至把刚满周岁的婴儿也抱来请我画！白天画的像，晚上还得在油灯下复制一份送给人家，所以每天我都要忙到很晚才睡。我在军队农场几年没动画笔了，所以乐此不疲，觉得特别过瘾，绘画能力就这样恢复过来。跟妹妹聊天，我了解到她当老师并不轻松。她那个学校其实就是坡顶一孔没门没窗的破窑洞。她一人既是老师又是校长，兼教导主任和工友。也没教具，窑洞里只有些用砖块搭成的课桌。冬天上课，学生要自带柴草，坐在地上，每人在自己跟前点火取暖。冷风灌进来，满窑洞都是烟，呛得人直咳嗽。有些农民只想让孩子帮家里干活，不愿让他们上学，妹妹还得上门去宣传读书的好处。农忙时，妹妹就带着学生到地里劳动。我发现妹妹很喜欢那些衣衫褴褛的孩子，津津有味地给我讲他们的故事……"

及至杨刚回到河北，丁井文校长看到他的速写大为赞赏。文溪在《他自己的路》中记载："当杨刚带着速写溜回农场时，正在接受'改造'烧锅炉的附中校长丁井文可乐坏了，拿着本本爱不释手，说'陕北的形象好，你画得也好！'"

杨刚的妹妹杨少华，1949 年生，1968 年入北京鼓楼中学读高中。1969 年，高中二年级时，她赴陕西安塞县插队，在真武洞公社下李家沟大队李家沟后小队。1973 年，杨少华已在安塞县插队四年，其间干过农活、看过果园、参加过毛泽东思想宣传队。春节期间曾因病独在异乡，备尝苦辛。关于杨刚此行，笔者采访过杨少华。杨少华说，1973 年春天某个早晨，忽有小学生跑来喊，杨老师，你哥哥来了。哪里敢信。不久，杨刚即来到她所住的窑洞。她欣喜异常，赶紧去镇上买菜做饭。知道杨刚此行要画速写，饭后她找来几个学生做模特，杨刚几笔写就，形神俱似。村里迅速传开，来了个北京的画家，几笔就能画像，还跟照片一样。于是，来了一拨又一拨的老乡，在杨少华的住处外排起长队，让杨刚画像。拿到画像的都啧啧说，真像真像。后来，大队韩书记都被惊动了，他就把杨刚接到大队部，让杨刚在那里住宿、吃饭、画像。因恰逢农闲季节，男的女的老人孩子都来找杨刚画像。杨刚在安塞县住了一周左右，除了为老乡画像之外，就四处游观、画速写。杨少华说，杨刚画像在当地引起了轰动，大家都知道了，后沟胖女子杨少华的哥哥是画家，有时候她去公社买东西，邻村的老乡还会问起杨刚。杨刚此行创作了大量速写，大都送给了当地老乡，带回来者今已下落不明。此行画作，家中竟一张未存。笔者曾通过朋友去陕西安塞县李家沟咨询，希望能得到几张照片或能购回几幅作品，虽然一些老人还依稀记得此事，但画作已不能觅得。

关于当时师生的一些情况，杨刚在《绘事随缘》中写道："'文革'期间因为斗争，艺术院校的学生都变成牺牲品，把我们下放到部队农场去劳动，先给管制起来，开始不让画画，天天搞运动。后来变松了，让画画了，部队战士要学画，挑几个人来辅导，他们把我给叫去了。又请了位美院的老教授，他是解剖学专家。这些战士一看我画的人物很像，看老教授画得不太像，有点嘲笑他。这位教授是研究人体解剖的，本不应该让他去教的，但是他也没办法，他就说画画不能光像，首先要画得好，他只能这么跟人家解释。他的儿子也是美院毕业，当时是在一个电影院画大海报牌子，全北京都非常有名，画得很好，后来成了油画家，他就弥补了他父亲的弱项，既能画好，又能画像。"杨刚在《艺苑游牧》一文中写道："在'十年动乱'中，整个文艺界因深陷极左的政治漩涡而受到惩罚。在军队农场严密控制下的中央美术学院附中师生们，不许随便走动，不许画画，每天除了干农活，就是斗私批修阶级斗争。后来纪律终于放松了，我和卢沉老师有如出笼之鸟，兴致勃勃地跑到邻近的村庄去画写生。在一个村子里，我们遇到几位在此插队落户的石家庄知识青年。跟她们一聊，得知她们的最大苦恼竟然是'成天价没人管我们！'"

1972 年，杨刚二十六岁。

在中央美院附中第十年。

2 月，附中师生随部队转至石家庄获鹿县。姚重庆先生在《西陈往事》中记录了当时的情形和杨刚的一件逸事："到达这里，管理仍然较严。清查是搞不下去了，主要是劳动和学习，十分无聊。一晃又进入了夏天。有一天吃早饭时，没有见到我们班的一位同学。听说，有人看见他自行出村走了。这可急坏了班长、宣传员，连忙报告排长，排长急报连长、连长、副连长、指导员、副指导员又跑到我们 10 班，了解情况，紧急部署，派人追赶，结果一无所获。直到下午四点多钟，那位同学若无其事地回来了。他说，去了趟石家庄（是徒步来回，35 公里加 35 公里），说完，就一头钻进他的蚊帐，闭目养神，一言不发。副指导员、排长和宣传员围坐在床旁，想和他谈谈，他不理会。只听得副指导员和排长高一声、低一声地叫：'A gang！''A gang！''A gang！'……十分耐心地叫了数十声，最后只得悻悻而去。旁边的人忍俊不禁，几乎要笑出声。"此事可见杨刚不愿被无谓的纪律约束，也对很多同学产生一些震动。

严格的部队纪律管理，紧张的同学关系，不能作画，因此杨刚以"心灵的低谷"形容这一段时间。杨刚在《心灵的低谷》文中说："在这 70 年代初的河北大平原上，中央美院和附中的师生们正经历着一场水深火热的洗礼，而且一待就是四年！这中间又从磁县搬到获鹿县，直到林彪事件后，紧张空气才缓和下来。这段经历，是我人生道路上最沉重的一页，是我心灵旅途中的黑谷。我精神面临危机的时候，是卢沉老师、丁井文校长和众多关心我的良师益友挽救了我，给了我第二次生命。"

时常与卢沉先生一同外出作画。杨刚在《良师益友卢沉先生》中记录："其实，卢老师早就手痒了，我们俩每天就带几个凉馒头和少许咸菜，一起走村串户画速写，一画就是一整天。这段时间令人难忘，我不仅从他那里学到不少有关中国画的学问和本领，还与他建立了超出一般师生关系的深厚友情。在一段时期内，我甚至忘了称呼他老师而直呼其名。他也听惯了，毫不介意。我这人在做人方面好不过人家，也坏不过人家，时常会出些差错，尤其是在政治斗争的漩涡中，有时会显得很鄙陋。而在卢老师坦诚宽容的胸怀里，我却始终是个绘画人才。

正因为有了这段与卢老师亲密过从的经历，我后来逐步走上了与大部分老同学不同的'亦中亦西'的绘画道路。"

得到卢沉老师的鼓励和照顾。《良师益友卢沉先生》中写道："卢沉老师是苏州人，喜欢泡热水澡，在获鹿县城蒸汽弥漫的澡堂里，他教我如何搓澡。他先给我搓再让我给他搓，我自己觉得用了很大力气，他却还嫌我搓得没劲。现在当我看电视剧里刘墉跟皇上一块洗澡这段戏时，不知为什么就想起了从前那段经历，也许二者的共同之处，就在于都是没大没小吧。卢老师一直看重我的绘画才能，常于明里暗里呵护我，就像意大利歌剧里费加罗唱的：'男子汉，大丈夫，应该当兵！切不可，梳油头，谈爱情……'当然他并不是希望我去当兵，而是希望我能成为一名有成就的画家。"

在外画速写时，偶逢吴冠中先生。杨刚说："当时天天跟着卢沉老师串村子画写生。有一回在去石家庄的路上，我见到有位老人在田间画油画写生。他说他是工艺美院的，一大早就带着馒头出米，一画就是一整天。后来我才知道那人就是吴冠中先生。"

一些同学谈到当时杨刚的一些情况。许涤先生说："杨刚在农村不断地画速写，丁井文校长给他买了一个白本子，让杨刚画满了就给他。别的同学也要了一些杨刚的素材。杨刚的速写，对附中一些老师的影响也都挺大的，后来很多老师也都下乡画速写。"王玉崑先生说："到获鹿后，在没有田里的劳动等任务时，师生们多在白天画画，连部肯定关注到了但没有干涉。1972年初至深秋，是师生们逐渐放开了画画的黄金时期，我们老高一的学生得到同老师们在一起画画学习的机会，而老师们同情我们进校多年而受教太少的遭遇，也尽量指教我们。我们十数个随学校到部队劳动锻炼的老高一学生，才不枉考进附中一遭。"有一次，连部在老乡家组织了一次小型画展，王玉崑画了一幅母牛生产小牛的作品，杨刚看后曾向他表示画得很好。当时杨刚和卢沉先生住一个房间，王玉崑来卢沉和杨刚的宿舍交流、看画，临行前借了杨刚几张速写回去观摩。

是年，杨刚作《美院教师生宿舍》《洗衣服的少女》《田间》《获鹿县水库》《拾草者》等，为目前能发现的杨刚最早的速写作品。

第三章 漫游时代（1973—1978）

1973 年，杨刚二十七岁。

上半年，在中央美院附中，整十年才毕业；下半年赴锡林浩特工作。

4 月，与学弟秦士平先生乘火车赴石家庄看病。看完病后，一起游石家庄烈士陵园，画速写。偶遇鲁迅美术学院的几个同学，他们看到杨刚的速写，极为惊讶，认为比美院的大学生还画得好。归途，杨刚送了三张作品给秦士平。2020 年 4 月 27日，秦士平联系笔者奉还了这三幅作品。秦先生说："当时，附中高三一班有几个学长，因为业务突出，在学校很出名，杨刚是其中之一。没想到在回程火车上，看过彼此的速写后，杨刚学长就将自己刚画的三张速写送给了我。"

5 月，杨刚正式从中央美院附中毕业。因逢"文革"，这一届学生在中央美术学院附中十年，方得毕业。

毕业前，卢沉、周思聪先生拟将杨刚留在北京画院，但未能成功。杨刚因为一直向往内蒙古的草原生活，因此放弃了留北京工作的其他机会。他不愿意留在呼和浩特，要求分配到内蒙古阿巴哈纳尔旗（今锡林浩特市）文化馆任馆员。杨刚在《良师益友卢沉先生》中记录："毕业分配时，我被分到内蒙古工作。离京之前，我常去卢老师在白塔寺的家。那房子不大，只能摆一个画案。卢沉、周思聪二位老师就轮流用它作画。他们曾试图把我留在周老师工作的北京中国画院，却没能办成。"

杨刚赴锡林浩特工作前，杨刚、王良武、许涿、项钢等一起游了颐和园，拍了很多照片。当时他们都心情舒畅、面带笑容，他们四处漂泊太久，现在终于有了着落，感觉每个人都长舒了一口气。

去内蒙古前，杨刚作《北京街头》，截取北京街头情景，展现出忙碌的城市的日常，也流露出对北京的告别与留恋的复杂心情。

关于工作分配，杨刚在《梦回草原——"入境庐"访杨刚》中写道："我们老三届待了十年才分配。因为'文革'期间我曾有过在内蒙古放羊的经历，对当地环境还算了解，眼看分配留在北京希望不大，就表示，如果没法分配北京单位，我就选择去内蒙古。管分配的人一听说我想去外地，立刻就同意了。于是，我和另外两个同学就被分到了内蒙古。当时美院附中毕业生业务实力都很过硬的，一般分配最低也是到省一级城市，可那会儿时局很乱，我们在呼和浩特等着分配。我想，呼和浩特、包头都是走西口后发展形成的城市，有别于东北的闯关东。闯关东是山东人去东北大量开荒黑土地，能将农业发展起来；而走西口是山西人、陕西人来内蒙古地区做买卖，也开荒，但土地不如黑土地肥厚，它这一片地区都是薄薄一片草皮，底下全是沙子。'大跃进'又发展工业，虽然建立了呼和浩特、包头这些城市，但把草原给破坏了，出现了大面积的沙化。我当时一门心思想画画，画草原、画游牧，就想起自己曾放羊的地方在锡林郭勒的东乌旗。那时沙漠化还不厉害，于是就跟当地管分配的工作人员说，实在不行我就去锡林郭勒盟。他们都没想到我不愿意留在自治区，情愿去地区级的镇子，当然立刻就同意了，并给我买了去锡林浩特的机票。但去那儿也等了很久没有合适的工作单位。因为当地对美术人才的需求很少，特别是牧区，比较重视歌舞、口传文学、实用美术等艺术形式，这是游牧的传统。但游牧传统不利于绘画的发展，因为他们需要经常迁徙，草没了就需要搬走，蒙古包就随着走，而绘画作品不适合搬运、悬挂。草原绘画的发展是跟城镇的发展同步的，在这个角度上看，草原画发展得越好，草原则退化得越厉害，喜中有悲。如今，巴·毕力格的草原漫画打破了这个怪圈，让我们看到了草原保护与草原绘画双赢的希望。后来终于等来消息，说盟所在地的阿巴哈纳尔旗（今锡林浩特市）文化馆有空缺。我想自己的目的就是画画，有时间画画就行，于是就答应了。就这样，阴差阳错地与草原结缘。那儿，离我曾经放羊的地方还有几百里，只是地区级的一个镇，走出不远便是草原牧区。一看到茫茫草原，我就很激动。可能我内心有一种向往雄厚、辽阔、空旷地域的情结，对于那种云高天阔、地广人稀的空间有种与生俱来的向往。"

杨刚在《第三次出走》中记录："'你毕业后愿意去哪呀？'管分配工作的军管干部征求我个人意见。'北京。''要是分不到北京呢？''内蒙古。'自从六九年第一回跑到内蒙古放了一年羊，我心中就一直涌动着那个草原之梦。因'文革'延误了毕业，我们这帮美院附中老三届毕业生在学校整整待了十年！六三年入学，直到七三年夏天，我才被正式分配到内蒙古工作。和我同去的还有二班的小郭和小李。'你们都有什么专长啊？'自治区管人事的干部问。'画小人。'小郭很正经地回答。我差点没乐出声来。经过联系，小李被分配到内蒙古日报社。我和小郭还悬着。'下面各盟你们乐意去吗？''锡盟我愿意去，在那儿放过羊。'呼市到锡林浩特的小飞机颠簸得很厉害。下飞机时，我已面色苍白、手脚冰凉，又晕又恶心了。锡林郭勒盟人事局的人看了自治区的介绍信，很直率地说：'我们这儿不需要干你这行的。''自治区不是给你们打过电话了吗？''哪儿的事？你来这儿我们根本不知道。''啊？！'我有点急了。'这样吧，你先去服务楼住下，过两天再来听信。'那时的锡林浩特还是个小镇，从飞机上看，它是千里草原中一片孤零零的房子。站在镇中心的十字路口，顺着马路望去，可以看到镇子尽头。有句顺口溜'十字路口在中间，一个警察看四边'，说得很形象。走出镇子，便是绿草如毡的茫茫草原了。我过去放羊的牧场离这儿还有几百里路。在这儿，消息就像风一样。很快，镇上的人就到处传，'服务楼住着个北京来的年轻画家，整天拿个小本本满世界跑，见啥画啥，画得还又快又好……'没想到，一等就是一个多星期！我心里越来越没底了，开始怀疑自己跑到这里来是否明智。我终于决定，至多再等三天，要是还没着落就打道回府！给北京的卢老师写信时，我向他诉说了此刻的矛盾心理。正等得不耐烦，人事局的人问我：'锡林浩特有个阿纳旗文化馆，你愿意去吗？'我照他说的方位找到了那儿，那是一排位于镇中心坐北朝南的平房，白墙灰瓦，窗子面向大街。馆里空荡荡的，我去时，正有俩人趴在办公桌上下军棋。一说话才知道，他们都是'文革'后期落实政策，被安置在这儿的馆员。其中一位姓孙的也搞美术，听说我是中央美院附中毕业的，要到这儿工作，他感到很吃惊。'现如今挺乱的，馆里也没开展什么业务。不过要想画画，这儿的时间倒有的是，下牧区写生也挺方便……'这倒正合我意！于是我就决定留下来了。"锡林浩特成立较晚，1953年锡盟盟长杜固尔扎布上报《关于将贝子庙地区改称锡林浩特的报告》，获内蒙古自治区批准，由此建成。1983年，经国务院批准改成锡林浩特市。在蒙古语中，锡林浩特意为碧野上的城、草原上的城市。

胡勃先生说："中央美院附中分配工作的时候，他们那届去内蒙古的人有四个，都想到内蒙古师大。因为内蒙古的环境，到师大是最好的地方，学术氛围比较高，有全国各地汇集的优秀教师。到那个环境工作对自己只有好处没有坏处，谁都想去，但去的四个人里，我们学校最后讨论就是看中了杨刚，一个是为他的人品，一个是为他的艺术高度。但杨刚怎么表示的呢，他说，他不去。四个人里其他的三个人都削尖了脑袋找人想进去，他们和杨刚相比有差距。但杨刚就不是那样，杨刚说，'我不去，我依然要到内蒙古锡林郭勒大草原'，这体现出了杨刚的境界。"

在文化馆工作之初，杨刚颇觉不适。杨刚《第三次出走》中记录道："到文化局报到，又黑又胖的局长操着洪亮的大嗓门热情地说：'小杨！你来得正好！招生工作就快开始了。你新来乍到，人事关系简单，不会走后门，就到旗招生办先干一段吧。'临时组成的阿巴哈纳尔旗招生办公室就设在敖包山下大庙里。我每天上班要干的事，就是坐在窗明几净的办公室里负责收收发发填写表格，没事了就跟几位工作人员闲聊。他们听说我是美院附中毕业生，就好奇地问我画画的事。我很快就发现这里的工作很不适合我。我后来甚至感到窒息，如同孙悟空当上了御马官一样，很不自在。"

7月，跟随乌兰牧骑演出队到西乌、东乌、阿巴嘎、阿巴哈纳尔旗举办的那达慕大会上画速写，其中数幅被《内蒙古日报》刊登。杨刚《第三次出走》中描写了甫至锡林浩特工作时的状态："我正硬着头皮坐办公室，忽然听说下面各旗县要开那达慕大会了，这对我是个很有诱惑力的消息。我鼓了鼓勇气，向局长提出想去这民间集会上画速写。'那达慕大会有啥可画的？还不是摔跤赛马那一套！'我从小不善言辞，人家两句话就把我噎回来了。可我还是不死心，于是，继学校工宣队和军队农场之后，我决定再来一次出走。我把由我负责保管的招生经费交给了文化馆的同事，让他转交给局里。在一位新结识的朋友帮助下，我搭上了一辆盟医院开往西乌旗的救护车。记得那天刚下过雨，汽车在草原潮湿的沙路上飞奔，每冲过一片水洼，车轮两侧便击起高高的水幕。远方天边悬挂着一道长长的彩虹，湿润的风带着野草的芬芳扑面而来。我完全被这清新而自由的空气陶醉了！车到西乌旗已是中午。我在旗革委会招待所住下，吃过饭躺在床上午睡，也不知过了多久，一阵欢快的手风琴声把我从熟睡中唤醒。我伸了个懒腰，走到敞开的窗前，只见院子里洒满了灿烂的阳光，琴声是从对面窗户里传出来的。'我叫王小义。我叫麦买提……'顺着这愉快的歌声一路找去，找到那个房间。推门一看，原来是我们旗乌兰牧骑演出队的人在排练节目。他们听说我是专为画速写来的，就热情欢迎我加入他们的行列。我正愁没伴儿呢，就高兴地答应了。就这样，跟着乌兰牧骑演出队，在不到一个月的时间里，我走遍了西乌、东乌、阿巴嘎、阿巴哈纳尔四个旗。在草原盛会那达慕会场上、在摔跤赛马的观众群里、在草原夜幕下歌舞表演的灯光中画了几百张生活速写。回锡林浩特后，我在整理好的速写中挑了几幅比较满意的寄给了《内蒙古日报》。不久他们就发表了。也就是从这个时候开始，我的绘画艺术在这茫茫草原上逐渐成长起来。"笔者工作之初，常有文章发表，经常去邮局取稿酬。杨刚说："我年轻时在锡林郭勒盟工作期间，常常在《内蒙古日报》《锡林浩特日报》发表作品，时有稿酬单，文化站的同事经常喊，'小杨，又有你的稿费单'。"

当时，白天乌兰牧骑队员演出，杨刚四处画速写；晚上，乌兰牧骑队员休息，杨刚还是画速写。因为杨刚的创作在《内蒙古日报》刊发，又因"文革"期间文化馆工作并不繁忙，于是他随乌兰牧骑外出画速写得到文化馆领导支持。杨刚几乎成了乌兰牧骑的编外人员。因为这样的机缘，杨刚走遍了锡林浩特草原各处，深入了解了草原的生产生活、民情民风。杨刚如同乌兰牧骑队员一样"送欢乐下基层"，为牧民画了大量速写，大都随手送给了被画者。今天这些作品还在锡林浩特草原上流传着。后来，杨刚所到之处总是里三层外三层地围着牧民，有的特意盛装前来找杨刚画像。一天画下来，杨刚腰酸背痛，但画所留无几。2018 年，笔者访杨刚常去的东乌旗等地，途逢年龄大的牧民，聊起来还记得杨刚，说还有一张他画的像。

杨刚也描绘了乌兰牧骑演出场景，记录着这支队伍的演出和生活等情况等。因此，杨刚可谓乌兰牧骑的参与者、见证者和记录者。杨刚有描写内蒙古民风民情的画。或写牧民，比如《其木德》（1973 年）、《劳模会上的老额吉》（1973 年）、《少年摔跤》（1973 年）、《骑行的女牧民》（1973 年）、《打草山》（1973 年）、《白音二队青年室》（1975 年）、《老年妇女组》（1975年）、《记忆》（1975 年）等。

关于当时杨刚的情况，李立祥先生在《亦中亦西写草原》文中说："1973 年 7 月的一天，乌珠穆沁那达慕会上，人们在赛马终点等待着,当小骑手冲过来的那一刻,才发现草地上迎面坐着一人在画速写。裁判发现后呼喊他快靠边,后来得知他就是杨刚,并知道他的速写很棒。再后来得知他当年在报考中央美院附中时,是背着满满一麻袋速写去应考的,这一点,在之后一次偶然的机缘我见到丁井文校长时又得到了印证。"有名"阿丽丽"者在李立祥先生此文下留言:"70年代,阿那旗草原小镇上,经常看到杨刚胸前抱着方块状画具。他穿军工鞋,不穿袜子,经常在敖包山上看日落和马群……"这些回忆,颇能见杨刚当年的生活状态。

傅溪鹏先生在《草原的乳汁哺育了他》中写道:"除了文化馆日常打杂事务外,杨刚把所有的业余时间、节假日,全部投到草原上去。他搭上一辆救护车,兴高采烈地来到那达慕大会上。他在熙熙攘攘的人群里挤过来,穿过去,忙着选题材,画速写。几天时间里,他画了厚厚的一大沓习作,有摔跤、赛马、义艺表演、观众等风土味特别浓郁的各种镜头。接着,杨刚又跟着一个文艺演出队,转了附近几个旗。演出队到哪儿演出,他就到哪里画速写。他还热情地为一些牧民和演员画了人头像素描。杨刚在阿巴哈纳尔旗生活、工作,和这里的牧民交朋友。有一回,一位当司机的朋友来找他玩。'喂,伙计,我要到达里淖尔去拉东西,你到过那里吗?''没有。''那里可好看呐,特别对你们搞画的。'司机用神秘的语调诱惑着杨刚,但接着又装着为难的样子,'不过那里艰苦而且危险。''不怕,我跟你去。'车子到了灰腾梁山脊前,没法开动了,他们就下车步行。穿过一片茂密的苗圃，展现在面前的是一望无垠的草地，一片片白花花的鲜蘑菇，如同一丛丛美丽洁白的花朵，在绿原上怒放。啊！这是杨刚一生中从没有见过的奇妙景色。"

自此，杨刚每年把较满意的草原写生寄存在北京卢沉老师家中。王明明先生说："七十年代初，我就和杨刚认识了。那时候，我跟周思聪、卢沉学习，二位老师经常拿杨刚的速写给我看。那时候杨刚还在内蒙古工作，他画了大量的速写。有时候杨刚回北京去二位老师家，都是成麻袋地背着速写。所以当时就对他的创作非常有印象。"杨刚和笔者说过几次，在草原上画了很多速写，其中的精品大都寄给了卢沉老师和周思聪老师。

此间在锡林浩特还有不少馈赠友人的油画、水粉画和素描肖像等。

受到以包世学、程锐、萨纳巴特尔、全继昌、若希、李册等构成的锡林郭勒盟草原画家群的影响，开始画工笔重彩画。

关于当时杨刚的日常生活，经采访王铁民、李立祥先生稍知大概。杨刚在办公室住，不起火。白天，没有特别的任务，大部分时间在画画。有时候去牧区写生。中午、晚上吃饭去盟委。画画晚了，食堂不等他，当时锡林浩特没有饭店，所以去李册家里吃饭。

1974 年，杨刚二十八岁。

董正贺通过杨刚的工笔画《亲家》，初步了解了杨刚。董正贺说："1974 年，我还是一个知青。记得这年春节从巴盟回北京探亲，正巧当时也在内蒙古牧区插队的表哥王志远也回来了，他来我家的时候，带来了一幅很大的画，请父亲看。这样的事本与我无关，但画面上的内容深深吸引了我。一位慈祥的蒙古族阿妈，身后站着一个彪悍的草原青年；另一位文质彬彬而和善的北京妈妈，身后站着一位面露羞色的姑娘，虽然脸是黑里透红的颜色，但她皮肤细腻，一看就是一位城市姑娘。画的右下角有两个字'亲家'，当是画的名字。因为我当时是知青，太了解知青生活了，因此对这幅画背后的背景和内容非常了解。但没想到，多年以后，我和这幅画的作者杨刚结婚了。"李立祥、王铁民等先生对这幅作品印象深刻，向笔者描述了这幅画的相关情况。《亲家》所绘是北京知青和当地牧民结合的主题。此画是横幅，场景是在蒙古包里，共四人，左边主人，一个蒙古族老阿妈，一个拿着套马杆的壮实小伙子；右边客人，一个慈祥的、戴眼镜的母亲，边上是一个俊俏的北京女知青。北京女知青和蒙古族小伙子，情定草原，双方母亲见面，故名《亲家》。主题具有时风，画作技艺高超。此画有敦煌壁画风格，线条圆厚，用笔简练准确，人物完整概括，以赭石、土黄为主，通篇是暖色调。

杨刚和董正贺以画相会，之后王志远先生有意识撮合二人。董正贺幼即从其父亲董石良先生习书法，从徐之谦等学习，有着深厚的书法基础。有时董正贺会写信给王志远，王志远就拿给杨刚看，杨刚也很喜欢董正贺的书法。由此，杨刚和董正贺二人开始交往。

当时，锡林浩特美术界大概有两个圈，一是内蒙古师大圈，包括包世学、李册、若希等；一是知青圈，包括杨刚、孙志钧、王铁民、李立祥等。若希为《锡林郭勒日报》美术编辑，杨刚在锡林浩特文化馆工作。当时杨刚在《锡林郭勒日报》发表过一些美术创作，大都是经若希之手编辑而成。杨刚在《贺萨纳巴特尔个人画展在即》中写道："我在锡林浩特工作时，曾有缘结交过这里的画家群，而萨纳巴特尔就是其中重要的一位。老萨给我的第一印象是：个头不高却很结实，像个劳动者；突起的眉弓下，是一双不大却能映出草原的眼睛；鹰鼻像个箭头，直指下方的一字形薄唇；倔强的下巴连着硕壮的脖子，那脖子总是挺得笔直；头发则像一抹不驯的野马鬃。外表的粗犷挡不住老萨的内秀，介乎游丝与铁线之间的线描清楚地告诉我，他是个粗中有细的人。在一起画画时，大伙常拿老萨开心，他就厚道地咧着嘴笑，眉毛和眼睛笑成两个八字，然后再用瓮声瓮气的男低音发起有力而风趣的回击。画友包世学曾诙谐地讲述老萨在锡林河游泳的故事：'他扑通一声跳入水中，头也不回地奋力游去，最后，他一头扎进了对岸的泥里！'关键词，'扎进''泥里'。老萨常画人马画，画风流畅潇洒，这是他有别于领军人物包世学的地方。老包常画没骑马的牧民和羊，多用钉头鼠尾描，受贝子庙壁画的影响，画风则更加古拙凝重而不乏装饰性。再加之全继昌、若希、李册等人的加盟，锡林郭勒草原工笔重彩画在 20 世纪 60 年代初就已经初露锋芒，若没有'文革'的冲击，几乎可与哲里木版画并驾齐驱了。'文革'的极左思潮几乎影响到所有的文化人。然而有些人（如老包、老萨他们）对此就比我们明白得早。'文革'中最后一届全国美展，要求参展作品必须表现'反击右倾翻案风'。老包消极怠工，老萨则勇敢地画了一幅表现牧业机械化的工笔画。时隔数十年，如今想起这些，仍能令我敬佩不已。"

关于在文化馆的生活，杨刚《锡林郭勒》记录道："70 年代，这里还只是个草原小镇，'十字路口在中间，一个警察看四边'，没有城乡接合部，出了城就是绿浪千里的大草原。在镇子中心的十字路口旁，坐落着一排砖瓦平房，这便是阿纳旗文化馆，我就在这儿居住工作了五年。阿纳旗是当时盟所在地的旗（县），如今已改称锡林浩特市了。初出校园，想在艺术上干一番事业的我，只为了圆一个草原梦来到这里，把这里当成了我的第二故乡。每日清晨，街上大喇叭传来的《东方红》乐声把我叫醒。如果是夏天，我就从办公桌后面的硬板床上爬起来，去革委会食堂吃早饭；如果是冬天，我还得拿起簸箕，去库房撮来煤块和干牛粪，再用床前一大堆没人看的牧区生活速写来引火，把办公室中央的大铁炉子生着。当碗口粗的铁皮烟囱被烧红时，窗上的冰花便开始融化。过一会儿，馆里的男女老少就陆续来上班了。当时正值'文革'后期，正给蒙受冤案的人们落实政策重新安排工作，包括馆长在内的好几位馆员都是这么进文化馆的。他们原本不是干这行的，对业务也不熟悉，因此文化馆里经常没什么正事，这倒为我提供了充足的绘画修炼时间。文化馆是个信息中心，镇上各种人物没事就来这里聊天下棋，从中我了解到不少锡林郭勒盟的历史和近况。最让人同情的，莫过于人们对'挖肃运动'的哀怨，那是一场刚平息不久的浩劫。吃过晚饭，我定要爬上镇子后面的小山——贝子庙敖包山，静静地坐着，目送太阳落入无尘埃的地平线。这一刻，大地和天空都染上了红铜色的光，锡林河在山脚下变成一条金色彩带，空气中弥漫着野草的芳香，好像有定音鼓在缓缓地敲击，管弦乐奏出了天国的歌……于是我完全陶醉在草原的怀抱中，忘却了人世间的一切烦恼。当夜幕降临时，我仿佛听见大地母亲的呼吸和心跳，在草原没遮挡的长风中，我听到那深沉而略带悲凉的长调歌声。锡林郭勒草原养育了我的绘画艺术。牧村、打草山、骑兵部队、草原盛会那达慕……到处留下我画写生的足迹。在每年一度的美术创作学习班上（先别管那时的创作原则正确与否），当地画家与插队知青中的善画者聚在一起，在欢声笑语中作画，这些孤独的牧羊人开心得像过年过节……"

油画《打靶归来》入选 1974 年全国美展。"'文革'时期基本具备'全国美展'标准的展览一共有五次：分别是'文革'前期的 1967 年 10 月由'中央文革小组'主办的'毛主席革命路线胜利万岁'美展；'文革'后期由'国务院文化组'组办的

1972 年'纪念毛主席《在延安文艺座谈会上的讲话》发表三十周年全国美术作品展览会';1973 年'全国连环画、中国画展览'和'户县农民画展';1974 年'庆祝中华人民共和国成立二十五周年全国美术作品展览会'和'上海、阳泉、旅大工人画展览'以及 1975 年'全国年画、少年儿童美术作品展览'。"① 杨刚参加了其中两次,1974 年,油画《打靶归来》入选参加全国美展,1975 年,工笔重彩画《到政治夜校去》入选参加全国美展。

杨刚的油画《打靶归来》,在当时产生了较大的影响,1976 年被做成邮票和纪念封发行,也被收录到《庆祝内蒙古自治区成立三十周年内蒙古美术作品选集》,给很多人留下了深刻印象。朝戈先生说:"初识杨刚至少在四十几年前,是在画中相识,他的那幅《打靶归来》那么纯粹动人,散发那个时代独有的积极精神与光芒。作品背后一定有一个美好的心与灵,这幅作品成为我永久的记忆。""我和艺术圈的朋友们常常议论他作品的精彩,动人。那时他是油画家。"② 文学评论家兴安先生说:"杨刚先生 1975 年创作的油画《打靶归来》印刷品,从我小时候就一直挂在我家里,印象特别深。"李立祥先生在《亦中亦西写草原》中说:"当年他创作的油画《打靶归来》,给人们留下深刻的印象。作品中几位青年骑在马上各具身姿,背景

① 杨子:《"文革"时期全国美术作品展览的运作机制研究》,2010 年,中国艺术研究院硕士论文。
② 朝戈:《关于杨刚》,见"亦中亦西"公众号,2019 年 5 月 8 日。

是雨后草原的景象。一日，他边画边与我聊着，还谦逊地问我画中人物服饰与头巾的颜色。画面给人以极强的张力，虽然题材受到当时政治环境的制约，但今日再观此作，仍不失为一幅反映那段历史的传世经典之作。后来，我曾在中国美术馆看到此作品的展出。"1975年，画家赵晓沫被黑龙江生产建设兵团派回北京采购物品，趁此机会观看了全国美展，并临摹记录了杨刚的《打靶归来》。赵晓沫言："杨刚这幅画，画的是四个草原女民兵，现在他的画风已然大相径庭。我的画风亦面目全非。"故宫博物院余辉先生说："1975年，我在农村的一个供销社看到了《打靶归来》宣传画，我就把那张画买了下来，一毛四分钱。我想回家临摹试试看，我记住了杨刚这个名字。"

杨刚后来谈及此作所接受的滋养和局限，他在《梦回草原——入境庐访杨刚》中说："虽然后来我的创作参加全国美展并入选了，但现在回过头看真正对我以后的绘画起到关键作用的，还是那个时期大量速写的积累，当时所画创作包括成名作都有美院附中学习的技法和艺术语言支撑，但艺术观念上还是太受当时思想意识的影响，没跳出'文革'时期的局限。"

参加锡林郭勒盟美术创作学习班。该学习班前后举办六次，分别是1972年、1974年、1975年、1976年、1978年、1981年。学习班一般围绕着内蒙古自治区的重大活动，或者即将举办的全国美展、内蒙古自治区美展等开展，故绘画主题是草原题材，倾向上要求表现牧民的美好生活和草原的欣欣向荣。锡林郭勒盟的美术创作学习班没有硬性指标，学员有成绩最好，没成绩亦无所谓。正是这样无功利的办班导向，这样的学习班才能延续六届，为一些创作者提供了平台，也涵养了创作人才。每期学习班人数不定，少时十几人，多则二十余人。学习班一般设在锡林浩特服务大楼，或在锡林郭勒盟宾馆，主办方提供食宿，班期为一个月或两个月。外地学员参与学习班，以出差论，单位每天有三毛钱补助。几个学员共同住在大房间，是卧室，也是餐厅，还是创作室。一般早饭是奶茶等，中晚饭是面食和几个菜。学员每人配置一个三合板，纸笔由盟里统一提供。学员大都很刻苦，中午亦不休息。晚上沿着锡林浩特大街走一下，或去贝子庙散散步。学习班管理相对松散，住在附近者可不住宾馆。比如杨刚因在文化馆工作，与学习班驻地近，遂自己在文化馆创作。有的学员报到之后不一定住班，可以自由地外出写生。学习班背后主导者是锡林郭勒盟的军管会。此部门一旦决定举办学习班，财力物力人力都会有充足保障，抽调学员甚至不用发文，只用电话通知即可，其他部门皆得配合。此是学习班举办成功的组织保障和依托。

学习班的具体组织者是程锐和包世学先生。程锐（1929—2006），1949 年入伍为 38 军文工团美术员，参加过抗美援朝，1955 年转业到锡林郭勒盟。程锐时为锡林郭勒盟群艺馆主持工作的副馆长，既是领导，也是业务老师，是学习班积极的倡导者和组织者。包世学，蒙古族，1961 年毕业于内蒙古师范学院艺术系。其《读书图》获全国少数民族美术作品展览佳作奖，《肥尾羊的梦》入选第七届全国美展，《群羊吸水》获当代工笔画学会首届大展"金又奖"，故在当时影响很大。李立祥先生说，他读初中时就知道内蒙古有个包世学。当时的学习班，大家关系非常融洽，没有领导和被领导、老师和学生的差别。程锐虽是领导，但大家都亲切地叫他老程；包世学是老师，但大家都叫他老包。参加学习班的同学们分别作画，老程、老包时不时地来看一看，随时指导。说这里人物太多了，这条线太软了，那里色彩太重了，这里太碎了……有时也提笔帮助学员改一下。程锐与包世学两人分工协作，以今日高校譬言之，老程好比书记，抓组织、抓纪律等，但他也抓业务，其人擅长工笔、隶书、篆书等；老包好比院长，主抓业务，负责绘画题材、技术指导等。学习班强调工农兵与专业人才的结合，但入选的基本条件是具有一定美术创作功底，故参与的主体是各旗县文化馆、艺术馆美工、知青、干部、工人、老师等。比如，杨刚在文化馆工作，是干部；李册、孙海晨，是教师；李立祥、马逊，是知青；王志远，是西乌旗电影院电影放映员。大家关系融洽，创作自由组合，可以自己创作，可以几个人组成一个创作组。创作时，大家既独立创作，也互相看画，彼此提意见，有时候也互相修改，是一种砥砺向上的氛围。据孙志钧先生介绍，他参加了1974年学习班，每天晚上锡林浩特的学员各自回家吃饭，因他和杨刚是单身，故一起去服务楼吃晚饭，然后去敖包山或锡林河边散步。培训班结束时，他们已结下深厚友谊。孙志钧买了一瓶酒，和杨刚饮酒告别。晚上，程锐、包世学有时到学员房间，一起聊天、看画，兴之所至还主动为学员作品题诗，写些书法作品分送给大家。但学员相处久之，难免偶有摩擦，比如李册先生就记得曾有学员因为小事打架。

杨刚在美术创作学习班比较特殊，有当事者以"亦师亦友"形容。就年龄言，他是学习班学员，与大家是同龄朋友；就创作实力言，他是老师。因杨刚不住宾馆，故在文化馆办公室兼卧室作画。很多住班同学晚上常相约去看望他，曾目睹过杨刚创作油画《打靶归来》（1974年）。在程锐、包世学等人组织的锡林郭勒盟"美术创作学习班"上结识了一批知青美术爱好者。其中一些人后来成长为画家或美术教育家，其中有首都师范大学美术学院的院长孙志钧、雍和宫管理处的李立祥、北京元都画院的院长孙海晨、成为佛教文化学者的王志远，曾在一起放过羊的附中同学陈继群后成为油画自由创作者，还有一度改行、退休后又重操绘事的王铁民等人，这些人后来自称"曾经草原"画家群。时移势易，锡林郭勒盟美术创作学习班未再举办。这六期学习班为锡林浩特美术创作营造了良好氛围，培养了很多美术人才，涌现出多幅代表性作品，起到团结、组织、联络、引导、推荐当地美术工作者的作用，惠及多位知青和锡林郭勒盟的美术工作者。仅就知青而言，之后的"曾经草原"画家群雏形即形成于当时。

临摹贝子庙壁画。贝子庙是内蒙古四大庙宇之一，号称北国名刹，2006年5月成为全国重点文物保护单位。锡林郭勒盟流传着"没有贝子庙，就没有小城锡林浩特"的说法。贝子庙始建于清代乾隆八年，历七代活佛修建而成。贝子庙中的壁画、唐卡等讲究图案的工细、对称，强调运用白红蓝金银等鲜艳颜色，故锡林郭勒盟工笔画有一定传统。[①] 此对杨刚的工笔创作产生了一定影响。

遇哈扎布，常和他请教音乐问题。哈扎布（1922—2005），被誉为蒙古歌王、长调之父，其蒙古长调歌曲唱腔悠扬高亢、气域宽广，其擅长的喉脉唱法最为著名。杨刚在 2019 年的访谈中说道："哈扎布当时影响很大，胡松华的老师就是哈扎布。胡松华当时是到锡林郭勒盟学的长调，'文革'里胡松华和哈扎布都被冲击了。当时我就在锡林郭勒盟文化馆，那儿有个水库，我夏天经常去游泳，游完泳就从水库南边的沙滩上上来。草坡上有一个帐篷、一群马，我一看就知道是挤马奶的，我就过去了。进去一看，有一个老头，当时不知道是谁，后来有人告诉我，那就是哈扎布，他的老家就在那儿。因为他当时是反动权威，那时候已经遭到打击了，就在家里休养。"

是年，董正贺插队结束，回到北京，开始没有工作，赋闲在家。知青办的工作人员到其家探望，发现董正贺在家读书、写字、画画，非常感动，主动邀请她去知青办帮忙，并支付一定生活补助。分配工作时，北京市百货大楼想招聘董正贺，但董正贺没有看上。某次北京工业大学招聘，她迎着大风骑自行车前往应聘，但最终没有成功。当时，董石良先生建议说，工作不要看招牌好，要看和自己的发展方向合适不合适，再就是

---

① 关于贝子庙的相关情况，可以参考色·恩和编著《贝子庙史》，内蒙古科学技术出版社，2011 年。

要离家里近。不久，故宫招聘两个知青，董正贺因为有书法基础等，进入故宫工作。

1975 年，杨刚二十九岁。

工笔重彩画《到政治夜校去》入选 1975 年全国美展。1975 年，全国美展主题是年画和少年儿童美术作品，故"几乎所有参展的重要作品，不分画种，都被称为年画"。杨刚入选的是工笔重彩《到政治夜校去》，立意具有那个时代典型特征，笔法则受益于内蒙古师友。杨刚忆道："我之前在央美附中没画过工笔重彩，只是跟着金鸿钧老师上过一次白描课，于月川老师教我们临摹过连环画《山乡巨变》。锡林郭勒盟汇集了很多美术人才，例如包世学、萨纳巴特尔、全继昌、若希、李册等，他们流行画年画，工笔重彩那种。去内蒙古后受当地画家影响，我也学习了一些工笔重彩的技法，于是创作了《到政治夜校去》，这张画也参加了全国美展。"①

2019 年，杨刚在访谈中说："包世学的工笔重彩画草原画画路，影响我了当时画《到政治夜校去》。那个题材现在看来很可笑，因为当时为了参加全国美展就选了这么个题材，当时里边一些语言、绘画技巧都是受包世学影响，但里边还有一些我原来的绘画积累。我原来看过一些故宫里边唐代的工笔重

---

① 参见巩海军主编：《大写草原》，内蒙古人民出版社，2017 年，25 页。

彩，我喜欢顾恺之那种游丝描，还有唐代的铁线描，就是粗细变化不大的那种线条，包世学受吴道子、京津画派还有刘文西影响，用的是钉头鼠尾描。我当时既受他影响又在线上和他不一样，我都是游丝描或铁线描用得比较多，但是当时我缺少基本功，包世学就可以在立着的画板上直接画白描稿，错了就用刀子直接一刮。我当时是得把纸放平了，手腕还得依托着桌面，怕把纸碰脏了还戴一个白手套，但是我有造型基础，色彩基础也有，而且对唐代的传统比较喜欢。就题材来说，当时我们的老师卢沉、周思聪他们说'打擦边球'。画家画画是为了艺术，比如说我想画草原、画牧民、画马，但是'文革'极左，全国美展审查要求必须突出政治，必须得符合政治思想。什么叫'擦边球'呢，就是说，你想画的东西尽量画好，但是又能体现一些政治思想好让审查的人通过。当时我画《到政治夜校去》就是打这种'擦边球'，当时一下就在全国轰动了，就是说蒙古马从来没有画这么好的，表现的牧民、草原的气氛也挺好。画家是这么看，但是政审的人就提出来，你看这个马的眼睫毛都画出来了，但是人物手里拿的这个《毛选》上的题目就几个小方块，当时是这么一个情况。但是回来后，到美院去画《迎亲图》的时候，（思路）就彻底扭转了，擦边球也不打了，干脆就表现民间普通的生活。"

辅导城镇、牧区中小学儿童学习画画。佈仁先生在《一间温暖的屋子——回忆我的美术老师杨刚》中说："这个班，就算是当时锡林浩特的少年宫吧，乌兰老师告诉过我，他是北京知青，我知道的就这些。也许是因为杨刚老师的到来，有了老师，才有了这个班。画画是每周六早晨，当我们到后，杨老师已经把炉子点好，好让教室暖和一些，所以估计他为了让学生不受冻，早早地过来提前把火生起来了。锡林浩特当时的冬天，可是零下四十度左右呀。杨刚老师戴一顶黑壳皮帽子，但是我觉得肯定不是他自己买的。因为帽子偏小了很多，不是他脑袋的尺寸，他的脑袋比较大，帽子就像是一个盖子，只到耳根。外面好像是黑色皮子的，还有点发亮，里面是羊剪绒，两边的帽檐，被稍微卷上去，有点翘，两条系带晃来晃去的。如果让他系住两个帽檐，肯定带子不够长。让我羡慕的事情，才刚刚开始。他一张嘴就是北京口音，虽然锡林浩特话已经算是普通话了，但是比起杨刚老师的京腔，我们特别爱听他讲故事，就想跟他学京腔。可惜的，杨老师真是金口玉言呀。让他多讲话，那是太难了。我们是学生，当然更不敢随便请老师了。我们开始学习素描，前排高桌子上面放了两个石膏像，一个是贝多芬，一个好像是列宁，就这样开始跟着老师学习画画了。对我们这些孩子来讲，基础不知道差多少，但是老师总是很耐心。""有次同学说饿了，杨老师突然问我们，吃过烧土豆片吗？没等我们反应过来，他让我们都围在炉子旁边，从角落里取出来一个生的土豆，然后把一头用刀子切去一小块，然后用小刀一点一点切成片，因为当时的炉子都是铁盖的炉子，有几圈小炉盘子。老师吹了几下炉盘，把切下来的土豆片放在炉盘上面，不一会儿就烤熟了。对我这种当时靠野菜为生、能吃上土豆已经算是幸运的孩子，当然觉得分外开心。知道老师是从北京来的知青，当然问北京的事情比较多了。我问杨老师，天安门有多大？比咱们这个教室大多少？因为在我的印象当中，天安门都印在画里，或者主席像章上面，显得那么小，没有跟真实比较的画面，所以产生这个想法。很少见到老师笑，他也总是挺严肃的，我提了这个问题以后，他像是偷笑似的告诉我，你想象它多大，它就多大（现在想起来，真是革命的回答）。还有一次，我说，'老师，您是从北京来的，等您回北京的时候，能带我们去北京真的见见天安门吗？'他说，'可以呀，只要你们把画画好了，身体健康出门没问题，我一定带你们去，把你们的画送给毛主席。'另外一个同学问老师，到北京走几天呀？他耐心地说，走好几天呀，先坐两天半的长途汽车（也就是现在的大巴）到张家口，然后再坐五个小时的火车到北京。中间在锡林郭勒盟正蓝旗的那日图住一晚上，他说那日图饭馆的蒙古馅饼特别特别好吃，也不贵。从那个时候，我就天真地想，哪天也许杨老师能带我去天安门，去见毛主席！"

布日固德先生在"亦中亦西"公众号留言说："小时候，我和海日汗都在扎旗，看到包世学老师的弟弟包世德拿来的一两张杨刚老师在新闻纸上画的素描人像和速写，我们当时因为痴迷学画，将杨刚老师的速写视如法典，从小就在心中树起了对杨刚老师的崇拜和羡慕！当时海日汗说，包世德当时跟杨刚要几张速写，杨刚老师让他自己随便拿。我们小时候的感动是现在人体会不了的，那种感动就像在饥饿中父亲带来了面包，所以人生中碰上这样的老师，是我们的幸福！"画家老罗和笔者取得了联系，他是当年杨刚在锡林浩特美术班上的学生，现在专职从事绘画。他说："杨刚老师插队回到锡林郭勒盟文化馆，当时一些喜欢画画的孩子就在文化馆跟他学画。杨老师不善言辞，很少说话。我们都很调皮，偷杨老师的纸和笔。杨老师有时领了工资就夹在速写本里，孩子们也偷拿。杨老师的速写对我的影响很大。我后来在北京当了老师，也看过杨老师的画展。他的去世对我触动很大，在当下国内美术界，他是我唯一欣赏的画家。"

辅导工人业余美术爱好者画宣传"批林批孔"运动的漫画。杨刚在《求索自由之路——杨刚访谈录》说："我在锡林浩特的时候，画得有点名气了，人家让我给业美讲课（指锡林浩特美术学习班）。有些画花鸟的人，他们看得比较明白，他们对'文革'有意见，就故意挑衅似的问我：'您觉得艺术是什么呀？'我就回答：'艺术就是宣传！'当时就是这么想的。'文革'时我的认识真的就是这种水平。"

其间，杨刚创作了大量速写，大都散失。王铁民、李立祥等多位先生说起，杨刚常随手将速写送人，或用速写引燃炉子。

回北京探亲，杨刚多次去卢沉、周思聪先生家，并逢朱乃正先生。杨刚《良师益友卢沉先生》中记录："在内蒙古工作期间，每次回北京我都去卢老师家拜访，请他们看我的草原生活速写。他们每次都看得非常认真，然后轮流提出中肯的批评。小卢悦越长越大，也爱画，还用他那稚拙的线条为我画像呢！后来卢悦又多了个小妹妹，叫卢欣，脸形长得很像非洲木雕。卢老师的老母也住他家，七八十岁的人，除了耳背，身子骨特棒。我每次去拜访，刚一进门卢老师便操着苏州口音大声对她喊：'妈！是杨刚来啦！'这干瘦的老人就圆睁着两眼，冲我频频点头表示欢迎。在卢老师家，我常碰见一位男子，身材不高，满脸才气。他常静静地坐着，虽然很少说话，却能感到他与主人之间有一种无言的默契，此人便是朱乃正老师。他每次从青海回京总要到卢老师家坐坐。有一回我见他正在写书法，卢、周二位立在一旁看。我那时虽然不懂字，却很喜欢那些线条的活力，就勇敢地向他求了一幅《青海长云暗雪山》。"

回北京时，常见到张祖英先生。张祖英先生说："杨刚回北京探亲的时候，常风尘仆仆地来聚会，每次进来都带回来一大堆作品，我当时看完就感到非常精彩。"

与当地乌兰牧骑队员交往密切，听了很多音乐。杨刚在2019年一次访谈中说："我在文化馆的时候，十字路口有一个大喇叭，每天早晨实际上都是被这个大喇叭给叫醒的，一放《东方红》就被叫醒了。整天拿个大喇叭就在放样板戏，特别单调。当时我认识了一个乌兰牧骑的拉手风琴的人，成了哥们，他叫那森宝音，他跟我聊得特别投机。他特别刻苦，夏天很热的时候穿一个背心，手风琴的带子都磨破了好几个背心。我那时候特想听一些西方音乐、经典音乐，但是哪儿都听不到，全是样板戏。所以我就去他那儿又蹭饭又听音乐，还给他们的小孩画像。最近我跟孙志钧在呼和浩特市办了一个'曾经草原'画展，他的太太带着孩子来了，这孩子已经长到那么高了，还拿着当时我给他孩子画的像。当时我就在他那儿听他拉的西方音乐，《化装舞会》《探戈》之类的。这是那时候通过朋友接触到的一些各方面的文化。"

广州美院李伟铭先生说："70年代我就知道杨刚了，当时经常看相关美术期刊，会看到他的速写和油画。记得当时看到的杨刚作品，主要是黑白线条的速写、插图，印象最深的是他画奔跑在北方草原上的马群，套马的牧民等。他画得非常好，人非常有才气。那时候不像现在，到处都是画家，那时候没有，或者说那时候画家可能也多，但是那时候真正能在公众媒体上崭露头角的非常少，杨刚是其中出类拔萃的人物。说杨刚是那个时代的画坛明星并不过分。"[1]

杨刚在《亦中亦西》文中写道："大年三十晚上，镇上爆竹声声，阿纳旗文化馆里一片寂静，我正在灯下画画，门一开，走进一个人。他一边拍打身上的雪花，一边从怀里掏出一瓶酒，一盒咸胡桃仁罐头来，两人相对一笑，二话不说，就坐在我办公桌后面的硬板床上对饮起来。这'不速之客'，就是孙志钧。"杨刚文章未标年月，姑缀于此。此条记录有一个重要信息，即使大年三十，杨刚依然在画画，并不因为节日而有所

① 李伟铭：《轻盈中的重拙——"生·生杨刚艺术展"观后》，《南方都市报》，2022年4月17日。

休息，此是乐在其中。

1976 年，杨刚三十岁。

是年，送刘文彬家两幅作品。据刘文彬女士说，70 年代随同她的母亲、哥哥、姐姐生活在锡林浩特。杨刚在锡林浩特文化馆工作时，和他们家熟识。她的哥哥姐姐亦从事美术创作，所以杨刚和他们关系就更为亲近。他们家当时几乎是知青的一个聚会点，很多知青常常在他们家聚会。当时刘文彬正在读初中，杨刚先后送给他们家两幅作品。其一为油画《骑马过雪山》。

北京知青王胜利先生常来访杨刚。王胜利先生说："1973年我分配到锡盟二中，由于都是北京知青，和杨刚的共同语言交往就多了，于是经常去旗文化馆找杨哥聊天，给他做模特，当时宿舍里有两根棍，架上马鞍子我骑上做各种姿势和动作，还讲些自己套马、驯马的体会。他有时也到我家串门（那时杨哥在盟委食堂吃饭，我住在盟委院里）。1976年我结婚时，杨哥用了几天时间给我们画了一幅锡林郭勒大草原的画，描述了我放马、我爱人（也是北京知青，在盟委工作）放羊的情景，画出了天堂草原的美丽和灵魂，所有见过这幅画的草原知青都是赞不绝口。我刚调回北京不久就参观了杨哥的美展，并把这幅画带去找杨哥补签字。这是我们分别二十年后第一次见，我们一起合影留念，董老师、杨肖都在。"

版画《阳光灿烂》，入选全国美展。1976年的全国美展，酝酿于"文革"时期，正式展出于新时期。于"文革"时期美术观念而言，这是一次"流产的"美展，是"时间结束了"；于"新时期"美术观念而言，这不啻一声春雷，是"时间开始了"。故1976年全国美展，具有承上启下作用，标志着旧时代结束，新时代开始，是一次重要的转折点。鲁虹在《1966年至1976年的中国美术之十：一次流产的全国美展》中称："非常具有戏剧性的是，这个从上至下精心组织，且调动许多人参加的展览却因'四人帮'的垮台而夭折了。除部分作品在'三省版画联展'及《美术》上露过面外，大部分作品始终没有面世。这次事件就像地震一样震动了美术界，它使广大美术工作者越来越反感'遵命创作'的模式和过多的政治约束，进而开始从新的角度思考美术创作的问题。"

《阳光灿烂》是集体创作，杨刚起稿，李册执刀刻就，王志远参与。当时要求专业人员和非专业人员结合创作，杨刚当时毕业于中央美术学院附中，李册毕业于内蒙古师大美术系，他们是专业人员；非专业者是程锐、王志远。此版画存于李册处，后因做家具缺乏材料，遂以此版做成家具，今家具尚在。据李册先生回忆，创作组受谢晋电影《春苗》影响。《阳光灿烂》共五六幅，是叙事性作品，主题是声讨批判旧的医疗制度、歌颂赤脚医生，内容是或描写为农民针灸治病，或描写赤脚医生一边劳动一边看病，或描写赤脚医生在接受学习培训场景等。

李立祥先生在《亦中亦西写草原》说："在锡林郭勒盟美术创作班上，杨刚还创作了工笔人物画和木刻版画等。其中，一组木刻版画是杨刚画草图，几人一起刻版，众人忙得不亦乐乎，气氛和谐。这套组画曾在中国美术馆展出。"

70年代，锡林浩特没有艺术家专门制作版画。杨刚知道版画的做法和印法，于是教会一些创作者。及杨刚离开锡林浩特后，当地没人再创作版画，杨刚也未再创作新的版画作品，故《阳光灿烂》可谓杨刚版画的绝唱。

回北京探亲。许涤先生说："杨刚回北京探亲，到中国美术馆去找我。他带了很多速写作品，就在美术馆的大会议室的地下铺了一地，我们几个同学围着看，说怎么画了那么多，这么生动，这么好。我们看完后，然后去丁井文校长家里给他看。"张祖英先生在《杨刚艺术动人心弦》中说："我和杨刚初识的情景历历在目。那是'文革'末期，一个偶然机会，朋友们在中国美术馆相约聚会，一位风尘仆仆的壮实青年进屋，友人介绍，'这是我们中央美院附中的同学杨刚，长期生活在内蒙古牧区，他刚从内蒙古归京，为人宽厚、坦荡，深得同学敬佩'。畅谈中，大家传看他从大背包中取出的厚厚一大沓速写，生动的画面、流畅奔放的线条、从中闪现出的充满才情的生命气息使我眼前一亮。他谈吐谦和、内秀，给我留下极好印象，也由此，常关注他的境况。"

回北京探亲时，杨刚去了董正贺家。董正贺住南池子，家是一座四合院。她的父亲是董石良先生，著名书法家。她的家庭氛围非常好，有比较深厚的文化积淀，朋友主要是文人和书画家。杨刚非常羡慕和喜欢这样的氛围。几天之后，董正贺也去了杨刚家，当时杨刚住东直门附近的两间小平房。杨刚《走出阴郁》中记录："头一回跟小董见面，是在北京她家。我当时的感觉是眼前忽然亮了！她从外表到举止言谈，都叫人心里豁亮。中等身材，穿着朴素；跟当时很多未婚少女一样，她也梳俩小刷子；不黑不白的皮肤，脸形很端正；一双大眼睛充满了英气，下嘴唇稍稍向里收，显得严肃而不失俏皮。谈话间，屋里时时飘绕着她厚重的女中音。我了解到她和父亲都搞书法，她在故宫工作。下午她还得上班，我们随便聊了会儿，又看了她几幅功力颇深的欧体楷书就分手了。临走时，她像男子一样上自行车的动作，给我留下了很深的印象。回到锡林浩特，小董的形象老在我心里出现。我急切地拿起笔给她写了封热情洋溢的信。回信很快就收到了！那带男子气的端庄字体、那掷地有声的清脆话语让我感到自己像是在一片阴郁的密林中忽然看到了一束光。走过去，前面就是海阔天空，另一个世界！"

当时，杨刚在北京美术圈已经颇具影响，很多人看到了杨刚的作品。杨刚在《梦回草原——入境庐访杨刚》中说："之前几次参加全国美展的作品有幸让大家对我的能力有些许印象，逐渐在内蒙古当地也有些名气了，加上每次回京我都拿大量速写给卢老师、周老师看。很多速写甚至被留在他们手中。当时他们在美术界的影响力太大，因此我速写的水平也就被传开了。"李津先生在《杨刚已抵收放自如之境》中说："我最早知道杨刚，是因为卢沉老师和周思聪老师，他们总是向我提起杨刚，每次都赞不绝口。卢老师、周老师和我说，你要多看杨刚老师的画，从基础到创作，包括速写、素描、国画等都要多看。杨刚早期的习作，那时候我就觉得非常好，现在又回过头来看，真是超出想象地牛。杨刚的画和卢沉老师的画放在一起，绝对不会输给卢老师。他那一批人，国画创作造型、厚度、色彩等，当推杨刚为第一。而且他非常全面，不仅速写、国画好，而且油画非常好，还有版画也很好。"史国良先生道："我和杨刚认识非常早。我还没有进中央美院的时候，就久闻他的大名了。卢沉、周思聪、丁井文先生就经常向我提起这个人，说杨刚这个人不得了啊，速写画得如何如何好，人多么多么好，要向他学习，几位老师还把他的速写借给我看。我记得看过他很多关于内蒙古题材的作品，有牧民、大马等，当时让我非常震惊，没想到之后我们成了同学。"

到内蒙古骑兵五团体验生活一个月，画军旅生活速写。按照当时"三结合"的创作原则，与部队业余美术爱好者合作连环画《铁骑》。杨刚 1976 年在骑兵团的速写，现存 60 余张。最早一张，所署日期为 8 月 11 日，最晚者署为 8 月 31 日。及杨刚结婚后，董正贺见到他的军用雨衣和雨鞋，曾问来源，杨刚告诉她在骑兵团体验生活的这段经历。某年，杨刚回锡林浩特，途中还带了这件军用雨衣，曾在某车站铺在地上候车。2019 年 4 月底，杨刚去世后，收拾遗物，才将这件雨衣弃去。这些速写描绘了骑兵部队训练场景，包括马上打枪、马上舞刀、马上躲避、草地伏击、前进等，也描绘了战士日常生活状态，还描述了军马奔跑、静止、俯卧等各种形态，甚至还有一些军刀、枪的特写等。这些速写图式，大多运用到连环画《铁骑》中。

1977 年，杨刚三十一岁。

3 月 8 日，杨刚的油画《打靶归来》印成邮票。《寻访"地下长城"：一套为"三八"国际妇女节发行的邮票》称："1977 年 3 月 8 日妇女节，为了宣传中国妇女在民兵工作中的贡献，原邮电部发行 T10《女民兵》特种邮票，全套 3 枚。规格为 52mm*31mm，齿孔度为 11.5 度，影写版，设计者刘硕仁，由北京邮票厂印制。该套邮票整版 40 枚，共 3 版。"其中，即有杨刚的《打靶归来》。80 年代，曾有读者写信给杨刚，寄来《打靶归来》的邮票和印有该作品的信封，请杨刚给签名。

内蒙古人民出版社出版了长篇连环画《铁骑》。这套连环画本乎照日格巴图先生的长篇小说《铁骑》(内蒙古人民出版社，1974 年)，小说《铁骑》以解放战争为故事背景，描写解放军骑兵部队在草原上消灭国民党反动派的故事。这也是一部成长小说，以哈日巴拉政治成长为主线，描写他从一名牧民变为党员。照日格巴图，内蒙古作家，著有《铁骑》《姑娘与强盗》等。2019 年，笔者试图与照日格巴图先生联系，兴安先生告知 7 月 24 日已去世，以为憾事。连环画出版时，"文革"虽已结束，但文艺创作依然强调"三结合"原则，要求体现集体智慧，于是署名为"呼和浩特市机床厂工人连环画组张书良、张铭宗、张慧香改编。杨刚、卢凤岐（战士）绘画"。实则，此作品乃杨刚一人所绘。笔者托内蒙古的朋友多方打听相关消息，告知呼和浩特市机床厂早已不存，张书良、张铭宗、张慧香亦觅而不得。为创作这套连环画，杨刚曾去体验生活的内蒙古骑兵五团，建制早已取消，与杨刚一同署名绘画的战士卢凤岐也寻而不得矣。

杨刚回北京购买颜料。杨刚曾对笔者说："到了1977年，文化馆里有一些经费——还不是文化馆的经费，是防火站的经费。防火站要画防火宣传画大牌子。领导找我问：'小杨，你能不能画防火宣传画？'我说那就画吧。然后他们就让我自己回北京买材料，我当时还真是买了好些油画色。画完了宣传画以后呢，留下好些油画色。然后这时候我就开始画油画了。当时贝子庙东边角上有一个大车店。牧民骑着马进锡林浩特，就住在大车店，门口拴着好多马。那个大车店里头，都是乡下来进城的牧民。有一次，我去那里画写生。我就挑了挑，选定了这个人，说给你画张像啊。选择模特时，也是按照当时美院附中的那种审美。那些老附中的老师同学一看就知道，这是从附中那种地方教学出来的，符合那种教学规范，符合那种写生路子。"

当时，杨刚精神上处于苦闷时期，之前所秉持的文艺观念开始动摇，对小镇生活开始觉得厌倦，尝一怒而烧毁不少速写作品。杨刚在《走出阴郁》文章中记录当时生活："'文革'结束后，我开始对以往的艺术人生进行反思，过去看来很重要的，现在变得不重要了；过去看来不重要的，现在却显得很重要。什么'三突出''三结合'，什么'批林批孔''反击右倾翻案风'……难道艺术的存在就是为了这些吗？艺术的价值究竟应体现在哪里？再加上失恋造成的苦闷，我对这草原小镇开始厌倦了。原先充满自由的天空，如今却显得很苍白。以前神奇美丽的草原，现在怎么变得这般迷茫？这些天，镇上常有刑事罪犯游街，他们中就有不少曾经风华正茂的知青，真让人寒心！在敖包山上散步，我碰见一个跟野人差不多的北京知青，他大喊着：'我把青春献给了祖国边疆，祖国给了我什么？！'虽然我还在不停地画，却失去了往日的灵气。朋友们给我介绍的对象也都被我一一谢绝了。烦闷中，我把床头一大堆草原生活速写都烧了。"

夏天，卢沉先生、丁井文先生至锡林浩特，劝杨刚考中央美院研究生。杨刚在《走出阴郁》中记录："一个夏日的中午，我正无聊地躺在办公桌后面的床上打盹。忽然门开了，神仙下凡似的，中央美院的卢沉老师走进了文化馆！当我认定这是真实的，心怦怦地直跳。我和卢老师可不是一般的师生，我们是在下放劳动中同睡一条土炕的难友呵。原来他是来参加那达慕大会的。同来的还有几位美院国画系的老师。带队的是美院附中的原校长老丁，现在他是美院国画系的领导。在农场劳动时，丁井文校长就对我很器重，没想到他们至今仍惦念着我的情况。老师们通知我，美院准备招收'文革'后第一届研究生，鼓励我去报考。在他们住宿的锡林郭勒盟宾馆，我还见到上海来的程十发和陈逸飞等画家。陈逸飞看过我的草原速写，很认真地说：'你应该从这儿杀出去！'"

关于杨刚在锡林浩特的五年生活，2019年，杨刚在访谈中说："我在那儿一下就待了五年，这五年就在文化馆画画，下牧区写生；再回来画画，住办公室，吃食堂。我的办公桌后边有张床，晚上在那儿睡觉，白天在那儿画画，我床头一大堆速写都没人看，我挑了一些好的就给卢沉老师寄过去了，卢沉老师帮我攒着。后来考美院研修班的时候，就是从卢沉老师帮我攒的速写里挑了三十张去报考的。当时速写特别多就每天用它生火，办公室有一个大铁炉子，先用牛粪引着了之后就放煤，胜利公社有煤矿，就烧那个煤。屋里都暖和了，这帮人就都来了，坐在屋里下军棋、聊天。走了之后就清静了，我就一个人在屋里画画。听他们聊天久了，我对这个地区的情况也了解了，因为还有一些客人也经常没事来文化馆坐坐、聊天、下军棋，三教九流都有，从他们那儿我听到了很多关于'挖肃'、内蒙古历史，还有其他很多内容。"

杨刚在1999年所写的《杨刚美术小结》（今存北京画院）中道："1973年到1978年，我是个初出校门的艺术青年，一心想在社会上大干一番事业。此间的创作涉猎广泛，油画、国画、版画、连环画、插图，都尝试过。题材内容大多与草原有关。艺术语言属于'文革'前学院派的写实画风。创作思想信奉革命现实主义与革命浪漫主义相结合的原则，作品主流是为政治服务的。注重深入、体验、反映人民的斗争生活，树立工农兵的英雄形象。主要作品有油画《打靶归来》、工笔《到政治夜校去》、版画《阳光灿烂》、连环画《铁骑》等。这些作品今天看来已明显过时了，然而我却从中得到不少正反两面的经验和创作能力的锻炼。特别是那成千上万张草原速写和送给熟人朋友们的水墨小品，至今犹不失艺术生命力，也为今天的厚积薄发打下了基础。"

第四章　思想解放时代（1978—1981）

1978 年，杨刚三十二岁。

是年，上半年在锡林浩特，下半年考为中央美院研究生。

单位领导支持杨刚考研究生。杨刚在《走出阴郁》中记录："进京赶考的日子已经临近。临行前，文化馆同事都为我打气加油，几个朋友恋恋不舍。老馆长像往日一样称呼我'玛奈小杨'（蒙汉结合语：我们小杨），说只要你能考上，我一定放你走，为国家输送人才嘛！"

曾去乌珠穆沁草原。杨刚在《重归乌珠穆沁》文中道："上一次来是在 1978 年春天，正赶上一场罕见的白灾（大雪灾），巴德门措戏称是我带去的。当时正值知青后期，人心已经散了。我那年借住的兵团连部如今已荡然无存，不少认识的人也已故去，人世沧桑，心中不免涌起一片苍凉。面对曾经接过春羔的草坡、饮过马的泡子、掏过狼窝的山峰、摘过野韭菜花的山坳，曾在一起放牧热情照顾过我们的牧民……心中又平添了不少温馨。"

3月31日，杨刚致信董正贺："那次谈话给我留下了愉快的印象。你要的画，我现在实在是拿不出来。回来画了几张骑马的，连我自己也不满意，还是等以后再说吧。明天我又要走上茫茫草原的路了，五月份考试，如果考场设在北京，我们又可以再见面了。如果真能考上，那见面的时候就更多了。"

4月10日，杨刚致信董正贺："回来后，我一直在复习政治、文艺理论、美术史常识等，现在准考证还没发下来。你如果听到什么关于考研究生的情况，望来信告知，行吗？王志远来信，把你夸了一通，以前他也经常对我提到你。记得在一次创作训练班上，他接到了你的来信，就把你的字拿给我看，那个印象是挺深的，因为我当时以为是男的写的，而他告诉我是你写的。我的书法不行，在这方面你应该是我的老师才对。你准备学习欣赏、弄通中国美术史，这想法很好，也符合你的工作条件许可，那就努力吧。开始时最好不要有什么框子，看多了，听多了，再逐渐树立起自己的见解来。我觉得这样的见解才真正是自己的，有内容的，立得住的。否则，如果一开始就先学来许多框框，那么你的见解就永远是别人的，是空洞无物的，一推就倒的。你看对吗？至于我自己，现在和先前一段也一直处在摸索阶段，乱闯一气，这才有了一点自己的东西。用这一点东西去影响别人，看看效果如何，总结一下，再往前闯去。这就是我的办法。即使考上学校，我也还要坚持这样做。"

5月7日，杨刚致信董正贺："考研究生的准考证已经寄来了，现在我正在联系检查身体，估计最近几天内就要动身'进京赶考'去。听说这次国画系的准考证发了五十份，如果属实，现在可以说有了五分之一的希望，但还没有十分的把握，仍需做好考不上的思想准备。你对任、徐之人物画的看法我也有同感。但我不同意把传统和基础（造型能力）对立起来。特别是对于我自己，学习传统尤为要紧。今后你如果能在这方面给我帮助就好了，因为在这方面你的条件比我优越。希望你随时把新的见闻和体会告诉我吧。另外，我觉得除了以上两个之外，还有生活感受与借鉴的问题。刚出学校门的时候，我深感到生活感受的重要。在边疆小镇锡林浩特过了五年之后，我现在又感到借鉴的重要。像海绵吸水一样愿意多看、多听、多学些东西。如能上学，条件就好多了；如上不了学，也要想别的办法加强这方面的学习，尽量开阔眼界，同时不放松对生活的体验，这样才能继续进步。"

　　6月17日，杨刚致信王志远："我的计划是一考试，二找小董，三给你写信。现在该是做第三项的时候，我知道你对我和小董的事非常热心，很感谢。但是我在这方面的自信心却比在事业上的自信心差远了。在事业上，我是坚信功夫不负有心人的，而在这方面我却有些看破红尘了。和小董接触不多，但给我的印象不错，目前我们关系的发展也比较健康，但是结局如何我不知道，从我这方面是希望有一个愉快的结果。大约七八月间美院就发录取通知书了，那时如果我真的中举了，就决定正式向她提出要求，把主动权完全交给她。而现在我还不想那么做，还是稳妥些，对两人都有好处。这次考研究生，纯属碰运气，如果其他考生水平差，我就猴子称霸王了；如果人家都挺棒，我就不成了。"

6月22日，杨刚致信董正贺："我此次回来很顺利，晚上十点的火车，夜里到张家口。次日清晨碰上一张退票，当即坐上去锡林郭勒盟的长途汽车。司机一玩命，两天的路程一天就到了。现在我又在千里草原上给你写信了，这里的气温比北京低十度左右，很凉快。馆里没有什么任务，我准备在等通知这段时间练练字。这次和你父亲谈话，我学到了一些东西，我很喜欢他的性格，也愿意和他讨论、争论，因为这很有益处。不知怎的，这次分别后很想你，不知你的心情如何？大葳如真想习字，就麻烦你教教她吧。她有些性急，往往因为性急把事情办坏，希望你能多帮助她。我有些速写照片底版，托大葳交给你。如可以，就代我洗几版，你喜欢的可以多洗些留下。说实在的，我的水墨画比起速写是差远了。景山有个习作展览，可以一看。有些画你看了也许觉得欠妥，但从目前国际上西画的发展来看，这些都是最规矩的了。"

7月2日，杨刚致信董正贺："我这个人看人看事喜欢用直观感受，不善于用简练的语言来表达。如果非让我把感受到的东西简化成几个字或几句话，则往往歪曲了我的本意。几年的动乱环境使我的语言表达能力有提高，但还很不够。你让我谈对你的看法，还不如让我给你画张肖像画更能正确地表达我的感受（我不是说'写形'，而是指'写心'）。如果非要用文字表达的话，我也只好硬着头皮谈谈吧。首先，我不相信有十全十美的完人。即使真有，我也不相信她对我有什么好处，不过是个摆在屋里的花瓶罢了。何况有些人的优缺点是混在一起的，如果只为了交朋友就变成了谨小慎微的君子，把真正的长处也丢掉了，那有什么意思呢？所以我觉得交朋友主要看是否合得来，有帮助还是有害处。和你在一起时间不长，我的感受是能谈得来，对很多共同关心的事能展开讨论和争论，而且心情愉快，互为力量，而不是成为精神包袱。所以当分离之后我确实很想你。今后在行动上是否也能'同步'，这还有待实践证明，但我是满怀希望的。你说的先入为主问题不存在，我的看法是，先入如果能够为主，就让其为主吧。我现在所担心的倒是你是否跟进一些限制就把我估计过高了。如果真是这样，那么将来一旦发现主观与客观不符，我们的友谊就会面临危机了。这种担心也许没根据，那就先提醒你注意吧。关于学字，因为我在这方面基本是空白，所以先填补空白，才谈得上创新。你的意见对我有好处，一定注意侧重面，少去走弯路。以后在这方面，我愿意多受些你们的熏陶。我看到你和你周围的人很讲传统，而我则闯劲不小。你我如能用正确的思想方法，互相取长补短，则是件好事，你说呢？以上就是我对此事的一些看法和想法吧。有说得过火的请原谅，不对的请你指正。前天竟然在这边疆小镇买到了一本上海新近出版的《艺苑掇英》，很好，你大概也见到了吧？北京如有新画展，望来信介绍一下。"

7 月 20 日，杨刚致信董正贺："不知什么原因，你的这封航空信竟走了七天之久。接到信看了好几遍，很受鼓舞。艺术的源泉的确是生活，生活的内容比一切艺术品都更丰富多彩。而艺术又比生活本身更集中地说明问题，因此给人们留下了深刻的印象，鼓舞人们去更好地生活。《西伯利亚交响曲》我没看过，但你想说的意思我已经领会到了。单纯模仿艺术品中的英雄去生活当然不高明，但如果正确理解了其精神实质，对我们的现实生活是有益的。'人物肖像画展'我也许看不上了，很可惜。边疆地区就有这个缺点，交通不便，文艺交流太少了。关于刘秉江，我知道他原是中央美院毕业生，在校时人家都说他是画怪，不受重视。后来他到民族学院任教，有不小的进步，他的创新精神使很多年轻人受到鼓舞。我也挺喜欢他的画。孙为民原是我们的同班同学，在学校素描就很出色。你拿油画色彩和中国画作对比，这不对。这就好像到油画里找书法用笔一样，是忘掉了画种的特殊性，你说对吗？当然，中西画之间也一定会随着时代的向前发展而越来越多地互为影响的。但越有民族性、地区性的艺术，才越有世界性。你寄来的'文物'对我很有帮助，因为我现在正在一边练字，一边看一些美术史料。馆里最近没什么事，我如果考不上美院，准备秋天下乡收集些创作素材，为新中国成立三十周年的创作任务做好准备。刚说完馆里没事，今天团委的人就找上门来，让我们画几张青年积代会的宣传画，看来又要忙活一阵子了。文化馆的工作就是这样，忙一阵，松一阵，没一定。刘英海还没到。昨天内蒙古出版社连环画组的孟喜元同志来锡林郭勒盟办事，我向他说了刘英海的事。他答应有合适的脚本就和他联系。如果没有进修的机会，经常搞些出版任务，也是很好的锻炼。经过通信联系，我们彼此的了解加深了不少，再见面时我也希望谈得更多更深些，好在时间不会拖很久了，美院有什么新消息，望随时告知吧。"

访李立祥先生。李立祥说："1978 年夏，我在旗一校教美术课。一日，杨刚背着画夹风尘仆仆到学校宿舍找我，他是刚从满都宝力格回来，画了厚厚的一摞人物速写，其中主要是牧民头像。当这些在白报纸上画的速写摊在我的床上时，我惊呆了，人物线条厚朴、下笔果断、神态各异，感觉数十位牧民跨马争相走来；还有套马的场景，我似乎能闻到牧草和蒙古包内奶茶的香味儿，可谓草原大气象。之后，我俩又去同在旗里教课的新华家，再看这一摞速写，大家又是一番感叹。后来，在锡林浩特的朋友家中，看到过杨刚为儿童画的头像，几根灵动的线条，尽显天真神态。"

8 月 6 日，杨刚致信董正贺："《罗丹艺术论》这里没见到，其他那几种刊物也没有，如能寄些这类东西当然太好了。听内蒙古师院艺术系的老师讲，美院研究生要到九月初才能发榜，看来又有变动。你谈的情况如果属实的话，可能计划又要调整。这次美院计划招的是'人物为主，兼工山水花鸟'。考试项目都是人物，连小品也是人物画。现在美院只有金鸿钧老师一人是搞重彩工笔花鸟的，应该增加些力量，山水画教师倒不缺。人物画教师虽有一些，但不如浙江、广东打得响。蒋兆和先生、叶浅予先生也上岁数了，应该增加些新的力量。以上是我的看法，而实际上也不一定这样搞。以后有什么情况，望随时来信吧。总之，考得上考不上，要看个人水平，也要看社会的需要量。当研究生，对学画来说是个好条件，但不是唯一的条件。在事业上，我相信功夫不负有心人。山水画我也挺喜欢，但画不好。董其昌说山水画有南北宗，但没有草原派之说。内蒙古草原初看时没什么可画的，既没有秦岭、太行，也没有江南水乡，但是熟悉草原的人却能从茫茫的草原上看到天高地阔、深沉寂静的情调和万物滋生的活力，这便是草原山水的灵魂。夏日里，草原上空的云变化极丰富，有时是'碧空飞渡万张帆'，有时又像天国的城堡层层叠叠的，有时又在紫金的暮色中浮着几缕柔痕。将来，最好是有个像东山魁夷的有心人，把这一切都一一描绘出来。青代会刚开完，我们帮忙画了几张宣传画。又在会上画了些代表的头像，有些牧民的形象真棒。王志远来信说，他八月下旬放假回家，他托我为他们老师画张水粉。我秋天如回不去，你让他先将我给他那张送去，以后我再给他画。这期《美术》上有关于范宽那幅画的评论文章，可以一阅。"

8月22日，杨刚致信董正贺："寄来的《罗丹艺术论》已收到。我下乡画速写五天，刚回来，收获不小。这里有一本黑白版画选，内有我们几个合作的一张，寄去一阅吧。"

8 月 25 日，杨刚致信董正贺："寄来书和信都收到了。读着你的信，像是在呼吸着清新的空气，心里很快活。前几天接到盟妇联一个画像任务，去东苏旗画一位将要出席全国妇代会的老太太。顺便画了些速写，收获不小。《中国妇女》杂志社的两位摄影记者也去了。《罗丹艺术论》很好。语言生动，很多观点对我很有启发，只是缺乏深入生活的内容。但是从罗丹的作品看，是很有生活基础的，这是此书的不足之处。《安格尔论艺术》没看过，以后有机会要看一看。你很好学，今后可多谈些体会。研究生发榜的事拖了又拖，看来是争论不小。我反正把该答的答了，该画的画了，就让他们去争论吧，耐心等到九月十日再看。自从认识你以后，我更想去北京学习了。但是社会经验告诉我，在正式接到录取通知书之前，始终要做好考不上的思想准备，你说对吧？我在这里买了一本《何香凝画辑》，她的虎画得很出色，有一幅山水吸收了米家山水的传统和西画的某些技巧，很有意思。王志远没见到，我过去送给他一幅水粉和一幅油画，看来他是要的那油画，以后再给他重画一张吧。"

9 月初，杨刚收到中央美院研究生录取通知书，旋即给董正贺发了电报："通知已到近日回京刚"。

杨刚在《锡林浩特》中称："五年里，我画了成千上万幅草原生活速写和肖像，还涉猎了工笔重彩、油画、插图、连环画、小品等各种绘画创作。'文革'结束后，美术学院招我回炉深造，这些就成了报考的资本。"

考前与史国良一起到京郊写生，画水墨作品。史国良先生回忆道："在考中央美院研究生之前，因为杨刚当时主要是西画和工笔等创作，水墨还不太熟悉，卢沉先生就说，你和史国良一起下下乡，去画一下水墨写生，受受启发。结果我们俩人就一起到了北京延庆珍珠泉，我们在老乡家一起住，每天一起画村里的老乡，都是用水墨，一起交流感受，一起学习。我们俩在一起住了一阵子，通过那次对杨刚就有了深入的了解，他对艺术真是执着啊，他年龄比我大，但似乎精力比我还要好，他一直在画，沉浸其中。"

关于中央美院研究生考试过程，杨刚在《转折》文中记录："先是校园里粥似的报考人群，尔后是毫无准备的文字考卷，我费了几个月时间准备的美术史论全不搭边。还好英语不算成绩，本来也是，动乱十年画画的谁还有心思学它呀？我在内蒙古时，国画只画过工笔，可这回考的却是水墨！人像写生倒是对付过去了，命题创作却在笔墨上露了馅。小品倒还行，画了两位骑马的牧民，扑面而来的生活气息弥补了技术方面的稚嫩，这是多年草原生活的积累帮了忙。最遗憾的，是限时速写没发挥好，这本来应该是我的长项，我就是凭着大批的草原生活速写获得考试资格的，可对于照模特画课堂写生却很不适应。当录取通知书真的送到我手里时，兴奋和对草原的惜别之情混杂着，充满了我的心。"

离别锡林浩特之前的情况，杨刚在《转折》文中记录："就要告别生活了六年的锡林郭勒大草原了！蒙古族画家包世学把一本他画的生活速写作为纪念品与我交换。李馆长和文化馆的同事们把我送上机场班车。若希早就在机场等着呢，我们在候机室静静地坐着，心里有不少话，却又什么都没说。"

当时，报考中央美院研究生的人太多了，很多人水平都很高，难以抉择。广军先生说："研究生考完之后，都决定不下要录取谁。于是请文化部部长黄镇到学校，他一看也不好定，于是说，扩大招生，每个系加五人。"

9月，考入中央美术学院国画系研究生班。杨刚在以叶浅予先生为组长的辅导小组指导下学习中国画，被分到刘凌沧先生负责的工笔重彩组。辅导小组导师还有蒋兆和、李可染、李苦禅、陆鸿年、王定理、曾善庆、刘勃舒、卢沉、姚有多、姚治华、陈谋、王同仁等。

关于杨刚的专业问题，董正贺在《杨刚与他的画》中写道："经过草原生活的洗礼，本应使他的画更接近他的性格，但中央研究生班安排他学习传统的工笔重彩。按我当时了解的杨刚，预感到他可能会有其他想法。谁知道竟然出乎意料，在刘凌沧先生的指导下，他竟然真的踏踏实实地打开了从晋唐到明清的工笔画卷，领略着中国画坛诸位巨匠的功力和神韵。"杨刚在《转折》中记录："我本来想跟卢沉老师学习水墨，众人却认为我当时工笔比水墨画得好，于是我就被分在了工笔重彩组。两年的学习，我虽然手头上搞的是工笔重彩，但是对后来的艺术道路产生巨大影响的，就不只是工笔这一块了，而是对整个中国古典绘画（包括工笔画）的写意传统有了新的认识。

几位在'文革'中一起下放劳动的校工见到我，半开玩笑地说："你这一步可迈得够大的，留神别崴了脚！'"

杨刚在《良师益友卢沉先生》中记录："考上了国画系研究班，分专业时我本想跟卢老师学水墨，大伙却一致认为我当时的工笔强于水墨（这与我和锡盟草原工笔画家群的过从有关），于是我就同意了到刘凌沧先生主管的工笔重彩组学习深造。"

杨刚在《转折》文中记录当时的心态："上美院这段时间，正是国家改革开放的萌发阶段，艺术思想十分活跃。就像忽然打开了闸门，东方西方古典现代各种艺术思潮一拥而入，我平生还是头一回见到这么广阔的艺术天地。说实在的，让我专画工笔是有点憋屈，可我当时的想法是——既然学，就得学出个名堂来！"

关于老师和同学的情况，杨刚在《转折》文中记录："我和同班的李少文、华其敏、王迎春、杨力舟、聂鸥、史国良、翁如兰、韩国臻、谢志高、刘大为、楼家本、李延声、朱振庚、胡勃、褚大雄等都彼此认识了。辅导老师是以叶浅予先生为首的辅导小组，成员有李可染、蒋兆和、刘凌沧、黄君、陆鸿年、刘勃舒、卢沉、姚有多、陈谋、曾善庆、王定理等十几位老师。还经常请社会上的著名画家、学者讲大课。"

中央美院分配杨刚从事工笔创作专业，中国画专业另外两个班是写意班。但他们有时候在一个画室画画，有时候一起听课。一位不愿具名的杨刚同学回忆：各位同学都是各地的"地头蛇"，当时每个同学情况不同、心态不一、成分多元。朱振庚、李少文有个性；王定理是画工出身；杨力舟、王迎春、聂鸥、华其敏，插队；韩国臻在西安当侦察兵，擒拿格斗都会；谢志高是广美出来的；楼家本、翁如兰是中央美院出来的，杨刚是中央美院附中出来的；大家年龄差别很大，比如褚大雄40岁，史国良22岁。同学们所来地域不同，杨刚、刘大为、胡勃、翁如兰来自内蒙古，李延声来自浙江，聂鸥、王迎春、杨力舟来自山西，刘大为和谢志高住一个宿舍，宿舍老有很多鞋盒子，都是刘大为给老家人买的，代购、代送，因为学校在王府井，买东西方便。中央美院当时做了一次问卷调查，想了解大家希望读两年还是三年，有的同学想当然要三年，但有的希望两年，比如谢志高因为爱人、小孩在外地，所以想着赶紧毕业。

关于中央美院老师们的情况。楼家本先生说，当时，国画系有两个工作室，一是水墨，二是重彩。我、杨刚、朱振庚、刘大为、胡勃在重彩组。叶浅予先生是我们重彩班的最主要的导师，当时叶浅予恢复了工作，在中央美院国画系当系主任，当时他七十多岁，应该多进行创作，但是他一心扑在教学上。学校对重彩非常重视，扩招了三次，重彩等的发展改变了中央美院油画老大的局面。

杨刚在《梦回草原》访谈中说："这段求学经历对我影响挺大的，可以说是首次正面地接受国学等中国传统文化艺术教育，因为'文革'的特殊原因，大家之前将这些都视为封建糟粕，'文革'结束后传统文化又重新复苏，叶浅予、蒋兆和、李可染、李苦禅、何海霞、孙其峰、启功等老先生们都很兴奋，倾尽其所有教我们。当时我因为没什么写意画的基础，画得不好，就把我分到工笔组了。刘凌沧先生负责教学，但我们上大课还是在一起，很多水墨方面的知识也跟画写意的学生们同步学，包括一些艺术观念也都慢慢接受了。学习期间，我们曾去南方西双版纳写生，归来途中又去了上海拜访关良、程十发、谢稚柳等老先生，随后还去了杭州，拜访了中国美术学院的一批先生，然后是苏州等地。通过这趟南下结识了当时很多有名气的前辈，从跟他们的交往和言谈中学到了很多好东西。之前的中央美院是以苏联的教学方式为主导，油画为大。而叶浅予先生当时主要采用中国美术学院国画系的教学方法，借鉴了潘天寿先生的教学模式，自此中央美术学院的格局发生了变化，打破了早先苏派一统天下的局面。'文革'后美院从两个方面改变了一家为大的教学格局，一方面是从中国传统，另一个方面，是从西方现代。这个变化在 20 世纪 80 年代尤为明显。这一时期对我在艺术观念的改变、开放性地接受更多元的艺术观念以及文化修养的提升上有很大帮助。要不然只有草原生活的经历，在艺术创作上也未必能走很远。"

杨刚在《绘事随缘》中记录："我的老师卢沉先生认为每一个画路都有自己的基本功。叶浅予挂帅我们班的辅导小组，他'文革'后刚被平反。当时中央美院是油画老大的洋学堂，和浙江美院的区别就在这儿。其实那时有一批国画高手在叶浅予的指挥之下，把潘天寿先生的教学引到中央美院了，正好被我们赶上。他们刚被平反特别兴奋，第一次让他们正面来传授东西，比较地道，这种延续性的国学，中国美术绘画传统。我正好赶上了这个时候，把自己原来这方面的看法进行调整，接受了国画有自己一套基本功和修炼法的提法。"杨刚曾告诉笔者，蒋兆和先生当时对年轻人特别客气。此言可深味，颇见当时蒋先生心态。

关于刘凌沧先生。杨刚在《攀登珠穆朗玛峰》中说："刘凌沧先生作为老师，我非常钦佩他，他与现在的有些教师的说教式的教学方法有别，他非常亲切，有人情味。教学时，就是和你聊天，在聊天中让你悟出一些道理。从刘凌沧先生身上，我感觉到了传统文人的儒雅与风度。"

关于同学们对杨刚的印象，笔者采访了杨刚的很多同学。杨力舟先生说："杨刚阳刚、质直、朴厚、朗健。平日他是那样稳重，内蕴纯正，总是迈着大步，舒缓而幽静，不苟言笑，却长于苦思精掇。"王迎春女士说："杨刚是我和杨力舟的研究生同班同学。那是改革开放后第一次招收研究生，在全国影响非常大，当时我和杨力舟在山西已经工作了十年，看到消息非常振奋，我们报考了。之后，我们和杨刚就成了同学。那一届比较特殊，要求报考最早可以是1966年毕业，之后不限。所以我们这一届年龄差距比较大，甚至相差十几岁，史国良最小，杨刚差不多在中间。杨刚给我的印象是，他不爱说话，不太和其他人打交道，就是天天画画。因为我们年龄有一定差距，再加上他性格也比较内向，所以读书期间我们几乎没有交流。只是从别的同学处听到有关他的一些消息，杨刚特别随和，生活上很少有什么固执之处，和同学几乎没有什么矛盾，比如外出的时候大家想上哪儿他就去哪儿，买车票去哪儿都可以，几乎没有自己的特别需求。"谢志高先生说："我跟杨刚是'文革'后第一届中央美院研究生同学，他属于工笔班，我属于写意班，他比我年轻一些，但我们交往非常密切。杨刚非常低调，平时说话很少，但内心有一团火，对于班级的公益事业非常热心。每次，我们一起聚会的时候，他总是为大家摄像，然后自己做光盘，每个人寄一份。他就是这样，默默地做着奉献。"聂鸥女士说："读研究生时，和杨刚接触不是很多。他给我的印象就是为人质朴、真实。"楼家本先生说："我和杨刚很像，我们都话不多，为人也都低调，都是通过作品来说话。当时，杨刚在我们班是非常突出的，他画的那批速写水平非常之高。"画家胡勃先生说："杨刚毕业于中央美院附中，然后下到草原，多幅作品入选全国美展，因此已在画界很有影响，所以读研期间来班里看他的同学和朋友很多。但杨刚顶多不超过四句话，'来了''坐吧'，然后就在那儿闷头画画了，也不打扰别人，和来看他的那些人也没有更多语言交流。我们教室五个人，那些同学朋友除了看杨刚，也会看其他人的画。他们要走的时候，杨刚说，'走了'，然后开门，就没什么了。"画家陈平先生说："我跟杨刚老师相识很早，当时他还在中央美院读研究生，感觉他能耐得住寂寞，沉浸在自己的艺术世界中。"

杨刚也给一些老师留下了深刻的印象。杨先让先生在丁井文家偶遇杨刚。杨先让先生在《"闯将"杨刚》中说："1978年，他又背了一麻袋速写从内蒙古回北京考入中央美院国画系研究生班。在附中老校长丁井文家，我进他出匆匆一面。见一貌似内蒙古小伙子般，只记得丁校长说了一句：'速写画得好，天才！'老校长是一个爱才入骨髓的人。"广军先生说："美院读研究生期间，见过杨刚画的速写。我特别称赞他的速写，特别肯定他。速写特别重要，随时随地锻炼画家的观察能力、描绘的能力和造型能力。"

关于杨刚当时的绘画定位，杨刚在《绘事随缘》写道："国画系有名的老师比较多，蒋兆和、李可染、李苦禅、刘凌沧等这些老先生都在，我们导师小组的组长是叶浅予先生。因为我原来速写比较好，小时候也画山水，对国画也是起起伏伏地在学，在内蒙古时，跟地方上的画家学了一些工笔，后来把我分到刘凌沧先生的工笔组，但是全班一块上大课，我接受的教育不只是工笔，实际上是对传统文化、对中国绘画艺术在'文革'后第一次正面的接触，这些在'文革'中都受了批判。老师也经常考验我们这些学生，当时有一种说法就是看学生专业思想稳固不稳固，当时要求我的专业方向是学工笔重彩，于是自己事先的定位就是工笔重彩，将来一辈子就是工笔重彩画家。"

关于当时的课程，广军先生说："当时重视素描。国画偏重白描。古代绘画方面的课程比较多。当时的讲座多，范围宽，天文台的都来讲，戏剧、电影、音乐方面的讲话很多。很多老师也讲，比如石齐等。指导教师们，都有丰富的创作经验。课余时间与老师的交往较多。和'文革'前比，课程有较大的变化。版画系，李桦先生主持，特别认真。当时虽然还要求读老三篇，强调毛泽东思想是源泉，但整体上更重视艺术技法。之前和国外的交往很少，停滞不前，当时要补课，要多吃，要补新的艺术观念，所以当时中央美院非常活跃，影响了以后的86思潮。素描、色彩、本体语言、文化研究，都非常重视。教学改革，充实美院教学力量，给社会上充实创作力量。"

关于杨刚当时的日常生活。杨刚因为是北京人，学校没有给他分配宿舍。杨刚白天在中央美院上课，晚上下课后一般先到南池子找董正贺，然后再回东直门家里。因为长相等原因，董正贺的母亲开始对杨刚并不十分满意。杨刚当时和董正贺表示，他对她的感情不会再变了。董正贺闻后，非常感动。

响应叶浅予先生倡导，杨刚始习《张迁碑》、石鼓文。

在素描老师曾善庆先生倡导下，开始接受"结构派"素描，并在后来的云南写生中尝到了甜头。

在中国美术馆观看卢沉先生《月光如水》。杨刚《良师益友卢沉先生》中记录："70年代后期，我在美术馆看到一幅卢老师的水墨画，叫《月光如水》，表现鲁迅一首诗的意境。画得神融笔畅、造型结实、境界深远，特别是透明的淡墨用得极佳，既有月光感又体现了心灵的明净。这幅画从各方面都堪称是卢老师那个时间段的创作里程碑。在这之前，我常见他用水墨工具临摹一些人像照片，又用同样的笔法画了不少肖像写生。虽然有人批评这些习作像水彩或油画，我却认为它们把写实性水墨造型推上了一个新的台阶。这一课题，在现阶段已被南海岩等人拔至更高，而在当时的高标则非卢老师莫属了。"

每周去首都图书馆阅读蒙古史。杨刚在2019年访谈中说："我回到美院研修班以后，每个星期都去一趟首都图书馆看蒙古史，当时都是汉文的，现在才接触了一些更原初的东西，汉文写得还有点偏颇。"

偶遇之前同学，得知好友蔡兴隆早已逝去。杨刚在《蔡兴隆》文中写道："1978年我考上了中央美术学院回炉深造，在北京又遇到了那位65中知青。见面后我马上向他询问兴隆的情况，他的回答竟使我大吃一惊。在一次民兵军事训练中，兴隆被民兵自制的手榴弹炸死了！据说是因为手榴弹提前爆炸，在他手里炸开了，可也有人怀疑他是故意没把手榴弹扔出去。"

1979年，杨刚三十三岁。

是年，在中央美院读研究生二年级。

受到中央美院诸位老先生的指点。杨刚在《攀登珠穆朗玛峰》中说："记得当时的素描老师是从清华调来的曾善庆先生，他的素描课强调用线，和老附中的光影素描不同。当时很多人认为强调线的素描才有利于国画教学，所以请他来教国画系的素描课，这使我开阔了对素描的认识，开始接受结构派等素描思维，并在当时的课堂人体和西双版纳写生中充分体现出来。现在我发现中国的墨分五色，与光影素描的调子也不无相通之处，比如我从米家云山和青藤花卉中就看到了素描。后来我又和卢沉老师达成了共识，认为绘画的基础是多种的，科学造型的素描（在素描的老家，它并非专指科学造型）并非一切绘画的基础。在这方面那时对我影响最大的就是叶浅予先生找来给我们上课的那些老一辈国画家。80年代的拨乱反正，是继三四十年代后，中国文化界的又一次非常活跃时期，艺术家们做着自由的探索，非常好！国家改革开放，一下子开了闸，多元化的艺术局面开始出现，这是不可逆转的变化。我在那种时代气氛中攻读研究生，实在是一种幸运，它培养了我对研究的兴趣。"

春天，研究班随对越自卫反击战前线慰问团赴云南。中央美院首届研究生班工笔画组同学向学校提出，希望能到西双版纳采风写生，因为那里的女孩子和她们的服饰特别入画。他们的提议，叶浅予先生予以支持，但苦于缺乏经费。恰在此时，对越自卫反击战胜利，文化部组织艺术家往云南和广西前线慰问。时任中央美院院长江丰先生找到文化部，提出希望派一些学生加入慰问团，趁机往边地写生。经协调，文化部答应了江丰的提议。

美院工笔组的同学分到往云南的慰问团，杨刚参加了中国杂技团，3月22日离开北京。杨刚在这年致董正贺的一封信中说："昆明这个城市给我的印象很好，风和日暖、清洁明亮，街道很宽，还有许多较现代的建筑，市民也顺眼，并无拥挤的感觉。""下车后，我们一两个人一组分到各团体，我和一个同学被分到中国杂技团。先在昆明演出三天，然后下到前沿部队进行慰问。我们的任务主要是写生。因上级要求保密，详细情况不好多说。这个任务完成以后，我们美院研究班还要在南方一些地方参观走访写生。"

4月18日，杨刚给董正贺写信道："我们昨天刚从下边回到昆明，中国杂技团这次在下边巡回演出了二十多天。我和同学一直跟着他们行动。那里是个民族地区，我们除了画了些战士写生外，还画了不少少数民族人物写生。现在我们已买好了明天的汽车票，明晨七点四十分就要离开昆明前往西双版纳的景洪地区画傣族写生，杂技团刚到大理去继续为部队演出。据说国画系的五个同学已经在景洪了。我们可能在那里要待上一个来月，然后经四川到杭州去和国研班其他同学会合，再决定下一步的行动计划。"离团后，与同组同学刘大为一起到西双版纳与研究班会合采风，画了一批以线为主、线面结合的素描速写。这批画明显受到费逊画风影响，并与同学朱振庚的画风存在对话。

在云南写生时，刘大为展现了干事之才，做很烦琐的事，买票，订宾馆等。杨刚什么活都不干，就会看摊儿。

5月22日，杨刚给董正贺写信说："今天我和刘大为、胡勃刚从景洪回到昆明，在文化局老王那里见到你的两封信。老王是中央美院的老毕业生，现在我们这批人来来去去的，他这里成了联系点。在西双版纳待了一个月，去了景洪的曼景兰、曼州，橄榄坝的曼贺龙、四所龙，勐海的勐遮、曼俄、景真、曼恩，大勐龙的曼飞龙等寨子，住了土楼，画了些头像和生活速写，虽是走马观花，西双版纳风光和傣族人民的生活却给我留下了很深的印象。明天下午八点，我们三人就要离开昆明去重庆了，明天白天准备把多余的东西寄回去。"

胡勃先生说，工笔组同学到云南后，大家分散在各团，走的路线不同，他和褚大雄坐汽车到了西双版纳。杨刚碰到了刘大为，他们一路到了西双版纳。在即将结束云南之行的前一周，杨刚、胡勃、刘大为、褚大雄在橄榄坝相遇，一起写生，一起回到了昆明。之后，从三峡的起点一直走到了九江。到九江的一路上，杨刚不停地画速写，他们受到杨刚的感染，在轮船最顶上看江两岸，走一路画一路，每个人都画了厚厚的一本子。杨刚看了一个地方，几笔就把山水的境界画出来了。遇到不是景特别美的地方，他就赶紧把前面没有来得及画的地方补进来，形成非常完整的一张速写。三峡下来以后上黄山，黄山底下起步一直走到黄山最北头。黄山在雨天很有看头，再加上风雨的特殊气氛造成的环境真的是优美，一生难忘。"我们三个人在北太平宾馆租了塑料布的斗篷雨衣，画了一路。虽然我们不会喝酒，但因为下雨太冷，最后一起喝了酒。我们走哪儿看着好就画，我被蚂蟥咬了好几个大包，但都顾不上。"

归途游三峡、登黄山、走访江南名家、参观上海美院和浙江美院。

6月2日，杨刚抵黄山。杨刚黄山主题的作品，今家中尚存38幅。其中写黄山诸峰多幅，比如天都峰、天都峰鲫鱼背、莲花峰、百步云梯、梦笔生花、向上峰、小心坡、光明顶、始信峰等。或写黄山之松，有著名的迎客松，有普通山松，有老松的特写等。或写黄山瀑布，比如人字瀑。或写黄山游客。或写黄山建筑，比如慈光阁。或写黄山日出，比如《清凉台看日出》。或写怪石，比如《莲花峰上观奇峰怪石》。或写黄山之云，比如《黄山云雨》。这些作品以钢笔勾线，或稍着色，或以水墨皴染，故虽是速写，但似水墨写意。其中一幅题词曰："知刘海粟先生泼彩道理，一九七九年六月四日画黄山光明顶群峰。"

6月9日，杨刚给董正贺写信道："我已于六月七日到达杭州，在这之前，我和胡勃、刘大为从重庆坐船经三峡到池州，又在黄山待了四天，画了一些速写，开阔了眼界。我们在浙江美院和其他几位同学碰头，走访了几位老画家，看了一些作品，准备十一日离杭赴沪。在上海待一星期参观走访，再到无锡、南京待几天后就回京了。这次南游的收获还是不少的，一时还将不出个头绪，回去再慢慢总结吧。"

6月20日，在给董正贺信中写道："信及我家的汇款都收到了。我们现在是七个人，昨天（19日）离上海来到苏州，明天（21日）去南京了，估计在那里待四天就回京了。大家的钱都花得差不多了，上海像一张大嘴一样吞吃我们的钱。家里寄来的50元钱又花掉了一半，眼看后几天的旅行又要成问题了。我只好又给家中去了电报求援，估计后天就会在南京收到。苏州很热，也很脏，蚊子特厉害，但园林还不错，水巷也有特点。

大家带的东西太多，东山和太湖就不准备去了。昨天访问了一位老画家，他花鸟画画得很好。其他没有什么更吸引人的了。"

在杭州拜访关良先生。杨刚曾和笔者谈起过拜会关良先生时情景，关先生得知杨刚是中央美术学院研究生后，一直强调素描等是写实的基础，同时还拿出一些他留学时的作品，其中包括素描、色彩、写生等，让杨刚观看。本拟向关良先生取经写意戏曲人物，却不料他大谈素描等，但他写实这一路作品不够好。杨刚于近人推重三位先生，其中之一即关良。粗略查考杨刚与关良有关的藏书有：《关良画集》《关良回忆录》《高妙传神——关良绘画艺术研究》《食洋而化 风神独韵——关良先生一百一十五周年诞辰特展》。2009 年，杨刚曾作诗《观儿童作画》："清纯拙朴童心贵，天真烂漫是吾师。不让关良丰子恺，气死克利马蒂斯。"

在校听何海霞、秦岭云、孙其峰、启功、周思聪、石齐等名家的大课。

秋天，随研究班到敦煌莫高窟临摹壁画一个月，带队的是陆鸿年和王定理老师。史国良先生说："1978 年，中央美院组织我们到敦煌临摹写生。当时车速很慢，路特别漫长，恨不得坐两天两夜的火车，坐火车到了柳园站之后，还得再坐长途车才能到敦煌莫高窟。当时，我们班同学只有翁如兰带了一台照相机，只有她买了卧铺票。我和杨刚一路累得不行了，后来就钻到硬座底下睡觉，但又不能两人同时睡，只好轮流，他睡一会儿，我睡一会儿。我记得老有人过路踢到我的脚。"

1979 年秋天，师生从北京乘火车出发，去的时候走了三天两夜，第一宿坐硬座，第二宿换成卧铺，抵敦煌已是黎明。据聂鸥女士回忆，下火车后又坐帆布篷卡车前往莫高窟。当时已是秋季，敦煌颇为萧瑟荒凉，路上所见景象"就像月球"，到处是土坑、土堆，但马路修得还挺好。

9 月 17 日，杨刚致信董正贺："我们是 15 日清晨五点多到达莫高窟的。这里的大概情况，你从书上也能知道。茫茫的沙漠，面对三危山，背靠鸣沙山。一片绿树丛中流着一条小河。我们就住在小河旁。鸣沙山的绝壁上就是世界闻名的千佛洞。面对这伟大祖先留下的宝贵艺术遗产，世界上仅有的千年大画廊，我激动的心情无法描述，也是你能理解的。头三天是整个参观主要壁画、彩塑，三天后开始临摹。大约一个多月后结束，回去的路上去永乐宫，大致是这样安排的。这里较偏远，往来信件可能要慢一些。伙食不像估计的那样差。早晚和中午温差较大。我们倒是没有不适应的。昨晚访问常书鸿同志，很受鼓舞，也长了不少见识。敦煌是古代一千年间各民族、各时期艺术潮流的大汇集。对今天来说，她又是个深长的艺术之源，在这里是能学到很多东西的。没说的，好好干吧。北京如有新画展，代我看一下，回去给我介绍。"

关于在敦煌的饮食情况。关于饮食，聂鸥说他们不敢喝当地的水，饮用水皆从敦煌县城运来，但大家还是水土不服，有些人长了大包，大部分上吐下泻"换水土"。杨刚在信中说："身体一直还好，只是由于用水不方便，不能用热水洗脸，我这个皮肤不太好的人感到不舒服。伙食不像传说的那样困难。天气不算太冷。"敦煌考察不是正式课程,不计分数,想多了解就多了解,不想了解也无所谓,故大家心态放松。初至前三天,泛观全部壁画、彩塑,三天后正式开始临摹。历经十年浩劫,大家皆非常珍惜学习机会,故当时临摹极为刻苦。

因是中央美院师生来到敦煌,敦煌研究院出面接待。据聂鸥回忆,常书鸿先生邀请同学们到家里浏览画册,还找来一位工作人员为他们讲解介绍洞窟历史。据聂鸥回忆,中秋节前一晚,楼家本、刘大为、胡勃、朱振庚、杨刚等工笔重彩组同学预备了供品,中秋节当晚祭拜了前辈画匠,表达敬意。他们还在敦煌巧遇了平山郁夫。据楼家本回忆,那次平山郁夫是由人民美术出版社编辑、画家李平凡陪同前往敦煌。当时,平山郁夫在中国名气已经很大,美院学生大都知道。平山郁夫、李平凡和央美师生一起在敦煌研究所前拍了一张彩照合影,且将照片放大,每人送了一张。

聂鸥说,在敦煌时,杨刚和朱振庚每天形影不离,一起出入各个洞窟。笔者整理杨刚画作,发现杨刚当时还画了一张速写《朱振庚在鸣沙山》。

9月25日,杨刚致信董正贺:"现在我们这里的天气开始冷起来。临摹壁画的劲头也进入了高潮,每天七点都起床,吃完早饭(半个馒头、一碗粥)就都进洞了,一直到十一点半吃午饭。十二点半又进洞,一直到再听到钟声(六点半),回去吃晚饭。晚上互相临摹速写。有时一直到深夜十一二点才睡。

对于我这个爱睡觉的人，突然改变生活规律是有些不习惯，但因为收获一点一点地多起来，心里倒是挺充实的。暮色中，望着三危山下的塞外风光，我眼前常常浮现出你的影子。又好像在绿树红墙的北京公园里，在碧波荡漾的湖上小艇中，在香山密林深处，在写字桌和缓的灯光下，在天安门广场清凉的晚风中。我真想你！越是想，我就越是想多带些画回去，让你知道我这一个月没有白过，让你跟我一起为这些收获而高兴。人们常常把生活和过日子等同起来，我却觉得生活的内容丰富得多，过日子只是生活中的一个组成部分。而生活的内容越丰富，爱情才会更美，你说对吗？我们大约在十月中回去，顺便去永乐宫看看。十月一日国庆节首都一定很热闹，我们却要在沙漠上度过了。"

10月8日，杨刚致信董正贺："我们现在还是每天早晨七点半起床钻洞，中午十二点吃饭，下午六点吃饭。吃完晚饭去沙漠上画一会儿骆驼或三危山什么的。晚上经常演电影，在北京不爱看的那些电影都在这里补课了。中秋节的月亮在沙漠上看着更亮，可能是灰尘和水汽少的缘故。站在鸣沙山上，看着金色的整月从三危山峰顶抬起头来，四周一片静寂，那劲头实在难以形容。怪不得古代画工们能产生那么丰富的想象力和浪漫精神！……顿大爷的章刻得真带劲，回去一定谢他。听说北京有珂罗惠支的原作展览，你最好去看看。"

敦煌临摹归途参观西安文化古迹和山西永乐宫壁画。

杨刚在《梦回草原》访谈中说："从敦煌回北京后，叶浅予先生组织大家开关于去敦煌、永乐宫临摹的总结会，当时我就临摹这一问题提出了三种方法：一是临摹现在所见到的壁画效果，实际上是对现有壁画状况进行写生，包括壁画的风化效果，纪实地表现出来；二是根据现在所见壁画进行推理，将现在风化、剥落、变色后的颜色，进行主观想象，尽可能追到壁画最初刚完成的效果，还原它的光鲜度；三是意临，即根据眼之所见的敦煌壁画作为载体去想象，进行再次创作，以自己熟悉的工具、材料和绘画语言去重新阐释，不需要一模一样，壁画只是作为创作元素和启发创作的符号存在。这三种临摹方式，我当时都尝试过了。"

敦煌归来之后，杨刚广泛学习古今中外各种美术资源，自言进入"自助餐"状态。杨刚在《攀登珠穆朗玛峰》中说："从敦煌回来以后，课程安排之外，自己就研究一些感兴趣的东西，古埃及的、南亚的视觉艺术遗存以及我国汉代的画像石。不管看得懂看不懂，我都很认真地进行了研究，似乎进入到古今中外的视觉艺术的'自助餐'。我曾研究过汉代画像石中的一个马的造型，它与南亚的马异曲同工，为表现速度，汉人把马身拉长，只是在画时我把画像石的实际形态线条化了。此外，我还研究了各地区土著的绘画，这些绘画都不是科学造型，但非常感人，不用语言解释，视觉形象本身述说着许许多多的大道理，视觉形象以直觉的方式一下子、一瞬间让你体会到许许多多的东西，这就是绘画。这就是绘画文化。它以直觉图像的方式超时空传播人类的智慧。后来，我发现儿童都有这样的感受造型的能力，但长大到一定年岁就把这些东西都挤掉了。此外，从内蒙古到北京，什么都想尝试，当时还画了一批对面的窗户里的人的作品（构成加重彩）。"

是年，始习米芾《蜀素帖》和《苕溪帖》。

学习的同时，与董正贺交往。杨刚在《转折》中记录："我的研究班学习，是跟谈恋爱同步进行的。课余时间，我几乎每天都跟小董约会。有一回，我们吵翻了，她一气之下扭头就走，剩下我一个坐在太庙的长椅上。想起感情生活的屡战屡败，鼻子一酸就流出泪来。其实小董并没走远，见这情景，就悄然绕到我背后，忽然用两手蒙住了我的双眼……从此，两个人两颗心就越靠越近，我这草原的幽灵，终于被这位美丽大方泼辣能干认真得有些刻板的女子征服了。春天，我们在桃花杏花梨花李花中徜徉；夏天，我们在北海昆明湖波光粼粼的湖面上划船游泳；秋天在香山红叶里海阔天空地长谈，还拿雨伞挡着进行秘密活动；冬天天黑得早，我们裹着当时流行的军用棉大衣，坐在空荡荡的公园里，北风呼啸，心里却暖乎乎的。从谈话里我得知，她妈一开始并不赞成我们谈对象。这位善良的家庭妇女，从外表上瞧不出我有什么可取之处，就让她爸去打听我的情况。她爸跟顿立夫先生是至交，就去琉璃厂向他打听。顿大爷也说不清楚，就去问他的好友刘凌沧。刘先生说我是他学生，原先不认识，只知道我跟卢沉老师关系不一般，又说卢沉人不错，想来我也不会差。小董她爸会测字，回来就测了个新字，说是特好，于是就没有干涉我们的事。后来结婚了，她全家还有亲戚朋友都对我挺好。小董和她爸都搞书法，她有时就故意考考我这个研究生，让我写个《九成宫》楷书试试。我推脱不开，就勉强写了个连自己都看不过去的欧字。小董看了笑着说：'倒是挺成个儿的。'从此我开始关注书法，在叶先生建议下，写过《张迁碑》、石鼓文，后来自己又写了好一阵子米芾，并拿给米字专家郑珉中先生看。米字那沉着痛快、八面出锋的用笔，对我后来学水墨写意帮助很大。"

《速写技法》（人民美术出版社出版，1979 年）出版。该书由程征、王靖宪、刘骁纯三位先生编著，收录当代诸多名家的速写作品，比如刘文西、钱绍武、方增先、马振声、黄胄、吴山明、王子武、顾生岳等。此书共收录杨刚先生 14 幅速写，13 幅放在"动态速写"部分，1 幅作为"场面和景物速写"，其中一幅用为全书的封面。2021 年 12 月，"生·生——杨刚艺术展"在北京画院展出时，也展出了《速写技法》，很多艺术家和观众都谈起当年看此书和临摹此书的往事。

内蒙古画家萨纳巴特尔来中央美院访杨刚。杨刚在《贺萨纳巴特尔个人画展在即》中写道："'文革'结束后我在中央美院深造，他就跑到我们学校来取经。"

赴故宫访董正贺不遇，见故宫刘潞女士。刘潞女士说："我第一次见画家杨刚，是 1979 年某日，他来故宫找小董。那时他与小董已经交往，或小董对与杨刚是否继续交往有些不确定性，便让我到神武门外去迎他，想听听我的感觉。小董那时闻名于故宫的还不是她的书法，而是漂亮的容颜。她绝对是美女一枚，且不乏才子仰慕。杨刚那时已为中央美院国画系的研究生，我想象他一定风度翩翩，气度不凡。不想在神武门外见到时竟吓我一跳：脸上沟壑纵横，如被风霜刻过一般；虽身材高大，但裹着厚重的棉袄，像是从草原来京的牧马人，与我想象的画家完全不搭界。我对小董讲了我的感受。但或许是他们二人身上固有的艺术气质相互吸引，最终走到了一起，且成为现在人们口中的神仙眷侣。"2024年，董正贺回忆，当时刘潞和她说："你和杨刚不合适，杨刚太像《巴黎圣母院》里的敲钟人了。"董正贺则说："相貌靠不住，再过四十年，大家不都是满脸皱纹嘛，我喜欢的是杨刚的艺术和为人。"

杨刚和董正贺老师恋爱期间，主要是拜访师友。据董正贺回忆，他们最常去卢沉、朱乃正先生家，主要是看画、讨论艺术，一起画画、写书法、评品。他们也常去丁井文先生、刘凌沧先生家，两位先生对杨刚赞不绝口。顿立夫先生是董正贺父亲董石良先生的挚友，顿立夫也是刘凌沧先生的好友。当时刘凌沧先生特别希望促成杨刚和董正贺的婚事，某次希望安排杨刚给顿立夫先生画一幅像，然后请董正贺题诗。刘凌沧先生给杨刚准备了小笔、小的笔洗，想让他画特别工细的、类似任伯年式的人物画。当时杨刚水墨尚不能完全驾驭，所以没有画成，改给顿立夫先生画了一幅油画画像。朋友则常去看望许涿，当时他在中国美术馆工作，杨刚和董正贺常去美术馆看展览，看完展览就去许涿办公室聊天。也和王良武、李凯等同学一起聚会，看展览。杨刚也经常带董正贺去中央美院，常见面者有华其敏、聂鸥等。

当时，中央美院学风非常好，杨刚学习勤奋认真。董正贺说，当时杨刚曾不止一次表示，他能回到中央美院学习是一生最大的幸运，他非常珍惜，所以拼命学习画画。殷双喜先生回忆，当时大家画画都很用心，没有人催，都是自发的，很多画室晚上的灯光都整宿不熄；当时没有模特，就同学们互相当模特。当时的老先生们刚刚复出，教学生非常用心，几乎是倾囊相授，也特别喜欢说某某是他的学生。同时老先生们也希望引入新的美术元素，推动美术的革新，也在探索。

1980 年，杨刚三十四岁。

是年，在中央美院读研究生三年级。

广军先生带杨刚等人去故宫看展览。杨刚在《求索自由之路——杨刚访谈录》中说："我们有一个老师广军，常带我们去故宫看古画，教我们如何欣赏。前面还先说着你看这张画多好，忽然说：'哎，厕所在哪儿？'其实这就是一种由入境转回现实的方法。"

听高尔泰讲课，购高尔泰《论美》。今杨刚藏书尚有此书，杨刚的电脑里也保存了一张高尔泰的照片。2010 年，杨刚曾和笔者谈起高尔泰，说 80 年代颇受其《论美》影响，听过高尔泰的演讲云云。高尔泰在《谁在骑马客京华》提到，在从社科院辞京前，"这期间不少院校邀我讲演，提问踊跃，掌声热烈。"

杨刚提到的听其讲演，估计就在这个时期。据华天雪女士讲，高尔泰赴中央美院讲座，乃是叶浅予先生邀请。

创作工笔重彩《草原传说》。此作是锡林浩特历史传说和现实融合的产物，既有历史传说，亦有现实的影子，甚至颇有杨刚的自况。杨刚将所绘故事压缩到平面之中，通过画面的上下远近，用近景中景远景表现时间性，叙述故事。杨刚本想以这幅作品当成毕业创作，但是画完觉得意犹未尽，于是又创作工笔长卷《迎亲图》。2021年。"自由长旅——杨刚艺术展"展出时，向中央美院借展了《草原传说》。2022年9月，安徽省美术馆举办了"青春万岁：新中国美术的青年时代展"，展出了杨刚《草原传说》。

毕业创作工笔重彩长卷《迎亲图》，获"叶浅予奖金"二等奖。这幅画的问世，标志着反思"文革"的开始。杨刚在《攀登珠穆朗玛峰》的采访中说："毕业创作那幅长卷《迎亲图》是站着画的，那会儿的体力、精力都旺盛。"杨刚在《谈谈我画的迎亲图》文中说："来到北京学习以后，由于开阔了眼界，艺术眼光提高了，我深深感到，光有较深的生活基础还不够，要想搞好创作，还必须注意艺术素质的锻炼。人们常讲天才，并不是生来就有天才，艺术素质可以培养和锻炼。这种训练是多方面的，就拿中国画来说吧，除了师造化、师古人之外，还很讲究触类旁通，陶冶性情，提高艺术修养，特别是和书法、金石篆刻、文学（主要是诗词）、戏剧、音乐等其他艺术有着非常密切的联系，并不像有人所说的，只练好笔墨就能画好中国画。这个道理我也是逐渐弄懂的，接触得越多，就越感到自己的不足。有了这种追求和锻炼，无形中就影响到绘画的艺术效果。《迎亲图》的创作，就是这种追求和锻炼的一次初步尝试。"杨刚在《转折》文中记录创作《迎亲图》的情况："更重要的是，我在艺术观念上发生了剧变，一改以往的政治宣传员习惯，开始关注艺术的本体规律，毕业创作工笔重彩长卷《迎亲图》就是个明显的转折点。这幅画从构思到完成共用了半年，灵感来自过去参加的一次牧人婚礼，在铺陈过程的同时，通过重点描写新娘吻别慈母的瞬间，表达出这个北国粗犷民族情感细腻的一面。草图多次修改，制作只用了两个星期。一丈多长的素绢分两段染好，卷起来固定在墙板上，再分段完成。画好了，再由裱工崔师傅装裱成净片，两段画绢被他接得天衣无缝。当精美的成品展现在眼前时，我从心里感激崔师傅的高水平合作。在毕业创作发奖会上，我忽然想解手，等我从厕所回来，人家问我：'你上哪儿去啦？《迎亲图》得了叶浅予奖金二等奖，叫你半天也没人上去领！'"

关于叶浅予奖学金的设立。叶浅予先生说："1977年平反以后，补发我3万块钱工资，我就发愁了，拿着3万块钱发愁。想来想去，买这个不好，买那个不好。我说拿着这个钱多麻烦，算了，还是给中央美院吧。我就交给中国画系，当了毕业创作的奖金。"①

---

① 叶浅予：《第二次艺术行路团（齐鲁行）座谈会上的讲话》，《美术研究》1992年第1期。

杨刚的毕业创作《迎亲图》获得广泛好评。孙景坡先生说："我们这一届的同学在中央美院比较活跃。杨刚平时不说什么，他给别人的印象有点沉默寡言，不喜欢和别人辩论。但我知道他是属于那种静水流深、慧眼识珠的人，他能够从生活当中不断发现一些事物，从学习过程博取厚积。他的毕业创作工笔重彩《迎亲图》画内蒙古草原的婚礼，当时在我们研究生展览会上受到好评，获得了叶浅予奖学金。"朝戈先生在《关于杨刚》文中说："若干年后他上了中央美院，我看到了他的毕业创作，他一定深探了传统工笔画的历史传统，画出的草原场景，有唐画的造型风韵，亦不失草原气息，尤其是马的造型，是一幅杰作。"

11月2日，杨刚与董正贺结婚。杨刚在《转折》中记录结婚时情景："我跟小董结婚了。刘凌沧、顿立夫和刘炳森等先生都参加了婚宴，文人见文人，四舅跟他们聊得很投机。婚宴上，我还结识了专门来为我们拍照的鲍乃镛先生。妹妹做伴娘，我们上小董家迎亲，只见黑压压一屋子她娘家的人，用略带疑惑的目光瞅着我这位连递糖点烟都不会的新姑爷。婚宴后，又邀请她故宫的同事、我附中的老同学来新房一聚，结果，新分的一室一厅被来客挤得满满的，连走廊里都是人，大家只能站着。专为客人准备吃食的未来妹夫在厨房里忙出一身大汗，食物却还是供不应求。"

多年以后，杨刚自我评价这阶段的学习，以为全面改变了艺术观念。杨刚在《平常心用在艺术上就是艺术本体》中说：

"我在中央美院回炉深造时期，改变了在附中时期的观念，附中时认为中国古人造型画不准，到美院之后，第一次从正面学习中国传统，并有了意象造型的观念。原来这与中国文化和情趣的变形有关，如果去掉就真不准，看似不准，实际更接近中国传统文化和情趣，这才是艺术本真。艺术本真并不是科学，虽然科学中的物象很像，但艺术中的象更深刻，这与中国哲学神似，以及大象无形，似与不似更接近，在能品之上又到神品，神品又到逸品，这是中国的情趣所在，逸品最能说明意象造型。"

此间，素描是一切造型的基础观念开始动摇，杨刚思想遂得以巨大解放，全面吸收东方、西方、古代、现代、民间等艺术。杨刚在《绘事随缘》中写道："后来在中央美院接受了一些中国传统绘画理论以后，我开始动摇了原来的'素描是一切造型艺术的基础'的理念。当时徐悲鸿是这样提的，洋学堂的开山，从徐悲鸿本身的故事就能发现这句话是有问题的，因为他在法国接受这样的教育，而他对齐白石、张大千的态度，说明他内心已经动摇了。齐白石不是画素描的路子，张大千也不是，徐悲鸿这么重视齐白石和张大千，说明他已经否认了，但嘴上还是这么说。""我的老师卢沉先生认为每一个画路都有自己的基本功，叶浅予挂帅我们班的辅导小组，他刚被平反。当时中央美院是油画老大的洋学堂，和浙江美院的区别在这儿。其实那时有一批国画高手在叶浅予的指挥之下，把潘天寿先生的教学引到中央美院了，正好我们赶上。他们刚被平反特别兴奋，第一次让他们正面来传授东西，比较地道，这种延续性的国学，中国的绘画传统。我正好赶上了这个时候，把自己原来这方面的看法进行调整，接受了——国画有自己一套基本功和修炼法的提法。"

谈及当时的思想状态。杨刚在《求索自由之路——杨刚访谈录》中说："一开始我的形式探索跟'文革'后的思想活跃有关系。当时整个艺术界跟全国文化艺术都特别活跃，原来不让看的东西一下子都让看了，原来都是内部的东西，或者一些有层次的人才能看见，现在大家都能看得见了。然后一看，画还能这么画。原来你根本想都不能想，就是在原来的教育情况下你根本就不敢想，或者你想到了也不具备那个素质。这时候视野开阔了以后，对原来固守的东西开始怀疑了，对原来觉得唯一正确的东西开始怀疑了。"

是年，杨刚特别希望他的两个妹妹跟着董正贺学习书法，常常催促两个妹妹跟随学习，但两人最终没有坚持下来。

杨刚在"超越自我——96杨刚艺术展"的《前言》中评价其读研究生阶段："研究生学习，像智慧的雨洒向干渴的苗，得到的是打开中国古典和西方现代艺术之门的钥匙。"

第五章　转折时代（1981—1996）

1981 年，杨刚三十五岁。

杨刚从中央美院研究生毕业。开始时，杨刚被分配到中央美院附中，但因常想起"文革"中事，又觉不擅长讲课，于是拒绝了到附中任教的安排，进入北京画院工作。杨刚在《转折》中记录："毕业时，我先是被分到了附中，报到之前赵允安校长领着我在校园里参观了一圈，可是我却越看越发怵，又想起当年在学校打派仗的情景来了。后来听说北京画院也想要我，我就开始要赖，在家泡了好几个月，连工资也不要了。附中领导见这样下去也不是事，最后还是答应放我了。"

杨刚在《梦回草原》访谈中说："当研究生快毕业时，大家都为毕业后工作的事情奔波、忙碌，我却不太明白这些，一直在忙毕业创作《迎亲图》，后来被中央美院附中看中而留校，但随后北京画院也希望我去，因为我当时自认为不擅长教学，画院的环境比学校更放松，似乎更适合我，于是，最后由刘迅为首的领导班子接纳我进入了北京画院。"

关于杨刚毕业分配问题，胡勃先生说："我们研究生毕业分配的时候，同班同学 16 个，大家都想留在美院，因为美院是最高学府。大家不是图名和利，为的是最高学府里的文化氛围和深厚的艺术底蕴，想留在那里是自然的事情。但杨刚留下来了，却迟迟不去报到。我们工作快半年了他还不去报到，最后系里找了他谈话。杨刚不去报到，就给他留在了附中。他原来就是附中出来的。附中的校长特别赏识他，考研究生时也是附中的校长丁井文给他报信的，说'招研究生了，你回来吧'。这才把他招回来。丁井文让他回附中教学，但杨刚不去。后来系里知道了，找杨刚问了一下：'你是不是嫌附中太低了？'杨刚说不是。校长说：'你嫌这儿低的话，我们安排你到美院国画系。'他说：'不是这个问题，我不能讲话，当老师不能讲话怎么当？我在附中都不能讲，到大学里更不能讲了，我是因为没有讲话的本事，教学得讲话，不讲话怎么教学？'因此，杨刚最后没有到学校里报到。最后，学校说：'你看到哪里去比较合适？'他说：'我到搞艺术创作的单位。'北京画院赏识他，他就到了北京画院。"

2024 年，笔者拜访赵友萍先生，她也谈起杨刚当年拒绝去中央美院附中任教之事，并且评价杨刚为"心里美大萝卜"，说他外表朴实，业务突出，人踏实。

杨刚进入北京画院，任专职画家，开启新的生活。杨刚在

《良师益友卢沉先生》文章记录:"研究班学习,为我打开了两扇窗子:从叶浅予等老先生那里,我接受了较系统的国画传统启蒙教育;刚开放的社会氛围又让我对西方现代乃至后现代艺术有了新的认知与感悟。在此期间卢、周二位老师不仅仍是我重要的课外老师,还在课堂上为我们讲课。毕业时,靠周老师等人力荐,我来到北京画院任职业画师,从此我的中国画又得到了进一步的发展。今天我能在事业上有些成绩,跟卢、周二位恩师的真诚扶持是分不开的。"

杨刚在访谈中评价北京画院生活:"从美院出来,到画院工作,画院又是一个特宽松的地方,每年交点儿任务画,每个礼拜开一次会,有大量的个人时间。我要进画院的时候,周思聪说:'我告诉你啊,画院是养老单位。你要不想干事,你就进画院,另外……'我说:'那您呢?'她说:'另外,有些人想干一番事业,也进画院。就是靠自己把控能力,靠自身的动力,能够让你不懒惰,起码思想不懒惰,笔头不懒惰。'其实一听这个,我特高兴。它不像美院那么严格,各种会议特别多,规定的原则也特别多;画院就是个人的时间比较多。"

当时杨刚的定位是国画家,他在《绘事随缘》中写道:"毕业以后阴差阳错来到北京画院,北京画院是一个创作单位,而且不同于古代的画院,古代的画院是院体画,要符合院体画风格,现在画院是多元化的创作单位,进来以后我给自己的定位变成了将来做一个国画家。"

杨刚在《梦回草原》访谈中说:"去画院的这些年,我从叶浅予研究生班听到、学到的东西有了系统的消化过程，而且北京画院有一群高手，大家互相之间会有所滋养。画院整个学术环境也很自由、宽松，对画家而言是一种放养的状态。正如此，才有了现在的我和现在作品的风格。倘若我当时去的是央美附中的话，可能就未必了，或许会是另一种情况。在艺术之路上我曾有一段很危险的时期，当时想打开思路，开放观念，但其实并没真正消化和理解，庆幸的是那一时期很快过去了，到画院的这个经历让我在创作上选择的几个领域如水墨、油画、书法都有所提升，做得也更充分、完善，有些也获得了师友、观众和藏家们的认可。孙过庭在《书谱》中说，'虽专攻小劣，而博涉多优'，这也正是我所追求的，我给自己现在的定位是亦中亦西，'曾经草原'这一主题的创作是亦中亦西的一部分。可能有些画家会在中西之间找一个契合点，只有一种面貌，称中西合璧，但关键是这两者是否能结合好，还有中西这两边扎得深不深。"

此间临摹了一批古人的意象造型白描、西方现代线描以及陆志庠等人的速写线描。杨刚在《平常心用在艺术上就是艺术本体》中说："从中央美院刚到北京画院后，我完全是临摹。拿硬笔临中国古画中的造型才真正理解，这种非写实性的造型，是追求另一种真实，和照相机完全不一样，这才是更接近人的内心，而不是眼睛，体现人性本质和初心。"

全面学习各种艺术形式。杨刚在《攀登珠穆朗玛峰》中说："1981 年刚结婚，在家里画工笔，兴致勃勃地探讨形式美因素，敦煌的、南亚的、古埃及的，乃至陈老莲芥子园、贯休罗汉等人物造型，我都逐一认真揣摩、研究。嗣后，有一幅画，画的是对面楼房的窗户，那时刚从草原回城不久，觉得窗户里面人的生活应该很有意思，万家灯火，这是我的一个兴奋点。"

8月29日，杨刚与画家杨延文到青海藏区采风。归途游西安、登华山。回京后创作工笔重彩画《路》。

9月2日，杨刚从西宁致信董正贺："我和老杨已于8月29日夜到达兰州，30日（星期日）下午到达青海西宁市，一切平安，不要挂念。现在我们正住在一个商业局招待所，准备在本星期五动身去牧区，一切准备工作是通过老杨的一位同学和文化局的领导在安排。要去的地方叫天峻，打算和工程兵的一个美术组一起去。详细情况下次再说。西宁不太冷，这几天常下雨，据说是雨季来了。我的身体没有不适之感，只等到牧区后好好画一批画。史国良和一位美协姓马的同志去海南，已经去了半个月了，想必收获不小。在西宁街头见到一些远道来的牧民，形象棒极了。特别是男牧民，有不少高原大汉的典型。一见到就很想画，这里还常见到一些回族老人的很有个性的形象，不禁使我想到王子武画中的古人，真是太上画了。"

9月12日，杨刚致信董正贺："我们是九月五日离开西宁的，汽车路过明山、青海湖，来到乌兰县的一个铁道兵师部，这里的部队美术活动很活跃，此时正有个美术创作学习班。我们提出要去藏区。8日，我们离开乌兰县，和两位美术组的战士一起到刚察县，后来经转迁后于10日来到吉尔孟公社的江河车站（这里还没有正式通车）。昨天在藏包里画了一天速写，拍了些照片，也不知冲洗后效果如何。今天下雨出不去，就在家里写信。没想到青海高原秋天的雨这样多。我们来了半个月，很少碰到晴天。我和老杨高原反应并不厉害，只是晚上总睡不死。这里的藏区比较开化，据说形象不如史国良去的果洛地区强烈，但也还可以。我们吃住都在部队里，没什么问题，不要挂念。据说天峻县15日有牧民集会，我们可能在15日之前去天峻县，以后写信再详谈吧。因为我们经常移动，如没什么特殊的事就不要来信了。"

9月21日，杨刚从乌兰县致信董正贺："自上一信之后，我和老杨又到天峻县一个牧民的集会上画了几天速写，之后又到鸟岛去了一趟，鸟岛上现在没什么鸟了，只把地形记了一下，回去自己在画上加鸟。今天上午，我们又回到这次旅程的出发点——乌兰县铁道兵的师部。胶卷用完了，速写也画了不少。我们可能这两天就要回西宁，再到塔尔寺画一阵，就往回走了。路过西安、华山、太原等地时再有些活动，大约半个月后便可回到北京了。这次青海之行，因为一直在部队的帮助下活动，省了不少汽车和旅店费。天峻的牧民集会帮了我们很大忙，牧民很集中，大都穿着节日盛装，情绪也很饱满，给我留下了深刻的印象，以后画青海藏民时，心里多少会有点底了。青海高原的山川很有气魄，很有特点，老杨画了不少山水画构图和写生、记忆画。总之，收获还是不少的，回去再慢慢消化吧。"

10月1日，杨刚致信董正贺："我和老杨于昨天上午十点十二分开始踏上了归途，坐了一天一夜的火车。今天早晨到西安，现在是在西安大安旅店给你写信，我们准备在此地停留几日，然后去华山，再从华山去太原，停一日再返回北京。总之，离家是越来越近了。"

及至归京，杨刚决心致力于水墨画。杨刚《刺激》一文中记录："1981年，刚到画院不久，有一天杨延文先生约我去青海采风。对于我这个在草原生活过的人，青海还是挺有吸引力的，于是我就同意了。以前跟老杨并不熟，一接触才发现他特能侃，火车上听他侃了一路！倒不闷得慌。车到西宁，老杨的朋友接待了我们。他们找了几位部队业余美术爱好者陪同我们下去画写生。我们沿着日月山、青海湖……转了一大圈，又在天峻藏区住了一段，画了不少速写才返回西宁。高原的阳光、雪山、牧场、波光浩渺的青海湖以及藏区的风土人情，这一切给我留下了深刻印象，使我的速写画风也变得更加粗犷凝重了。回北京后，我乘兴完成了《路》《高原妇女》等几幅工笔重彩画。可惜当时水墨画得不好，因此不能痛快地释放高原留给我的那种大气磅礴、奔放不羁的感受。在西宁，当地美术界人士听说我们是北京画院的，就为我们安排了一次电视采访笔会。我从学校出来，还是头回听说这种笔会。老杨考虑我学的是工笔，不适合参加笔会，就建议我去那儿的一所大学，给美术系上堂课。可是在好奇心驱使下，我还是跟他一块去了笔会。人家先让我们坐在两张沙发上，又让我们每人准备几句话，讲完话再到后面的案子上现场表演水墨。我一想到要当场画水墨就开始发怵，再加上大灯一照，更毛了！只觉得脑子出现短路，一片空白。老杨先讲了些什么，我一概没听见。该我讲了！我这从小不善言谈的主，在这么正式的场合，当着这么多人讲话还是头一回。也不知自个说了些什么，直到听见下面传来杂乱的耳语声，才发现自己说得太多了，越想打住，还越打不住……该画水墨了！案边围了一大圈人，直勾勾瞅着我。主持人越介绍我是中央美院研究生，我心里就越发虚。我不自然地冲大伙笑着，挤出一句连自己都听不清的话：'我是……学……工笔的'真恨这张不听话的嘴！人家不管我学的是什么，仍抱着极高的期望，等我这位研究生动笔……后来的情景就不必多说了，当我擦着满头大汗看电视台的原始录像时，屏幕上那位滑稽可笑的我真叫人哭笑不得。也就是从那天起，我暗自下决心，一定要学好水墨画。"

刚开始画水墨，一时难以掌握笔墨特性。杨刚在《平常心用在艺术上就是艺术本体》中说："转向写意时，刚开始对生宣纸掌握不了，想学又特怕，从这种状态一直到后来慢慢画进去了，就一发不可收了，于是又从小写意到大写意。"

在卢沉、周思聪先生家逢朱乃正先生，朱先生作书法送给董正贺。杨刚在《良师益友卢沉先生》中记录："80年代是思想异常活跃时期，整个国家和民族都充满了振奋向上的精神。一天，我和妻子董正贺一块去卢老师家玩。正好朱乃正先生也在，他此时已摘了右派帽子调到美院工作了。大家聊到兴处，摆开笔墨纸砚就写起字来。朱先生先用抓笔写了个斗大的'腾'字，石破天惊，遂使卢老师书兴大发，欣然命笔写了竹林七贤慷慨激昂的诗句，笔都干了仍不蘸墨，仍旧拧着转着，卢老师管这叫拧湿毛巾。'别转啦！都看不见啦！'周老师打趣地轻声喊了一句。大家都开心地笑了。朱先生又写了几幅行草，小董看了问：'您写过米芾吧？'朱先生笑了，欣然在落款处题'正贺一语道破天机'，于是这幅字就归小董了。听说小董写字，大伙非让她写，她推辞不过只好写了一幅，卢老师在一旁连连称赞她用笔很稳。"

关于婚后的生活，董正贺老师在《杨刚与他的画》文中写道："杨刚画起画来给我的感觉，好像把什么都忘了。有的时候沉思很久，甚至几天不急于动笔。一旦构思成熟，又常通宵达旦，并告诫我不要打断他的画兴。一次，我夜间一觉醒来，他还在头也不抬地画着，画板上出现一幅月色朦胧的《挤奶图》，画面上一位蒙古族妇女手提奶桶走向牛群，与窗外的夜色是那么协调。那时我们的居住条件尚未改善，我也渐渐习惯了掌灯而眠。他整天忙忙碌碌，沉迷在学习、创作中。有时抱着一大摞字帖反复地琢磨，有时看评论书籍，有时又看起来现代小说，有时甚至忘乎一切。记得是我们刚结婚的时候，我有一个月竟买了三把烧水的壶，他画起画来忘了放在煤气炉上烧水的壶，直到我下班回家，壶底已经烧透。这样一连几次，当然不免大吵一顿，最后买了带哨的壶，总算没再发生类似的事件了。"

王明明先生说："杨刚中央美院研究生毕业后，来到北京画院工作，我们就成了同事，有接近五十年的友谊了。杨刚非常实在，执着，不拐弯儿，有什么说什么。他很执着，心无旁骛，是一个纯粹的艺术家。"

是年，王颖生先生第一次来访。王颖生说："冬季，我怀揣着父亲托人写的推荐信，从河南开封经郑州转车赴北京找杨刚老师求教，自此开始了与他三十九年亦师亦友的学习生涯。记得当年在忐忑不安中七折八拐，到了工人新村一个小区的三楼，开门的是一个身形伟岸的人，我说明来意交上书信，回应说，他是杨刚，写信的是表舅，我才缓过神来。眼前真的是画出秀美抒情的《迎亲图》长卷、获得中央美术学院研究生毕业创作叶浅予二等奖学金的传说中的杨刚。一室一厅的房间，家具朴素大方，没有太多装饰，只有墙上、案头各置一张当时少见的彩色大幅照片，当时以为是日本电影明星，后来知道是年轻的师母、故宫博物院的书法家董正贺老师。画画的家什尽收眼底。我表明来意，说想看看杨老师的作品，杨老师搬出他的工笔、水墨、素描、速写让我随意翻看，我手忙脚乱地用一台120海鸥相机拍照，因条件所限把画放在地板上，站在凳子上盲拍，杨刚老师默然无语，由着我一路折腾，静静地收拾我拍过的作品，码齐、放好，真不愧是工笔高手，心细有条理。时至今日我都汗颜，第一次相识，多亏杨老师厚道，我一个外地学子，不知深浅仗着自己求知心切，莽撞失礼，看画拍画全无章法，出门掂量自己的过分之举，心想再见杨刚老师恐怕是不容易了。"

是年，小提琴家穆特首次来中国演出。穆特在采访中说："从1981年首次来中国演出至今，中国观众一直对我很热情。"杨刚花了近两个月的工资买票去听了这场音乐会。

是年，杨刚的《斯巴达之魂》刊发于《连环画报》1981年第4期。

是年，杨刚填北京画院考核表，在关于"受何影响，并写出你的风格和特点"栏，写道："叶浅予、黄胄的生活速写在很长一个时期里影响着我。后来又很喜欢门采尔素描（其中包括一些生活速写）。最近开始接受陆志庠的生活速写。生活速写对我的创作起了巨大的影响。临摹不多，较集中的一次在敦煌千佛洞，在装饰重彩画风方面对我有一定影响。总之，我的绘画涉猎较广，而在风格上还不成熟。"这是杨刚的自我评价，大概客观地反映出杨刚当时的创作情况。

杨刚在《汲古汲新，亦中亦西》中写道："到北京画院后，我逐步确立起汲古汲新和亦中亦西的绘画道路。其形成过程，一方面靠自身的内在需要，同时也得益于外力的启迪，这方面主要有：中国道家学说、中国书法绘画——特别是大写意的源与流、西方现代艺术传统、音乐舞蹈等姊妹艺术……更有那瞬息万变的世间万物。"

1982 年，杨刚三十六岁。

为张承志小说《锁儿罕·失剌》画插图。张承志小说发表于《民族文学》1982 年第 1 期。杨刚非常熟悉张承志的作品，喜欢张承志的作品。杨刚关于张承志的藏书，粗略统计有《黑骏马》《心灵史》《金草地》《文明的入门》，甚至还有研究张承志的作品集《无援的思想》等。杨刚辞世后，2020 年张承志发表《边境上的托尔斯泰》，文中提到"纪念辞世的画家杨刚先生"。

工笔重彩画《草原组画》参加了北京画院画展。其中的作品《晨》获"北京美术作品三等奖"。《晨》等作品参加美国六城市巡回画展。

6 月，观看西班牙世界杯，见中国足球失败，极为难过。董正贺在《杨刚与他的画》中说："中国足球队在十二届世界杯预赛被淘汰，他难过地画了一张画，画面上两个小男孩用粉笔在墙上画了一个足球的门框，正在练习射门。"

7 月底，陪同卢沉老师到内蒙古锡林郭勒草原采风，故地重游。杨刚在《良师益友卢沉先生》中记录："1982 年夏天，我陪同卢老师赴内蒙古草原采风，顺便故地重游。当时，卢老师的肝炎还没全好，却仍旧风尘仆仆地画了不少速写。回京后，他乘兴用高丽纸完成了《草原印象》等作品。"卢沉先生在《杨刚速写集》的《前言》中提道："我两次赴内蒙古，都与杨刚结伴。在牧区，背起画夹、搭车、投宿，从一个蒙古包走到另一个蒙古包，到处遇见熟人，他可真称得上是如鱼得水。"傅溪鹏《草原的乳汁哺育了他》中记录："1982 年，杨刚陪同卢老师回到他的'娘家'，去拜访探望了牧民乡亲们，同时带回了有更深造诣的创作《草原之晨》。这幅佳作首先由《萌芽》青年文学刊物作为封面发表。后来，有几个报刊也相继选载了，最后被收入美国出版的《中国画展》画册。"

8 月 2 日，杨刚致信董正贺："我们在锡林郭勒盟已经过了十多天了，那达慕大会期间，我们一直住在党校招待所，是大会给宣传、文化系统安排的，吃住都可以，每天有车接送。我在内蒙古工作九年，还从来没有参加过像这次这么大规模的那达慕大会，内容很丰富，回去后再慢慢讲给你听吧。昨天大会结束，我们已经买了明天去西乌旗的车票，准备在西乌旗再画一阵子，然后从赤峰那条路回北京。"

8 月 11 日，杨刚致信董正贺："我们来到西乌旗已经一个星期了。前几天我和卢沉跟着一个小孩到白音宝力根大队待了三天，画了一批牧区平时生活的速写，拍了些照片。昨天西乌旗那达慕大会已经开幕，估计要六七天，我们打算五天之内动身回家。最近这个地区流行红眼病，我们这批画画的也有不少人被传染上了。我现在还没有传染上，就看这几天怎么样了。照相用了大量胶卷，机子里有卷就想照，没卷时又怕遇到好机会照不上，换上新卷很快又照完了，买新胶卷花去不少钱，看来以后出来应该多带些处理胶卷。"

夏天，与董正贺游颐和园，泛舟昆明湖，杨刚兴起跳入湖中游泳。董正贺拍下了杨刚在昆明湖自由泳的照片。杨刚对此照片非常满意，生前准备中国美术馆的展览时，挑选了此照片作为展示日常生活的资料。2005 年，杨刚根据此照片创作了水墨大写意《自由泳者》。此作照片中的动作大体存焉，动态在也，以水墨进行了提炼和抽象，大墨块更具视觉冲击力。胳膊处尤其精彩，纯以书法用笔，两三笔写就，笔断意连，健壮有力之感跃然纸上。

赴民族文化宫参观德国表现主义版画展，杨刚在《杨刚作品展（德国久久画廊）序言》中记录："20 世纪 80 年代，我有幸在北京首次参观了一个'德国表现主义版画展'，留下了深刻的印象，这种绘画与中国的大写意在艺术本质上有不少共通的因素。更使我感兴趣的是：这种充满激情放任不羁的艺术，竟出现在一个以高度理性著称的人群之中。"王鹏杰说："1982 年，北京民族文化宫举办了一次德国表现主义版画展，规模虽不大，却很有影响力，这是中国首次较全面地接触德国表现主义。此时改革开放刚开始，这些作品对艺术家们颇有启发，也成了后来国内泛表现主义绘画繁荣的先声。不久，泛表现主义手法被越来越多的画家采用，迅速在 80 年代中后期形成了蔚为壮观的群体。"[①]

易英先生在《从德国表现主义到中国新表现主义》中说："1982 年的'德国表现主义版画展'是一个比较全面地展示德

---

① 王鹏杰:《拿来、呐喊、改造:中国泛表现主义绘画的百年演进之路》，《艺术当代》2017 年 5 期。

国表现主义版画的展览，展览同时发行一本画册，产生很大影响，尤其是在青年学生中间。"

与王良武等附中老同学在中央美院附中展厅举办"四人写生作品展"。四人者，杨刚、王良武、赵雁湖、张维铮。据王良武先生回忆，此次展览杨刚的作品有五十多幅，多是内蒙古题材速写。展览前言，乃董正贺用毛笔书写。

与卢沉、周思聪老师交往极为密切，常去两位老师家。周思聪先生说："有一回，卢沉买了许多肉包子，双手捧着走在拥挤的王府井大街上，不慎被路人撞了个满怀，包子散落一地。他慌忙弯腰去拾，突然发现另一双手也在帮他拾，抬头一望，是杨刚！没错，杨刚正是这样的人，此刻拾包子要紧，无须说话。杨刚是卢沉的学生，自然是我家的常客，也是很受欢迎的人。然而回想起来，这么多年似乎总共也没听他说过几句话。来了，就是看画，我们看他的画，他看我们的画。紧要处，冒出一句；高兴时，会心地大笑一声。寡言、率真、不善寒暄，从不背着人说长道短，杨刚心中只有艺术。"（《〈杨刚速写集〉代前言》）

陪同丁井文校长、卢沉、周思聪先生观看石齐创作水墨。杨刚《我心中的丁校长》记录："那时丁校长还常召集一些书画高手切磋技艺。有一次我去拜访卢沉、周思聪老师。他们正要出门，说是丁校长请他们去看石齐先生画画，并邀我同去。记得是在隆福寺街老附中一间屋子里，已摆好笔墨纸砚和颜料，人到齐了石齐先生就欣然命笔，连水带墨带颜色，一层层地画在生宣纸上。乍看什么也不是，渐渐地，一只彩墨淋漓的大公鸡就神气十足地出现在众人眼前了。看完后，大家畅谈了一会儿便各自回家。出校门时，卢老师颇有感触地开玩笑说：'看来水墨画不用进课堂学了。'"

是年，开始向小写意发展。董正贺老师在《杨刚与他的画》中说："自1982年起，杨刚的绘画向小写意发展，但从题材上仍以草原风情为主。《套马》《草原风雨》是这时的代表作品，可以看出他精确的造型和精心的用笔。"

王颖生第二次来访。王颖生说："又到北京，我鼓起勇气再次登门，复制了第一次看画、拍画的过程，看了杨老师新作，出门又是一通后悔，更添乱地，还让杨刚老师写信推荐，去拜见了卢沉、周思聪、胡勃、王明明、赵宁安等老师。杨刚老师的人缘让我见到名家时体会深刻，托杨老师的福，我的看画、拍照在这些名家那里又复制了若干回。"

杨刚开始喜欢摄像机、相机，甚至，朋友结婚他都扛着笨重的摄像机去拍摄婚礼现场。此后，杨刚留下大量照片和自制短视频。

画家邵飞女士说："我和杨刚成了北京画院的同事。我和杨刚的画室挨着，有时候他也到我的画室去坐一下，一起交流艺术。他的话不多，但对艺术执着真诚。"

逐步消化在中央美院所学。杨刚在2019年访谈中道："我在中央美院进行了两年的恶补。到北京画院工作以后，又安静了，时间相对松散，当时的北京画院跟阿纳旗文化馆有点像，不用坐班，也没有什么任务，个人时间很多。就在这样一个环境中，我开始把这两年的恶补给消化了。实际上是两次启动、两次消化，造就了我现在的这个基本的艺术面貌，我管它叫'亦中亦西'。"

1983 年，杨刚三十七岁。

　　某早晨，杨刚听广播得知锡林浩特正经受严重的白灾。时值春天，忽有铺天盖地的大雪，牛羊不得草食，死者众。牧民损失严重，甚至有冻死或失踪的牧民。闻听消息，杨刚当时即坐立不安。及董正贺晚上下班回家，杨刚郑重地和她说，锡林郭勒盟白灾太严重了，听到消息非常难过，想着帮助一下他们，已经把家里存折上的所有钱（五千多元）全部匿名捐给锡林郭勒盟了。董正贺问，具体捐给了谁。答曰，锡盟红十字会。在当时，五千多元不是一笔小数目，大致相当于杨刚一年半的工资收入。为落实捐款去处，董正贺打长途电话找到若希，请他帮助对接钱的去向与用途。不数日，若希寄来了锡林郭勒盟红十字会的一张收据并几份《锡林浩特日报》，报上刊载了一篇若希为此事撰写的文章——《来自北京知青的捐款》。收据、《锡林浩特日报》早被杨刚弃去，今已觅不得矣。杨刚捐款翌日，还起草了一份募捐书，张贴在北京画院宣传栏，发动其他画家进行捐赠。全文为："如果您捐赠 100 元可以为灾民解决一吨煤；捐赠 50 元可以为灾民解决一个半月的口粮；30 元可以购买 80—100 斤饲料，够一头大畜吃十天；10 元可以解决 3 公斤柴油或 2 公斤汽油。"杨刚先后在锡林浩特生活工作七年之久，对当地物价了若指掌，写出如此具体而微的募捐书并不奇怪。

《卡尔·马克思画传》出版（人民美术出版社，1983 年）。此书由中央编译局编，胡乔木作序，收录反映马克思工作生活的照片和画作数百余幅。画作由闻立鹏、朱乃正、张文新、罗尔纯、纪青远、赵友萍、邵飞等所作。其中也收录了杨刚一幅工笔作品《同维利希—沙佩尔集团作斗争》。

8 月 12 日，杨肖出生，因董正贺住院，杨刚单独护理十天。杨刚候产的具体时间为 8 月 11 日傍晚至 8 月 12 日中午。候产条件简陋，稍能休憩的地方不过是并起来的两把椅子。董正贺生产时伤口感染，回家不到一天就不得已复入院，只有杨刚一个人照顾初生儿。他只能趁杨肖凌晨睡着，赶紧跑向奶站取牛奶。1996 年，杨刚作诗《十天》记录当时的情况："两扇白色的门紧闭着／一扇有个红色的'肃'／一扇有个红色的'静'／两把椅子并起来／上面躺着我／坐着我妈／上面躺着我妈／坐着我／从暮到夜到晨到午。／／门开了／白衣天使一声喊／我和我妈走过去／推出一辆车／上面躺着她／还有一块包着白布的红肉。／／再见到她／红肉变成了小人儿／脑袋像个煮熟的红薯／睁不开眼／满脑门的皱纹和嘎巴。／／伤口老不好／没法子／她出院又住院。／／屋里静悄悄／只有我／还有这红肉变成的小人儿／从晨到午到暮到夜又到晨……／我们之间没有人与人的交流／这么当守护神／还是头一回／热奶／热水／洗屎／洗尿／晾尿布／换尿布／我已成了熟练工／日出而作／日入还作。／／别人家的婴儿／好像只会哇哇两声／她的哭声却撕心裂肺！／不知是否因为／没吃过母乳？／或是因为／绑着腿难受？／我却不敢破这个规矩。／／刚要打盹／哭声！／才拿起书要看／哭声！／哭声！哭声！哭声！／……／莫不是／有人在放射线刺激她？／／只有凌晨／才有短暂的宁静／抓住这宝贵的战机／跑下楼梯跑出院门跑过马路／跑出一站地／跑向取奶站。／／黑影晃动／排着两队／左边队短／右边队长／我站到了左边。／／右边灯亮了／左边的人都跑向右边／我也跑过去／一张卡取一瓶奶／这是我闺女的命。／／奶烫了她哭／奶凉了她也哭／奶嘴窟窿大了她哭／孔小了她也哭／这一回／是无缘无故地哭／准是有射线！／我抱起她／满楼道里转。／／一个魔鬼尖叫着／大画家／怎么让这小东西制住了？／扔了得啦！／／天使赶紧说／牧羊人／怎能扔掉春天的羊羔？／何况她是人／是你的亲骨肉！／／是这话／滋润了／我干裂的心／挽救了／这弱小的生命。／镜子里有个人／镜子里是个鬼／头发像鸡窝／满脸胡子茬／眯着血红的眼／清晰的血丝／越变越模糊／怎么变成了仨脑袋？／／魔鬼抱着个孩子／那是我的孩子／孩子／爸爸多希望／你能快点长大呀！”

工笔重彩画《摔跤手之歌》参加新中国成立三十五周年全国美展，并获北京地区美术甲等奖，此作品由北京美协收藏。

2025 年 5 月，北京文联举办"为人民而歌"展览展出了杨刚此作。

杨刚的中央美院附中同学李之栋先生说："一次去大栅栏偶遇了董石良先生，董先生很早就在荣宝斋挂单，是有名的书法家，我很早就知道他。董先生知道我是中央美院附中的毕业生，于是问我认识不认识杨刚。谈起杨刚时，董先生充满了自豪，说他在内蒙古工作如何不容易，如何难能可贵，一直坚持画画。"

《连环画报》负责同志找到杨刚，希望他以工笔重彩形式绘制内蒙古题材《妈妈湖的传说》。杨刚稍作考虑后欣然接受此创作任务，潜心数月画出 25 幅工笔重彩，《连环画报》1984 年第 2 期刊发。《妈妈湖的传说》编者是刘一兵先生。刘一兵说："一定要感谢杨刚老师，他画的作品每一幅都格外精彩，都能单独成为一张很好的绘画精品。可惜的是我从来没有见过他。"

1984 年，杨刚三十八岁。

《妈妈湖的传说》25 幅，发表于 1984 年第 2 期《连环画报》。

创作《中华人物故事全书》古代部分第 2 集，吴起相关共 22 幅插图，（中国少年儿童出版社，1985 年）。插图是水墨画，但印刷成书，印刷质量又不甚好，原作精髓稍稍失之，然大体尚能见，体现了杨刚水墨画转型初期的风格特征。

闫振铎先生说："20 世纪 80 年代初，杨刚从中央美院毕业，没有留在美院，不是不具备条件，而是觉得北京画院适合他，他可以在这里提高、创造，能够实现他的美术理想。杨刚到画院工作时，美术市场已经起来了，有的人一下子在市场中迷失了，杨刚虽然不是完全不关注市场，但他没有把市场看得非常重。"

1985 年，杨刚三十九岁。

完成了《长河落日》《牧马人》《打排球》《乐队指挥》《摔跤手》《海之舞》《一岁女儿造像》等水墨大写意作品。

杨刚出现幻听等情况，之后被确诊为精神分裂症住院治疗。王颖生先生说，他来探望杨刚，发现冰箱上画着耳朵，杨刚告诉他这是隔墙有耳的意思。1995 年，杨刚作诗《精神病》记录了当时的情形："附中的对立面／老没结没完／内蒙古的反对者／老纠缠不休／准是为了运动中的事儿／科格勃／安全局／整天跟踪／小脚侦缉队／成天盯梢／就跟盯特务似的／那个骑车的／一看就不是什么好鸟儿／朝这儿吐唾沫／以牙还牙／也吐他一口／一上商店买东西／准有人在前头捣鬼／加快脚步冲进商店／售货员板着脸／没货！／看来捣鬼的人又抢先了一步／夜里／走小胡同／又有人跟踪／左转，他也左转／右拐，他也右拐／索性调头往回走／看你咋办／前边又来一个堵截／朝他身上撞，看谁怕谁／不知是谁／给屋里安了监听监视／一举一动／他们都一清二楚／刚画一笔／就恶意嘲笑／画的什么呀？不怎么样／爱人／也是他们派来的／做饭／故意搁好些醋／早看出来啦／跟她大打一架／说来也怪／她居然还敢一块儿睡觉／这不成色情间谍了吗／楼上／有人放射线／刺激孩子／不让好好睡觉／只好抱着她满楼道跑／这才不哭／有本事冲大人来／干吗给孩子使坏／游泳也有人捣乱／才游五十米／就放射线／叫人没劲儿／新买的冰箱／肯定装了窃听窃视／拿刀子给它刻上／耳目／为了不让客人上当／在墙上／用毛笔写上／请注意／这屋有窃听器／表弟怎么来了／妹妹也来了／非叫上车／还有爱人／汽车开进个医院／大夫假装看了看／能有啥病／进了一个门／家里人都走了／怎么就剩下我一个／不！／我要出去／一怒之下／玻璃窗砸了个大洞／几个狗腿子上来按住／捆在床上／只见红红的血／从手上流出来／是玻璃刺的／大夫包扎好了／很舒服／也不能动／也不能翻身／难受死了／拼命喊／没人理／求护士／她说做不了主／这一夜／真长／天亮了，解放了／也不敢再发怒了／护士让吃那么多药／说／不吃就捆，捆上灌／真可怕／让吃就吃吧／不知过了多少天／这里很安全／想了很多事／这里有时间想事／问问大夫／现代科学真有／能刺激孩子的射线吗／大夫笑了，说／你有希望了。"

卢沉、周思聪老师赴医院探望杨刚。杨刚《良师益友卢沉先生》记录："85年我住院治疗，住院生活使我很苦闷。有一天，探视时间到了，我像往常一样守在窗口朝楼下张望。不一会儿小董来了，跟她同来的还有一男一女。我马上认出那是卢、周二位老师，不由得心里怦怦直跳。由于药物原因，我当时浑身浮肿反应迟钝两臂僵硬颤抖脖子转动不灵。他们见我这种状况都很吃惊，就关切地询问我的病情。临走时，从他们的眼神里我看到的是深深的惋惜。"

杨刚说："在病房里看到《人民日报》发表的画院展讯，介绍作品中就有那幅新作《长河落日》。某天一个护士忽拿着一张《人民日报》找他问，这是你吗，竟然上《人民日报》了，嗨，就这么两笔啊。"《长河落日》是杨刚水墨大写意实验早期的代表作品。可惜杨刚未存留这份报纸，而且这幅作品发表的具体时间业已忘记。笔者托人民日报社朋友查找，查到1976年至2005年杨刚共在《人民日报》发表6幅作品：1976年《到政治夜校去》（工笔），1999年《饮马黄昏》（水墨），2001年《夜马群》（水墨），2001年《金牧场》（油画），2003年《琼岛》（水墨），2005年《风从大洋来》（水墨）。

10月，加入东方美术交流学会。

1999年，杨刚在《杨刚美术创作小结》中写道："1979年到1985年，先是在内蒙古受到以包世学等锡林郭勒盟草原工笔画派影响。之后，又有幸来到中央美院国画系，在'文革'后第一期研究生班中进一步深造，于是就出现了六年多的工笔重彩热。其主要特点是摒弃了以往简单为政治服务的创作思想，开始表现平凡中的人性与各种文化情结。艺术语言是在传统的基础上追求创新，并吸收了印象派油画和日本画的某些因素。内容以风俗画、历史画与神话传说为主，除了草原题材外，还出现了城市题材。后期作品注重意象变形。这个阶段是我学习中国画的第一步——蹲苗时期。"

1986 年，杨刚四十岁。

杨刚病情慢慢好转。杨刚在《跑范》中写道："妻子和孩子是我选择生存的重要因素；搬到画院新址后，同事们也不拿我当病人，一帮哥们儿还时常在一起胡吹瞎侃寻开心。这些都起到了排除我心中块垒的作用。还有音乐，在心情不好时，她总是我最贴心的朋友。药量从十几片减到七八片、五六片……于是我又开始画画了。"

春天出院，始之杨刚住在父母家。杨刚在《跑范》中记录："这是 1986 年的春天，安定医院病房后的空场上阳光明媚，身穿蓝白条病服的男女老少们正在放风。他们认真地沿着走过无数次的圆形轨迹，操着各种噪音唱着歌朝前走。一声哨子响，人们赶忙列队，跟着大喇叭放出的音乐做起了广播操。根据每个人动作的生硬程度，你能看出他或她病情的轻重及服药量的大小。自由活动了，空场上有闲聊的、摔跤的、打球的、发愣的、讲演的……偶尔有人打起架来，白衣天使们飞快地跑过去，一面拉架一面大声训斥，被拉开的人也大声跟他们评理……我在深绿色长椅上找了个空位子坐下，在邓丽君、李玲玉的歌声中晒着太阳，那又甜又软的歌声，像猫一样舔着我心灵的伤。浑身从里到外都松透了，连骨头都酥了。大夫告诉我，住院服药治疗虽然缓解了紧张，但精神却被完全打散，不可能很快恢复到正常状态，我得像小孩一样重新长大一回。到了最后那些天，牙关也松了，我甚至不能吃像馒头那样软的食物，每顿饭就只能吃流食，还整天拉稀，夜里失眠……终于假释了。当妻子和妹妹接我出院时，虽然很高兴，我却不会笑。在医院老想回家，可刚回家几天就又想回医院，因为生活难以自理，对外面的环境也不适应了，于是又回到医院。最后大家决定先把我放在父母那儿，因为他们退休不上班，可以照顾我并监督我吃药。在父母家也不知住了多久，稍微好点了，父亲就把我轰回自己家，为的是让我锻炼自理能力。就这样，我又回到了自己的三口之家，开始了漫长的身心恢复期。那时的我，无论到哪儿，都像个多余的人，眼前这个世界好像跟我没什么关系。妻子托人找了位老中医，经他调理，拉稀倒是好了，可晚上睡觉两腿老是不由自主地抽动，一抽就醒，醒了就半天睡不着。牙倒是能吃东西了，可不管吃什么好饭好菜，嘴里都没滋味。整天除了睡懒觉，就老想不停地走动，一停下，腿就抽，心里还没着没落地发空。眼睛特怕光，夜晚街上的灯光都能让我眼花缭乱。漫无目的地在街上走着、走着……刺眼的阳光晃得我眯起了眼睛，两臂不知为什么那么沉，就像打上了石膏。我开始留心观察，看哪辆汽车的载重量足以一下子把人轧死……"

　　杨刚在访谈中谈及出院后的状态："出了医院我还不是完

全明白，还定期去医院，到大夫那儿去心理咨询，开药，一直坚持吃药。我自己都相信了自己是精神病。还汇报。当时给的判断是，你之所以写这个，画那个，都是因为你有妄想症，妄听，妄视。每次汇报都会说我又妄视了什么、妄听了什么，然后就还得吃药。最后这大夫烦了，给说漏了，哈哈……大夫说：你甭理他们不就行了！后来就不吃药了，一直到现在，几十年没吃药。"

当时，杨刚全身虚弱臃肿，神思恍惚，双臂不能靠紧躯干，双手颤抖不止，坐无定力，身不由己地想原地来回走动。从此身心状态一度出现了严重的艺术跑范儿现象，直到90年代初方才重新得以恢复，此间的画作多为劣作。

关于杨刚生病的原因，笔者曾和杨刚做过交流。主要原因有二。一是1986年杨刚出现幻听等症状，入院治疗，久久方恢复，病情对其创作产生了非常不良的影响。二是80年代中后期，杨刚的艺术创作激烈的变革，具体而言是由工笔向大写意的转变时期。1978年，杨刚考入中央美院，成为"文革"后美院第一届研究生，当时所学为工笔，其毕业创作《迎亲图》是其工笔的代表作。1981年，杨刚入北京画院工作，80年代中期转向水墨创作。工笔的精微与水墨大写意的奔放一时或难兼容，长年的西画训练与中国笔墨短时难以融会贯通，书法创作尚处于摸索时期，再加之病情影响，于是出现"跑范"。不知是因变革一时未能找到出路引发了杨刚巨大焦虑，抑或焦虑影响了杨刚的变革，或二者交互作用，使杨刚昔年陷入了精神上的巨大困境，于是生病。

十幅水墨小品参加中国美术馆《古今风情》十五人画展。参展者还有聂鸥、贾浩义、龙瑞、石虎、石齐等人。

谈到自己对艺术为市场服务的看法和自己的经历。杨刚在《求索自由之路——杨刚访谈录》中说："原来不是为政治服务吗？就都比着，就连军队评五好，最后比急了还动刺刀，那时候是为政治服务。'文革'结束以后，一下子又变成为市场服务了，艺术家也要进入市场。一开始否定了'文艺为政治服务'，是一个解放，八十年代非常活跃，那时候要回到艺术本体了。但是很快就进入了新的妄想。完全为市场服务的艺术也不是本真，是一种妄想。当时很快大家都进入了，我也进入了。当时就是人家给我做这种开窍，这对艺术有促进的方面，比如著作权等。绘画和书法没有著作权，只有作品使用权，但是它也有市场，以后你的心情就好，你容易画画就更认真，这是它积极的一面，但是有些不明白的人，把这个东西发展到极端以后，最后变成了社会风气，就是好多报美院学画的人是为了发财，好多收藏画的人是为了升值。这就成了妄想了，妄想就不是本真的。本真应该是，你收藏画是因为喜欢，有条件来换，因为爱好。画画应该是对艺术的追求，现在有人愿意出钱，是对我的鼓励，这是本真。但当这个变成了妄想，就变成了画画就是为了赚钱。我也经过了这个过程，后来慢慢地解脱出来了。"

赠画给刘潞女士。刘潞在《徜徉于杨刚的自由长旅》中说：

"1986年，我去美国探望在佛蒙特州明德大学中文暑期学校任教的先生。行前先生来信说，周校长希望我能带几幅中国画赠学校。我在荣宝斋买了三幅，又请院里美工组的同事画了幅工笔山水，并跟小董说，可否请杨刚给画几幅，我带到美国送明德大学。杨刚欣然慨允，没过两天小董就交给了我，均是以马为主的水墨写意图。这些画带到明德大学后，他们仅收下了杨刚的作品。从此，杨刚的水墨写意画便给我留下深刻印象，总感觉酣畅、豪放。"

1987年，杨刚四十一岁。

9月，与画家贾浩义赴新疆乌鲁木齐、喀什、吐鲁番等地采风，参观克孜尔千佛洞和高昌古城。此次新疆之行，有助于杨刚绘画状态的恢复，启动了他将近十年之久的身心恢复期。老甲在《我的速写》里写道："1987年，与同事杨刚赴新疆喀什、库车等地写生。"今有当时杨刚所拍照片，摄于高昌古城遗址中。照片中的杨刚稍胖，或因长途跋涉、气温炎热，须发颇乱，精神不够飞扬。笔者还记得杨刚采风回家时，满脸胡须、头发鬈曲，与照片中的状态类似。

和北岛住上下楼，有颇多交往。笔者记得，有次在田田（北岛女儿）家，北岛为我们播放一盘他从美国带回来的录像带，那是一部Disney演绎古典音乐的动画片，其中有米老鼠、小飞象等动画形象，配乐是穆索尔斯基《荒山之夜》、维瓦尔第《四季》、杜卡《小巫师》等。一回到家，笔者就向杨刚提起了这部"有米老鼠扮小巫师的好看动画片"。让笔者惊喜的是，没过多久，杨刚就托人捎回一盘一样的录像带，不时在家中"重播"，并给笔者讲解片中的古典音乐名曲。邵飞阿姨是杨刚的同事，是绘画道路上互相砥砺的好友。北岛和杨刚都是欧洲古典乐"发烧友"，因此经常互相交换唱片，交流爱乐心得，也不时讨论文学和美术问题。那时候，杨刚喊北岛为振开。笔者很久之后才知道，振开叔叔原来就是北岛。

是年，瑞士巴塞尔博览会展出杨刚 10 幅中国画，中国图书进出口公司主办。

1988 年，杨刚四十二岁。

部分焦墨大写意作品参加瑞士巴塞尔艺术博览会。

是年，香港方毓仁先生通过香港林洪道的北京画廊购得杨刚十余幅作品。方毓仁和吴冠中先生的儿子吴可雨是同事，通过吴可雨认识了吴冠中先生。方毓仁赴香港后，和吴冠中保持了密切联系。吴冠中认方毓仁先生的太太为干女儿。

1989 年，杨刚四十三岁。

3 月 14 日，刘凌沧先生辞世，杨刚极为伤心。刘凌沧先生的女儿郭蔼君说："我父母都是画家，他们在世的时候，门庭若市，父亲去世了，来的人少了很多。但是春节一定来探望我母亲的是两家人，一个是我父亲的学生、美院的教授胡勃先生和爱人陈瑞芳。另一家就是董正贺和杨刚先生。每到春节，我妈妈准是把房间收拾好，摆好了吃的，嘱咐小阿姨烙饼或者是和好面等着做抻面吃。每次他们对我母亲指导做的饭都赞不绝口，吃得津津有味。每年初二，董先生开车、杨先生坐车就来了，每次都带来补品或营养品。杨刚先生一定带来他的视频作品，内容是在内蒙古大草原参加那达慕大会或者在全国各地讲学，或者是在德国办画展的视频。有一次，带来了一盘他速写的作品。我看完，佩服得五体投地。作品线条刚劲、流利，人物刻画生动入微。杨刚先生是北京画院的画家，董正贺先生是故宫博物院的书法家。我父母是他俩结婚的证婚人。杨刚先生不爱说话，但是说起他的作品也是滔滔不绝。我父亲不在了，关于画论说得少了。最多的还是谈论他们去内蒙古大草原旅游的见闻，边放他拍的片子，边做讲解。"

杨刚陪董正贺和杨肖到内蒙古草原故地重游。董正贺在《杨刚和他的画》中写道："前些年杨刚曾与卢沉老师两次结伴赴内蒙古写生。今年初他即开始动员我，让我与他同去内蒙古，这真是我无论如何也不情愿的事情。我在那里劳动了五年，脸朝黄土背朝天，早就立下誓言，一辈子也不去内蒙古了。可孩子也吵着要去，只好违心地同去了。一路上汽车颠簸实在让人难受，我牢骚满腹。可是杨刚脸上却是一副高兴的样子，他在品味着离开内蒙古十年间，这里发生的变化。他时而看着车外不太茂盛的草，忧心忡忡地说：'这一带旱了。'时而指着远方的羊群、马群给孩子描述着什么。当来到那达慕大会场时，他对那里的一切是那么熟悉，融洽地和旧时的朋友、熟人招呼着。我忽然发现，这不是他笔下的摔跤手吗？这不是赛马少年吗？傍晚，我看到的是一望无际的草原，又红又大的太阳离我们很近很近，纯蓝的天空格外清澈，不远的地方，一个又一个蒙古包不规则地排列着，不时传来浑厚深沉的阵阵歌声，他和孩子忘情地在草地上打滚，陶醉在大自然中。我忽然悟到，这是多么和谐。难怪杨刚常说，他不大习惯城市生活，感觉闷，放不开，他喜欢空间，向往草原。在锡林郭勒盟，我见到了曾与他在一起生活、创作的老师和同伴。杨刚兴致勃勃地为朋友们作了一幅幅画，好像在接受他们的考试。我忘不掉蒙古族画家包世学先生拍着杨刚的肩膀自豪地说：'杨刚还是我们的，是我们蒙古草原的画家。'"

引导杨肖弹钢琴，听音乐。董正贺在《杨刚和他的画》文中写道："我们的孩子四岁开始学习钢琴，至今已有一年多了，有时我看到孩子在练习中出现畏难情绪，常常觉得孩子小，劝他不必太严格。他却认真地说，我并没有希望她成为钢琴家，而是要培养她的学习态度，无论做什么，要有始有终，要努力做好。他时而为孩子分析作品，时而讲讲故事。现在孩子已经自觉地练习了，父女常常安静地在一起欣赏一些曲子。他还引导孩子喜欢戏曲，杨刚曾画出《戏曲人物》小品，孩子也画出了电视里播放的戏剧节目的速写。"

创作成吉思汗组画，但被摄影家鲍乃镛拿走。多年后，杨刚欲修改而不得。笔者曾多方打听此作下落，后来听说鲍乃镛生病做手术，家人将此画卖掉，现在不知藏于何处。杨刚在《就是这样走来的——杨刚访谈》中说："我80年代画了一套成吉思汗组画，当时被包头的一个摄影家收藏了，现在人也去世了，画我也要不回来了，我特想把这幅画改改，或者重画。当时就是缺少历史的考证，比如那个时代的道具、发型现在看来都存在好多问题。我当时是看了一本苏联人写的关于成吉思汗小说，里面有些插图，然后画了一套组画，实际上当时对蒙元文化了解不是很深。"

是年，方毓仁与香港最大的画廊万玉堂合作，举办"吴冠中——万紫千红"销售展。方毓仁先生在《你不知道的吴冠中——专访方毓仁》中说："巴闭啦（厉害之意）！大家清晨5点就开始排队、拿筹号。7点开幕时，人山人海。万玉堂老板拿出了一个钟，敲打一下，要清场。那时有几个藏家很愤怒，说：'没有筹号就不能买画？没听过！'当场就撕破筹号，拂袖而去。有一幅吴冠中的画叫《仿宋人花篮》，据闻有位大收藏家，指名道姓要买。他得悉画作已被排在前面的罗启妍（香港著名珠宝设计师）姐妹买下之后，也当场撕破筹号。"

对于中国内地而言，此展具有划时代的意义，因为这是第一次销售展，之后美术市场化逐渐开始。展览结束后，方毓仁将所购杨刚的十几幅作品给吴冠中先生看。吴冠中先生看后非常喜欢，说"中国水墨画，数五个有杨刚"，停顿一会儿又说，"数三个也有杨刚"。当时，除方毓仁外，吴冠中先生的长子吴可雨亦在场。听到吴冠中如此评价杨刚，方毓仁由此希望结识杨刚。

1990 年，杨刚四十四岁。

3 月，在香港艺术中心包兆龙画廊举办"杨刚、董正贺书画展"，但杨刚参展作品多为那些年的劣作。展览名称由朱乃正先生题写。

5 月，杨刚举办书画义卖。

5 月，王非来从学。据王非先生说，当时学潮甫过，氛围紧张，北京画院管理也非常严格。北京画院不是美院，所以采取师傅带徒弟的方式，当时学生吃住在画院，隔半个月找一次杨刚老师看画。杨刚一般不干预学生的创作，以鼓励为主，希望他们各自发挥特长和禀赋，继续努力。

7 月，应泰国朋友邀请，参与一个画家代表团赴泰国，出席中泰合资《画传》首发式，到曼谷、芭提雅等地观光采风。

8 月 16 日—25 日，在中央美院附中举办杨刚近作展，展出 53 幅中国画作品。展签由卢沉先生题写。主办单位为北京画院和东方美术交流学会。

在中央美院附中举办"汲古汲新——杨刚画展"。李立祥先生说："1990 年，杨刚在中央美院附中展览馆举办了'汲古汲新——杨刚画展'，我去那天杨刚正在展览馆，他就画论画，那次展览以四尺斗方为主，多为草原内容。作品中透着天地间苍苍莽莽的格调。好像是那次或者不久，他送我一册新出的《汲古汲新——杨刚画集》。"

山东林兵来从学。杨刚在《温润清雅见率真——品林兵近期彩墨花鸟》中写道："林兵初来画室，英姿勃勃、儒雅翩翩，虽绘事尚显稚嫩，却谦和好学。喜与我坐而论道，却不盲从一家画路，而广收诸家有益之气，修炼羽翼而不舍，终成自家面目。"

今日中国出版社出版《杨刚速写》画集，卢沉先生作序。

方毓仁赴北京画院，访闫振铎先生。当时杨刚和闫振铎都住在北京画院宿舍。在北京画院，方毓仁偶遇杨刚，主动上前自我介绍，并说喜欢杨刚的作品。由此，二人相识，开始了长达十数年的合作。

据董正贺回忆，杨刚没有什么奢侈品，但有一套特别好的音响，他非常喜欢听各种音乐会。1990 年，他要一张碟片，去外文书店买要好几百块钱，她的同事说买一张盗版碟才十几块，买回来后，杨刚说不能要盗版碟片，一方面是不尊重音乐，另一方面盗版碟不能将音乐的微妙处表现出来。

1991 年，杨刚四十五岁。

是年，昔日一起在内蒙古插队的朋友们开始串营子。据李立祥、孙志钧先生说，格日图、金融、李立祥等陆续从锡林浩特返回北京。于是，昔年一起插队的朋友们春节期间会聚在一起。后来，经杨刚提议，每年初五成为他们串营子的固定时间。人员有杨刚、董正贺、孙志钧、李立祥、陈继群、王铁民、格日图、金融等，这就是"曾经草原"画家的基本成员，初五的串营子就成了"曾经草原"画家的年度聚会。具体时间一般是上午十点左右开始，下午三四点结束。后来，巩海军也专门开车从锡林浩特赶来参加。每年大家轮流做主人。今年在杨刚家，明年则在孙志钧家，后年则在李立祥家，大后年则在陈继群家，一起吃蒙古餐、忆往事、论艺术。杨刚喜欢拍照，每年串营子会拍下很多照片。当时尚没有微信，杨刚会将照片刻成光盘，第二年春节见面时分发给大家。每年春节，杨刚或做一些贺年片，或画一些生肖画，串营子时会分赠给朋友们。

广军来访，杨肖画了一张广军肖像。之后杨刚模仿杨肖作品，题款"仿杨肖画人物辛未杨刚"。2023 年，陈明桂先生将此作转给了广军先生。广军先生回复道："不知还有这个？杨刚那个时候迷上儿童画是有他自己的考虑的，或者说画家到了成熟期都会对儿童画感兴趣，马蒂斯就希望能用儿童的眼光看世界。儿童画对杨刚的影响是明显的，他是在纯净自己，也因此标示他最后要脱俗超凡。难得的一个明白人，时不时会想到他。"

四川人民美术出版社出版《中国当代美术家》系列画传，其中有《杨刚画传》。该画册收藏的水墨画多为那些年的劣作。杨刚在《跑范》中记录："四川人民美术出版社要出《中国当代美术家》系列画传，向我约稿，我把当时认为不错的'黑色三年'作品也拍成片子给了他们。一位旅居香港的老师想帮我在香港举办个人画展，我又糊里糊涂地将 80 幅黑色三年劣作卖给了人家！"

北京当代美术馆（原中央美院附中陈列室）举办"杨刚近作展"。

是年，始习《铁山摩崖刻石》之《石颂》，逐渐进入了真正的书法状态，也带动了水墨状态的恢复。杨刚在《深沉之美——论董正贺的书法》一文中说："我虽然从小涉猎水墨，字却是老写不好。正当所有老师都对我的习书不抱希望时，我却在中年忽然开窍了。除去其他原因之外，家人董老师的影响是个重要的成因。"唐吟方先生《雀巢语屑》记载："杨刚，北京画院画师，以写草原人物蜚声画坛。夫人董正贺，当代女书家，专治楷则，近年转师四山刻经书，颇得其意。杨受夫人启示，亦爱刻经书，于绘事间歇，偶一仿之，犹如神助。夫人见之，自叹不如。"

是年，杨刚和董正贺带着他们分别写的字去看望卢沉老师和周思聪老师。周老师指着其中一些作品说："小董的书法最近进步真大啊。"其实那是杨刚的临习和创作。

杨刚家中被盗，损失合人民币数万元。

香港一画廊举办"汲古汲新——杨刚画展"。香港大业公司出版《汲古汲新——杨刚画集》。方毓仁的一画廊和一位英国律师 Shaun Kelly 合作，主要目标客户是英国人。杨刚在香港的第一次展览就非常成功，很多人喜欢杨刚的草原题材、音乐题材、马等作品，有一位英国的律师一次买了十张。之后，方毓仁和 Shaun Kelly 分道扬镳。因为杨刚的作品在香港受众很广，所以 Shaun Kelly 又到北京，通过李小可可创艺苑购得杨刚十几幅作品。

随叶浅予师生行路团登泰山。1990 年，叶浅予先生的学生们原拟在浙江举办一次"叶浅予先生研讨会"。据徐启雄先生说，研讨会前三天，叶浅予先生觉得研讨会的方式不理想，一哄而聚，一哄而散，劳民伤财，又浪费时间，建议改成"叶浅予先生艺术行路团"①。关于"叶浅予先生艺术行路团"的定位，叶浅予先生说："组织一个行路团，借旅行之机，而深入生活，而探讨艺术，进一步在创作实践上互相促进。""行路团的名称好，既避免了公式化，又可以继续不断地坚持下去，成为一个组织松散、行动灵活的艺术团体。"② 第一届是 1990 年，走了西湖、天目山、富春江、千岛湖，开了几次座谈会。第二届是 1991 年，即杨刚参加的这次。此行走了泰安、曲阜、济南、淄博等地。单应桂先生记录了此行的日程：8 月 15 日报到，住泰安华侨大厦。16 日上午，参观岱庙和画像石；下午参观普照寺。17 日，在泰山中天门一带写生。18 日，登泰山。19 日、20 日，学术研讨会。22 日，参观滕州汉画像石博物馆。23 日，

---

① 徐启雄：《叶浅予先生艺术行路团的缘起及 90 吴越行》，《行行重行行》，太白文艺出版社，1997 年，第 9 页。
② 同上，第 5 页。

参观泰山经石峪北齐石刻。24日，自由活动。25日，参观泰山石文化展览馆，赴济南途中到灵岩寺参观宋塑，晚宿济南山工大培训中心。26日，上午参观趵突泉，下午游览大明湖。27日，参观蒲松龄故居。28日，参观博山瓷厂。29日，学术研讨。30日返程。此行由单应桂张罗安排，参与者有叶明明、姚有多、刘大为、胡勃、杨刚、蒋采苹、马振声等。此次叶浅予先生发表讲话，希望大家不要被市场绑架，要向中国传统学习等问题。

11月20日—30日，"叶浅予师生展"在中央美术学院陈列馆举行。"叶浅予师生展"影响极大，当年中国美协年度报告称"叶浅予师生展是当年优秀画展之一"。12月23日，在燕京饭店召开叶浅予师生展学术研讨会。

12月下旬，叶浅予先生师生一行赴大葆台西汉墓博物馆参观。

是年，为同学武晋安评职称写推荐信。

1992年，杨刚四十六岁。

1月11日—16日，当代美术馆举办杨刚展览，主办单位为北京画院与东方美术交流学会。

4月，王玉崑来归还1972年所借速写。王玉崑先生说，他去水碓子附近的游乐宫画布景，此地近北京画院。他当时已知杨刚在北京画院工作，于是回家找到1972年所借杨刚的速写，又专程赶到北京画院，归还了这些作品。杨刚看到这几幅作于

1972 年的速写非常高兴，笑容溢于言表。2023 年 10 月，王玉崑先生整理旧物，又发现两幅杨刚的速写，是 1972 年所借但 1992 年忘记归还者，于是又联系了笔者，奉还了两幅速写。

河南黄河书画院成立，邀请杨刚为顾问。杨刚赴河南，参加其活动。在郑州又见到了王颖生。王颖生说："我大学毕业后参加河南省黄河书画院在郑州的活动，马国强老师代表河南邀请了北京画院杨刚老师及其他名家，与河南地方画家共同研讨。再次见到杨刚老师，我按捺住内心的激动，拿出了自己的几张工笔画和照片，没想到得到杨刚老师的认可。我说到前次的拜见与感谢，杨老师一脸茫然，他说不记得了，就画论画才记得住人。"杨刚说："看完那些照片，我就再也忘不了他了，照片多是表现城市生活的工笔画，其中有不少是描写学生或艺术家日常生活的，把这类内容画得那么有味，在那时还不多见。"活动结束后，画家韩学中陪杨刚去少林寺、白马寺、龙门石窟、宋陵遗址等地采风。

和老甲交流大写意问题。杨刚在《新大写意》中写道："有一回跟老甲聊天儿，拿毕加索与马蒂斯的笔道作比较，老甲说他更喜欢老毕的，因为多方笔。这让我想起了'呵圆吟方'这句话。"李立祥先生说，杨刚某次曾和他说，"老甲和我是互补，他的画我汲取了一些东西，我的画他也受一些启发"。此对话难以确定具体时间，姑缀于此。

李立祥来访。李立祥先生说："20 世纪 90 年代初的一日，我带女儿到他在画院的画室，他说有的大写意作品不可重复，顺手指了一下墙上悬挂的一幅骑马的牧人说:'比如这幅。'我看到这幅作品浑然苍莽,感觉多一笔或者少一笔都不行,他找到了艺术本质,有深度和笔墨语言的张力。从作品中我看出了他有着欲罢不能、喷薄欲出的创作激情。"

是年,杨刚水墨画《琴声》参加中国美术馆举办的北京画院画展。

1999年,杨刚在《杨刚美术创作小结》中写道:"从1982到1992年,是从工笔重彩向水墨写意的过渡阶段,这种过渡得益于北京的文化环境和画院水墨高手云集的艺术氛围。先是从临摹古人绘画和研习书法入手,结合着以笔墨临摹生活速写。继而小写意,然后大写意,还尝试过稚拙和写实等各种水墨画风。题材内容广泛,艺术观念不断更新。主要代表作品有《春之晨》《都市小女》《长河落日》《琴声》《风雨马群》等。1986、1987、1988三年,因身心状况异常,绘画状态出现'跑范'。我称之为艺术创作的'黑色三年',直到90年代中期才基本恢复。从90年代开始,我尝试作'张力与表现'的水墨实验,用传统的工具和材料,创造非传统的画面。西方表现主义的油画和中国水墨的写意精神本来就是相通的,这也是我所喜爱的艺术语言。又得益于现代书法(特别是'书法主义')的启发,这种现代水墨就应运而生了。其题材内容广泛,具象抽象相融。保持在宏观理性控制下的非理性作画状态,表现内在精神的需要,也时常从新的视角重新关注人文精神文化符号与生存环境等问题。"

1993 年，杨刚四十七岁。

北京当代美术馆举办"杨刚、王非画展"。王镛先生题签。据王非先生说，当时他回家创作了一卷画，主要题材是神话故事和农村题材作品，表现方式是彩墨，带回来给杨刚老师看。杨刚老师觉得很好，其中有民间性，蕴含着原始的冲动，于是建议王非自己办一个个展。但王非当时尚是素人，不知如何操办。杨刚又建议和他一起举办一次"杨刚、王非画展"。此次展览杨刚展出的主要是儿童画和涂鸦式画作，很多是仿杨肖的作品，也画了一些杨肖的肖像，计 27 幅作品。陈平、田黎明、邵飞、李老十等来观展，给予了较高的评价。《人民日报》刊发展览相关消息。

香港一画廊举办"汲古汲新——杨刚画展"，展出杨刚 53 幅水墨作品。

中国美术馆举办"传统与现代——六人画展"，作者还有画院的张仁芝、赵成民等人。此次展览展出杨刚 12 幅水墨作品，包含水墨画《人体》系列、《众》系列等。杨刚在《尝试新的可能性》中说："我大规模地搞表现性水墨是从 1993 年开始的。那年，我在'传统与现代——六人画展'上展出了《人体》系列和《众》系列，体现了从重描写到重表现的过渡。"

身体逐渐恢复，创作状态逐渐恢复。杨刚在《跑范》中记录："90 年代是我身心得以全面恢复的时期，之所以能这样，除了家庭稳定、异地治疗等因素以外，与 1993 年开始的表现性水墨创作状态也有很大关系。这种既松弛又专注、大静大动的创作过程，很像中国传统的气功。"

尝试儿童画。刘学惟先生说："很多年前到他的画室，看到他的画，我记得问杨老师，现在在创作些什么。他说现在正在研究稚拙画派，当时他画室里画了很多这种题材，包括世界范围之内很多画家的作品，非常丰富。"90年代初，杨刚经历了一段儿童画时期。刘学惟所记忆者，约在此时，姑缀于此。

1994年，杨刚四十八岁。

4月—5月偕同妻子，受高居翰先生邀请到美国伯克利、哈佛、桑塔可茹斯艺术学校讲学，介绍中国书法和当代中国画。杨刚在美国讲《当代中国绘画》[①]，全面介绍了中国当时的美术创作情况。

在美国东西部旅游考察采风，会见亲友、同学，拜访袁运生、徐冰等艺术家。当时徐冰他们在美国的境况并不好，住在地下室。

杨刚在《寿比胡同7号》文中写道："1994年我和妻子去旧金山，表哥、表嫂来机场接我们，他边开车边风趣地说，'三娃小时候我尽欺负他，他一哭，我就大喊别哭！大伙听了直乐'。"

---

① 参见杨刚:《心远集》，东方出版中心，2022年。

杨刚在《圆了美国梦》文中写道："这次在美国，我和小董共在三所大学讲了课，我是利用幻灯片介绍当代中国画，她讲的是中国书法。加州大学伯克利分校听课的都是学东方美术史的学生，由于他们对中国书法抱有神秘感。小董又是连说带练，他们很感兴趣，又要求她加讲了两次。哈佛大学听课的不多，人员也比较杂，效果并不理想。比较好的是桑塔可茹斯艺术学校，听众都是学艺术的。我吸取了小董的经验，放完幻灯又用宣纸跟学生一块儿画起了人体写生，还画了一幅四尺整张的水墨《大象》，又通过翻译跟学生进行了艺术思想的交流。讲学时间并不多，我们在美国的大部分时间是旅游。让亲戚朋友老同学们惊奇的是，我和小董几乎连一句英语都不懂，却在短短两个月里去了旧金山、洛杉矶、西雅图、斯布堪、华盛顿、纽约、波士顿等诸多大城市以及乌兹达克、大峡谷、尼亚加拉瀑布、拉斯维加斯、鬼城、优山美地、桑塔可茹斯、米尔吾德、拿巴等许多有名的小城和风景区，比他们定居美国多年的人去的地方还多！……快回国了，邀请人高居翰夫妇带我们到一个叫国王角的太平洋海滨聚会。我们在涛声阵阵、空旷无人的沙滩上野餐，用捡来的海带梗跳绳，玩累了就躺在太阳下睡大觉……晚上，我们来到高居翰教授一位学生的海边别墅，捡来些松枝点着了壁炉，一台老式电唱机唱着一首美国老歌，我们在幽暗的灯光下吃着刚从养殖场买来的海蛎子。"

　　在旧金山看到卢沉、周思聪先生的作品。杨刚在《良师益友卢沉先生》中写道："后来我和小董在旧金山一座海滨别墅里看到卢老师、周老师在那里客居时画的瓷盘，心中顿时涌上一股暖流，感到很亲切。"

在波士顿，见到中央美院附中同学。杨刚在《抄家》中写道："二十八年后，一个明媚的春天，我和妻子一起去美国讲学，在波士顿见到那位曾高喊'美院稀烂了'的同学。人完全变了，他已在那里定居，一家三口过得很幸福，待人非常热情。"

在华盛顿见到杨刚发小封楚方。杨刚在《发小封楚方》中记录："直到1994年，我和妻子去美国讲学，在华盛顿又见到了他。也许那是他恢复最好的一段，看上去并不像同学们说的那么严重。听说我来了，他特高兴。我们一起参观博物馆，一起畅谈昔日珍贵的友情，相聚在异国他乡，显得格外亲近。他说他很想女儿，只要病情有好转一定马上回国。可是没想到，这竟是我二人的最后一次会面！"

参与策划并参加"张力的实验——94表现性水墨展"。参展作品为《颜》系列。杨刚在《尝试新的可能性》文中写道："由于陈铁军的加盟，他的极大热情和运作能力才使这种想法最终得以实现。铁军又邀请刘骁纯先生作艺术主持，刘先生和铁军又提出张力的主题。后来贾方舟先生也参与了主持工作。于是"张力的实验——94表现性水墨展"由铁军和刘先生重新调整了人选。刘先生又从理论上做了更充分的阐述。"杨刚在《当代中国画》中言："1994年秋，由我和龙瑞发起，海日汗、王彦萍、朱振庚、武艺、陈铁军、张进等将在中国美术馆举办画展，打出'表现主义水墨'的旗帜，想通过此举进一步推动这个运动的发展。"李立祥先生道："1994年开始，杨刚参与策划'张力的实验——94表现性水墨展'，展厅中大幅的水墨人物头像和马，给人以震撼。"评论界高度评价陈铁军、龙瑞、杨刚、刘骁纯开创的这次水墨变革运动对后世的影响，参加当时研讨会的有范迪安、刘骁纯、郎绍君、殷双喜、翟墨、邵大箴、易英等。

创作《墨象》系列作品。杨刚在《从速写加笔墨说起》写道："我从20世纪90年代开始作墨象练习，虽不成气候却饶有兴味，这种汲古汲新、亦中亦西的创作状态，是新视觉经验和内在精神的需要所致。"

是年，杨刚被评为国家一级美术师。王德娟老师说："很多年前，遇到一位学生家长，他也是北京画院的画家，他惊奇地告诉我，'杨刚在评职称的会上提到您的名字呢'。我听了也感觉像是一条新奇的新闻，当时一般都提靳尚谊是自己的导师，这样显得有光彩，是著名画家的高徒。而杨刚的做法与众不同，不合潮流。杨刚真是一张白纸，也显得有点傻气。"

杨刚的作品在内蒙古产生了持久的影响。马沛成先生说："忘不了杨刚的一幅油画：黑漆漆的草原尽头，蒙蒙一豆昏黄。标题：《灯》。还在20世纪90年代中期。半路出家的我画过花鸟，腻了；画过山水，腻了；又画过些牛、马、骆驼、人物，一句话，老套子不愿意走，可自己的路又在哪里？彷徨徘徊了两三年，笔都懒得拿。一天，把我引向绘画之路的老张让我到他那儿看一幅画。画面纯以没有墨色变化的几根粗线抹出：一驾勒勒车、一个牵牛的蒙古族姑娘，还有一只小狗。落款：杨刚。顿时，茫然了几年的我，眼前的路清晰了，简单了。那幅《勒勒车》就如灯，自己艺术道路上的灯。"此事难以确定时间，姑缀于此。

1995 年，杨刚四十九岁。

在《北京日报》开专栏，发表大量回忆文章。

5 月 8 日叶浅予先生去世，杨刚十分悲痛。叶先生辞世后，其家人将其书籍分送学生们，今杨刚藏书中尚有叶先生钤印之书。

杨刚的四舅李克非先生去世。

陪同董正贺、杨肖回锡林浩特写生。杨刚在《锡林郭勒》文中记录道："1995 年我带着家人回锡林郭勒盟故地重游，看到锡林浩特变大了，也更漂亮了！她由小镇变成市，到处是崭新的建筑，街道很干净，听说还被评为了什么'全国卫生模范城市'。人多了，穿戴也很入时，过去一说锡林郭勒盟人，不认识的也看着眼熟，可今天要想在街上碰见个熟人却很难。牧区正由游牧转为定居，不幸的是草场退化严重，牧草又稀又矮，已失去了往日的光彩，这可能是人畜超载雨水少、胡乱开矿开荒的恶果吧。看过那达慕大会，又坐在敖包山上看了回草原日落；孩子圆了骑马梦，还到 15 里外的水库吃了顿锡林郭勒盟鱼，我过去每逢假日就步行来这里游泳。朋友们安排的告别晚宴是在一个蒙古包里举办的。众人开怀畅饮，诉说着离情别绪。酒过三巡，有人带头唱起了《锡林河》。人们各具神态，随着那深沉辽阔的旋律晃动着身躯，相继加入了合唱。在涨满蒙古包的浑厚歌声中我热泪盈眶，不知是因为歌还是因为酒，心里热乎乎的，既兴奋又松弛。"

《颜》系列中的3幅参加西班牙巴塞罗那桑塔莫尼卡艺术中心"中国现代艺术展"。

策划并参加在中国美术馆举办的第二次"张力与表现水墨展"。参展作品是《颜》系列和《墨象》系列。参展艺术家为：杨刚、陈老铁、龙瑞、刘骁纯。

12月，参加学生袁俊华展览。杨刚在开幕式道："袁俊华和王非是安徽老乡。王非先来跟我学画，袁俊华随后也来了。他给我的第一印象是个不修边幅的年轻人，看上去有些痴，谈艺术却很能说到点子上。小袁速写画得不错，不光有观察客观事物的敏锐，而且线条和造型都很有个性。不知是谁影响谁，小袁和王非都热衷于搞那种被称作写意重彩的实验。小袁虽没有王非的灵气，却在笨劲中显出很强的力量。"

是年，河南朋友常到北京画院看望杨刚，经常携带淮阳伏羲庙的泥泥狗。杨刚说："这是一种泥制的民间玩具，又是中原地区世代流传下来的一种远古图腾，体现了繁殖崇拜及人兽合一等思想内涵。那古朴的造型、大黑大红大绿大蓝的彩绘，使我感受到原始艺术生生不息的活力。我盯着某个局部长久凝视时，只觉得自己渐渐被那神秘的氛围所笼罩、同化，暂时忘却了时代的变迁，忘却了纷繁的世事以及自身的存在，重彩画《图腾》系列的构想就那样产生了。"

余辉先生向杨刚请教画马的问题。余辉先生说："岭南美术出版社约我写一本《人马画》，我通过董正贺老师找到杨刚。杨刚听说我也喜欢马。你跟他说人没什么可说的，如果说马，他话就多了。他知道马的各种状态，知道什么马适合拉车，什么马适合放牧，知道什么样的状态是什么样的毛病，马有一些异样的表现就知道有什么毛病了。现当代的画家画马的，能够对马这么了解的，对马这么知心的只有杨刚。别人画马虽然很热闹，但未必知马。杨刚又主动帮我推荐，他说北京还有几个画马画得好的，还推荐了很多人。他还帮我打电话联系。一般的人不扯这个事，你把我写好了就可以了，别的不会管。"

岳洁琼常来请教。岳洁琼说："杨刚是我们家乡出来的一个大画家，他是一个传说，我来北京之前，就经常听王颖生说起，北京有一个杨刚老师，是他的老师。那时候，王颖生已经在全国美展和其他展览多次获奖，小有成绩了，他的夸赞让我对杨刚老师很是景仰，先生之风，山高水长。我来中央美院读研究生的时候，终于能经常到杨老师家里请教问题，这样的状态一直持续了很多年，我也得到了很多教诲。"

是年，梅墨生在《我看杨刚》中写道："我多次在画展上看到他，他总是独来独往，眼睛睁得大大的，嘴唇紧闭着，脖项有点昂起。不知者以为他傲气，实则他是心无旁骛，思在画中。我觉得这世上已经少见了杨刚这种'憨相'，人们都太机敏了，甚或有些世故。"

1995年12月23日—1996年1月2日在当代美术馆举办"三·一"画展，作者都是原美院附中"文革老三届"三年一班的同学：陈继群、金亭亭、赵野牧、聂崇文、艾轩、王良武、李凯、叶亮、孙为民、封楚方、张红年、朱建生、朱建昭、言师仲、张乃勇、杨刚。

第六章　天游时代（1996—2019）

1996 年，杨刚五十岁。

1 月 21 日，周思聪老师因突发急性坏死性胰腺炎逝世，享年 58 岁。周思聪先生辞世时杨刚前往送别。告别仪式结束后，杨刚因为极度伤心，从八宝山徒步走回北京画院。创作《逝者》（油画）、《生与死》（水墨）。杨刚在《良师益友卢沉先生》记录："跟聂鸥聊天，还说周老师的病一定能好。谁承想，她刚过了 57 岁生日就永远离我们而去了！参加遗体告别的人特别多，哀乐放完了人还没走完，只好再重放。卢老师先是站着，后来站不住了，就坐在椅子上跟安慰他的人握手拥抱。仪式已经结束，他还再三回首不忍离去。小悦、小欣左右搀扶着悲痛的父亲，兄妹二人那天好像一下子长大了许多。以前也参加过一些大师的遗体告别会，然而对于我来说，这次的感觉却是刻骨铭心的！"

春天，与王颖生、毛伟回出生地河南沈丘。杨刚在《故乡寻根记》文中写道："这是阔别四十九载后第一次故乡之行，给我的感觉——既是个似曾相识的乡土之梦，又是个出人意料的乡土现实。去之前，我预定了三个主要目的：一看淮阳太昊陵（伏羲庙）春之祭，二看我的出生地——槐店镇（现沈丘县城）的杨宅（父亲家）和李宅（母亲家）遗址，三去项城县蔡庄，为从小照顾我长大的姥姥上坟。在两位学生和当地友人的帮助下，这三个愿望最终都一一实现了。"

参观淮阳太昊陵祭祖庙会。杨刚在《故乡寻根记》中写道："色彩艳丽的民间玩具与洋玩具杂陈、伏羲太极八卦与毛泽东像章并列、'红玫瑰发屋'大字牌匾下那破旧的农舍、卖货乡人操着河南口音高喊'买多了优惠'、杂货摊旁把才买的耳环戴起来的农家妇女、古树下呆坐的黑衣老太婆、古老石狮子背后那色彩浓重川流不息的人群。"

参观姥爷李鸣钟故居。杨刚在《故乡寻根记》中写道："汽车在镇中心的县委大院门前停下，这儿就是我姥爷家住过的宅院。进门有一条笔直的通道，右边是新盖的县委办公室，左边是一排高大的红柱青砖老瓦房，围起了三个套院。第一座院门外挂着块牌子，上写'李鸣钟故居'几个字。我早听说过姥爷在这一带百姓中口碑很好，他解甲还乡后，为四乡办了不少好事，至今这里的老人们还常提到他。李宅是他仿照北平的四合院盖的，只是窗户小了些。我们依次看了那些院子，我一边摄像一边听颖生讲述：'小时候，我常爬到这棵大树上玩……原先这些房子都有飞檐，'文革'中被砸掉了……听老人说，你爸跟你妈成亲那天，轰动了四乡，迎亲的队伍队头已走到李宅，队尾还没出杨宅呐……老人甚至连当时人们的穿戴和衣服上的花纹都记着……'以前我也听说爷爷家是槐店的大户，但比较土，妈妈是在北平长大的，过门时给杨家带来了不少新气儿。"

赴项城蔡庄为姥姥上坟。杨刚在《故乡寻根记》中写道"蔡庄很美，村前的小河清清的，晨曦中的庄子静静的；几只白鹅浮绿水，一头母牛在舐犊；柳枝泛着新绿，农舍冒着炊烟。我为姥姥能死在这样的环境里（而不是北京的政治热浪中）而感到欣慰。据说当时村里有些年轻人也提出过要批斗她，却被老人们制止了。我们一行踏青来到村东头的李鸣钟、毛淑清墓前，墓碑正沐浴着朝阳。我在马、王二位的指导下进行着各项仪式，利用这陈规旧俗释放内在的情思。鞭炮声引来好些村里的大人小孩，我本想对姥姥说上几句，却在众目睽睽之下选择了沉默。仪式完毕，有个村里的远亲走上前来攀谈，得知他跟我同辈，管我妈叫姑。"

6月9日—15日，"叶浅予暨弟子艺术成就展"在青岛博物馆举行。展出叶浅予先生作品163幅，三次师生行路团活动照片67幅，叶浅予的28位学生的作品也参与了展览。展览期间，举行了叶浅予艺术研讨会，叶先生学生赴崂山、平度等考察采风。

创作拼贴作品《都市的脸》。杨刚《寻找都市的脸》写道："沐浴着朝阳，呼吸着清新的空气，我沿着大街一路走去。像脸的东西都一一收入我的镜头——汽车鼻子、门脸、空调散热器、路灯、果皮箱、商店的玩具、服装模特、塑像、脸谱、公园的游艇、风筝、面具。""国产车、进口车、小胡同、大公司、京剧脸谱、洋模特、风筝图案、米老鼠、喇嘛教、维纳斯……当我把它们拼贴在一起时，内心的满足淹没了整日奔波的疲劳。"

荣宝斋出版《当代速写精萃：杨刚专集》。

秋天，同董正贺赴香港，参加一画廊"自由长旅——96 杨刚新作展"。杨刚在《跑范》中记录："在自我感觉良好的情况下，我从 1996 年开始进入了'亦中亦西'的创作阶段，水墨油画都画。这时我向外放出风去，说是只要有'黑色三年'的作品，买主可以找我换新作。于是香港一画廊的方先生果真拿来一批，我也果真换给了他。他很感动，又觉得我的近作确实不错，就在一画廊为我办了'自由长旅——96 杨刚新作展'。同年，我又在北京中国美术馆举办了一个介绍个人当前艺术全貌的画展。"

11 月，在北京画院的一份表格中，杨刚写道："在和而不同、反常合道思想支配下，展开多画种、多风格的创作时期。"此为杨刚的自我评价。

12 月 10 日—15 日，北京中国美术馆举办"超越自我——96 杨刚艺术展"。杨刚在《看个全象》中写道："克服了自身的一些消极因素，这几年状况不错，思维敏捷、感情丰富、创作欲望很强，像熔岩在涌动，画了一堆画。1996 年 12 月 10 日—

15 日在中国美术馆的个人艺术展，就是这火山的喷发。起初是贾方舟先生、卢沉老师看过作品照片后向我提出建议，尔后是一些朋友以买画的形式为展览资助，方案改动了无数次，直到布展前一天才完成了最后一幅作品，布展完全凭感觉，把预定的方案完全打乱了。画院的朋友不知从哪儿找来一辆囚车为我拉画，画放在密封的车厢里倒挺安全，而且不让左转弯的路口也能左转。一些学生和朋友出力出钱搭工夫帮我筹展、布展，有些是专为这个展览从外地赶来的，干完活就走，连顿饭也没吃。""众多的人来到中国美术馆看全象。有的来过不止一次甚至三四次，有的抱病在展厅一待就是半天，有的教师带着小学生前来临摹，一些著名的美术家、教育家、音乐家、文学家、批评家也来看了展出，并向我提出了中肯的批评，出生地河南和第二故乡锡林浩特的朋友们也发来热情的贺电。这些虽然在布展时已有所预料，然而当事实真的发生时，我仍抑制不住内心的感动。展览期间，正值冬季的北京却非常温暖。撤展的晚上，我和帮忙的学生们、朋友们共进了一席并不奢华的晚宴，大家多日来的辛苦都化在了欢声笑语之中。"此展览吴冠中先生前后来了几次。杨刚的学生吕子真陪同吴先生观看，他说吴先生每次来都待很长的时间，有时在一幅画前停留很久，高度评价杨刚的水墨作品。

　　"超越自我——96 杨刚艺术展"，在杨刚生命中具有转折性意义。这个展览可谓杨刚水墨转型成功的总结之展览，也是杨刚向更高层面迈进的开启之展览。故本年谱，以 1996 年为杨刚"天游时代"首年。

不久，美术界爆发了关于"笔墨等于零是否正确"的辩论。在北京画院研讨会上，杨刚强烈反对将吴冠中先生这句话单独抽出来讨论的做法。

1996 年 12 月 25 日—1997 年 1 月 3 日，第二届"三·一"画展在中央美术学院陈列馆举行，参展画家为：陈继群、金亭亭、赵野牧、聂崇文、艾轩、王良武、李凯、叶亮、周平、孙为民、封楚方、张红年、朱建生、朱建昭、言师仲、张乃勇、熊小平、杨刚。当年"三·一班"部分任教老师：杨红太、王德娟、温葆、金鸿钧、卫祖荫、卢沉、李行简、谭权书、罗尔纯、王同仁、赵允安、萧琼等也参加了画展。杨刚在《96"三·一"画展·前言》写道："今天，我们都已是五十岁的人了，带着多年心血结出的艺术果实，又从四面八方走来办这个画展，仍然带着朝圣的心情，继续寻找着艺术的真谛。在交流技艺的同时，我们向母校、师友、同行、社会展示自己的成绩，恳望关心我们的人给我们提出率直的批评。"

是年，杨刚重操旧业又开始画油画。杨刚的同学艾轩经常跟杨刚说："你在班上成绩那么好，不画油画可惜了！"杨刚在《攀登珠穆朗玛峰》中说："1996 年前后，我的一些老同学说，你考研究生以前画了很多年油画，这辈子不画些油画就太可惜了。从那时开始捡起油画，不过，主要还是在内蒙古生活的印象、感受太深了，总想把它们表现出来。有一幅炊烟渐起、放牧归来的画，画的是放羊的人早晨吃完一顿饭，即赶着马去草场，傍晚才回来。一天只吃早晚两顿饭，傍晚赶着马回来，饿了一天了，见到炊烟时的那种温馨的心情。这些画，我画得很动情。在这个系列中，还出现了知青系列，这幅光着膀子在雪地里欢呼的画，表现了只有从城市到草原的年轻人才会出现的特殊场面，从小生活在草原的牧民不会是这个样子的。草原除了野草野花什么也没有，用传统的山水眼光看它，它完全不合格，但魅力也在什么也没有，非常神秘，这是我发自内心想用油画表现草原的最根本的动机。"

学生兰子入北京画院，跟随杨刚求学。兰子是《太原日报》的美术编辑，1996年脱产来北京画院进修。其来时，杨刚恰在香港办展览。兰子等得着急，及杨刚甫一回京，便赶紧跑到画室。杨刚说："那先看看你的画吧。"于是一张一张认真看，不说话。看完后，对她说了一句话。兰子想，这正是我的问题啊，正是我目前的瓶颈啊。当下即非常高兴，回家时她几乎是一蹦一跳地下了北京画院的楼梯。兰子说，就这一句话，这一年进修交的学费就值了。回到太原后，兰子到处和别人说这个故事。别人也向她追问，杨刚老师到底和她讲了什么。她开玩笑说："想知道的话得请我吃饭。"因为这句话，好多人请她吃过饭。整理杨刚的遗留资料，发现兰子寄给他的一张明信片上画了一个手捧鲜花奔跑的小姑娘。奔跑是见到老师时兴高采烈的状态，鲜花是表示感谢。

河南画家毛伟来从学。杨刚《毛伟画集·序》中写道："毛伟的画，我有的喜欢有的不喜欢。他在美院进修时画的一组课堂人物肖像写生，虽然用笔还欠老到，却称得上是学院派写实水墨的佳作。其实，上好学校的好处不只是能够得到好文凭好找工作，也不只是能长本事，特别是学国画的，不进学校自学成才之路也很多。上学的好处，很大程度上在于感受校园风气，聆听不同师长的不同见解，了解不同学友的不同学法，在与师友的日常交流中拓宽眼界与思路。说到底，就是让校园风情熏一熏。"

是年，杨刚同学封楚方辞世，杨刚和同学们一起探望封楚方的家人。杨刚在《发小封楚方》中写道："哥儿几个约好，一块去看他的妻子叶亮同学。叶亮看上去还平静，大伙儿难得一聚，先聊了些与死者无关的话题，临分手，大家向她表示'有什么需要我们办的，尽管说话！封楚方是咱们班头一位去世的同学'。"

是年，李小可创办可创艺苑，以"东方性、文化性、创造性和现代性"作为艺术家和作品的选择原则。杨刚是最早在可创艺苑办画展的画家，也是可创最重要的展出画家。

是年，杨刚作水墨画《呐喊》，该作品由北京鲁迅博物馆收藏。

1997 年，杨刚五十一岁。

杨刚给杜鸣心先生寄《水仙女》画贺岁。此画有款："水仙女，丁丑杨刚"；右侧为书法"杜鸣心先生虎年大吉。小董、杨刚"，并钤印。董正贺说："大约1995年，我随文化部党外统战人士赴承德参观学习，与杜鸣心先生相识。他当年是年纪最大的，我是最年轻的。有一段时间，我和杨刚与杜先生交往甚多。我还有印象，这幅作品画在一张有正反面的卡上。"

访同学金亭亭。杨刚《发小封楚方》中写道："1997年春天，我在金亭亭那儿看到一封司徒萍的来信和几张照片，得知封楚方在美国的亲友同学们已将他安葬在加州一座幽静的小山上，他的灵魂终于得到了安宁。"

重访儿时所居的寿比胡同。杨刚在《寿比胡同7号》中写道："如今的7号院，比我印象中小了许多，又被一大堆违章简易房挤得满满的，中间只留下条狭窄弯曲的通道，看了让人堵得慌。正值上班时间，家家都锁着门。我正想找个熟人聊聊，忽然有人问：'你找谁呀？'北屋出来一男一女，问话的是那妇女，像是老头的儿媳。我忙说明来意，问这院里可还有60年代初的老人吗？那老头说没了，不过说起许老头和当时搬来的几户他倒还都知道。聊了一会儿，临走时我请那妇女以院子为背景帮我留个影。"

参加北京可创艺苑"薄云（李永存）、杨刚近作展"。

2019年，杨刚去世不久，罗易成、李小可作文《李小可和他的朋友们之：杨刚》，追忆了李小可和杨刚的交往过程："小可老师夫妇俩当时对杨刚先生的画就情有独钟，他的画有深厚的传统功底，又有自己不拘一格的地方，有东方的神韵，也有西方的手法。因此，在'可创画廊'创立之初，第一场画展就选择了杨刚先生的作品。"又称："时间可以改变世间的一切，甚至可以夺走一个人的生命，但是，即便杨刚先生已辞别尘世而去，他在自己的绘画生涯中所坚持的创作理念，以及对艺术创作单纯的热爱却并没有随时间而改变，依然是留给喜欢过他的人最大的念想。他的这份纯粹，也是小可老师与之交往的过程中最在意，也最念念不忘的地方。这种品质到了今天，愈加如一股清流一般独树一帜并必将影响着越来越多的艺术家向纯粹创作的回归。"

王颖生时常来杨刚画室请教。王颖生先生说："在美院读研的日子是我去杨刚老师画室最勤的时候，同学朋友感叹我的幸运，找机会与我同见杨刚老师，杨老师总是宽厚相待一视同仁。我的导师胡勃先生不吝赞誉，说杨刚的速写超越了许多名人大家，是中国最好的画家之一。两位先生是同学，背后彼此称赞，显出一代学者的风范，让我在两位先生门下走动心中了无障碍。有次看完我的画，杨刚老师拿出几张贯休的罗汉图，说画画一定要狠，要有感觉地去画，让我有所感悟，铁画银钩，自觉又进了一步。"

王迎春女士看到杨刚的水墨大写意作品，评价非常高。王迎春女士说："我突然看到他的几张大写意画，是画内蒙古草原，感觉真是精彩极了。他的大写意马，让我吃惊，感觉这就是天才，他就是艺术大家。我对他的画非常敬佩，非常喜欢。他的中国画写意画已经画到了极致，我们都赶不上他。我认为，他是我们这一届研究生里最具有艺术气质的同学，是纯粹艺术的大家。同时，我也感慨杨刚真是双重性格，表面内敛，但内心情感汹涌奔腾，从他的画一下子就看出来。"

参观王赫赫展览。王赫赫在《天马刚去也》中记录道："我与杨刚先生的接触只有一次，那是上世纪的事了。1997 年我在美院附中后面的当代美术馆办展，不晓得是谁请杨刚先生去看。他看了我的画，热情地提出批评意见，鼓励厚爱于我。印象深刻的是他告诉我那幅《弘一法师像》中的面部，如少用素描结构的皴擦更好。意即以线提炼，简之又简才有表现力。这是我日后创作中亦时时存念的。90 年代，老师与学生，画家与评论家，或说人与人之间，尚有简单、质朴、平等的关系。请到名家、大家来指正没有那么困难，且来看展的师友皆无需寒暄客套，是能听到真话的。那次小展，卢沉先生、李少文先生、韩国臻先生、华其敏先生……都去看了。杨刚先生的观展批评，至今令我记忆犹新。他是具实践家慧眼的点评，而不是泛泛之谈。自那以后，我美院毕业去苏州工作，人事浮沉，再无机缘拜见先生了。只在苏州时，买过一本天津人美出版的《杨刚画集》，还有一本《郭全忠》，让我在人生寥落时思想得以驰骋与慰藉吧。"

杨刚在该年交给北京画院的表格"自我介绍"一栏中写道："要说前卫，我不大像，因为前卫老得史无前例。要说后卫，也不大像，因为延续传统也不明显。作为纯种的华人，我并非民族主义者。我赞成现代主义的许多观点，却不赞成割断传统。审视古今中外各种艺术，我靠理解，更靠直觉，靠文化素养，更靠人生体悟。承认民族地域间的文化差异，更注重相互理解与促进，有时必要的对抗也是为了最终的理解。重视语言艺术的实验、不否认技术，却更强调有感而发、有念而发。如今我又与油画、综合艺术与水墨同行。这种多元性是由本人的学艺道路、人生经历、文化结构和艺术特质决定的。其实无论是写意写实，还是表现抽象，都算不上新了。如果有点新，那应是抽象表现与中国水墨的有机结合吧？开拓难，创新难，难就难在能立得住。在艾轩、聂鸥这些画友的影响下，如今我的精品意识正与日俱增。"

杨刚创作过一些墨象作品（杨刚有时又称为墨戏），比如《混沌初开》《迹》《大潮》《风景》《奔腾》等。杨刚的学生中，王非继承了杨刚此路，且走得很远，取得了很好的成绩。但杨刚只是偶一为之，他知道水墨和墨象的边界，所以他的墨象作品虽然恍兮惚兮，但往往其中有象。杨刚的墨象实验贯穿整个90年代，姑缀于此。

1998 年，杨刚五十二岁。

为北岛主编的《今天》杂志画封面和封底。北岛、邵飞寄来贺年卡，称："杨刚、小董、肖肖：祝新春快乐，全家幸福！邵飞、振开、田田，1998 年 12 月 31 日。另：杨刚、小雷的画，杂志封面封底已刊出。我已托编辑寄书。如没收到请告诉邵帆，我回去带给你们。""杂志封面封底已刊出"，指《今天》

创刊二十周年纪念专集（1998年第4期，总第43期）选用的封面和封底，是杨刚的两幅画。

2月15日，给某藏家回信，言该藏家所收藏的杨刚《牧人行》系伪作。杨刚写道："来信看过了，感谢您对我的艺术及艺术市场的关心。关于假画一事我认为：1.您的那幅《牧人行》（您信中误称为《牧马图》）确为伪劣品。如在其他方面分辨不清，可仔细看印章。四川人民美术出版社出版的画册就是明证：画册中的《牧人行》所用印章为董石良先生所作杨刚名章，而那幅假画所用的却是仿制熊伯齐先生所作杨刚名章，这是伪造者的最大疏漏之处。2.《牧人行》原作是作者创作生涯中'黑色三年'后期——1989年的劣作。当时虽身心健康已好转，但仍时有劣作出现，此画收入画集时也未能及时觉悟。后原作已被销毁，与其相仿的真迹尚有几幅，艺术质量之优劣要作具体分析而定。我想说的是：艺术收藏需要首先提高艺术欣赏水平和丰富收藏经验，购买字画多用眼睛而少用耳朵，在此基础上，只要个人喜欢，可以不管作者名气大小，甚至不管作品真伪（如《兰亭序》的好摹本），只要艺术水平高就行，这才是真正的艺术收藏。关于本人艺术风格问题，等见面再详谈。谢谢您的热心，望联系。"

独自赴锡林浩特故地重游画写生。

6月6日，北京可创艺苑举办"我的复活岛——杨刚'颜'系列作品展"。

杨刚参加北京可创艺苑"98可创现代水墨作品展"，共十位画家参展。

王德娟先生说:"一段时间后,杨刚在李小可的可创画廊举办过几次展览,都很成功。一天他打电话给我,要我准备点画,他将带小可夫妇来我家取画,使我也在可创展出作品。"

夏天,应王颖生之邀,与董正贺老师、杨肖一同赴烟台,住一周左右,创作 5 幅彩色水墨,今藏烟台美术馆。杨刚烟台之行的邀请者为初春燕女士,她曾问学于吴作人先生,故和北京美术界联系较为紧密。1998 年,她通过王颖生邀请杨刚暑期赴烟台一游。杨刚长居于北京,放牧于内蒙古,然鲜见大海,更鲜边吃海鲜边喝啤酒,因肠胃不适病于烟台。

第四届"三·一"画展举行。杨刚在展览《前言》中写道:"既非学术,又非商业的'三·一'画展,之所以能够连续举办三次,是跟中央美院附中'老三届'同学们的特殊经历、特殊缘分分不开的。如今又来了这第四回,只因附中要搬家了。一见老附中这楼这院儿,我们就都会想起无数往事。而过了今年,它们就将不再属于附中了。于是我们心中的无数往事就又都冒了出来,这些早已分道扬镳的中年人又都情不自禁地聚到了一起。'三·一'画展这也许是最后一回吧?"

杨刚倡议创建锡林郭勒草原艺术馆:"60 年代到 70 年代,一批有艺术才华的画家汇集到内蒙古锡林郭勒盟,美丽、深沉、辽阔的锡林郭勒草原激发了他们的艺术灵感,孕育了这朵草原绘画之花。包世学,内蒙古画家。60 年代刚从内蒙古师范学院毕业,就带着理想和激情来到锡林郭勒盟首府——锡林浩特。他满怀抱负地吸收着草原生活和艺术的营养，画了大量草原速写，临遍了敖包山贝子庙的壁画，创造了独特的草原工笔重彩年画。他的画早已在60年代华北年画展上就崭露头角了。六七十年代，相继来到锡林郭勒盟的内蒙古师院毕业生还有全继昌、萨纳巴特尔、若希、李册、孙明、孙海臣等人，他们也都为草原绘画艺术作出了各自的贡献。'文革'中，大批北京知识青年到锡林郭勒草原插队落户，其中也不乏美术人才，中央美院附中的学生就有陈继群、张乃勇、曾平、杨刚，还有孙志钧、李立祥、徐新华、马迅、王志远等普通中学学生。在当时每年一度的美术创作学习班上，他们都表现出对第二故乡——锡林郭勒草原的深情和自身不同程度的艺术才华。锡林郭勒草原绘画是锡林郭勒的孩子，是草原的宝贵财富，以艺术馆的形式把她贡献给热爱草原的人们，并长久地保留下去，这是我们这些人该为草原文化事业做的一件有意义的事。此设想希望能得到锡林郭勒盟政府、诸画友和一切热心朋友的支持。"这个提议，不知杨刚是否转给了锡林郭勒盟的领导，然此事最终未能成功。

9月3日，作家老鬼送杨刚《血色黄昏》。扉页有老鬼签名"送杨刚留念。这封面画得真好。老鬼1998.9.3"。因《血色黄昏》封面是杨刚所画，是用水墨和丙烯画老鬼劳动改造场景。此作画面中有一壮汉，面色发青，歪着头，血脉偾张，咧着嘴，露出冷冷的牙，瞪着三角眼，充满了恨意，头发凌乱，全身毛茸茸，似野人，似鬼魅。壮汉两手抱一巨石，双腿弯曲，似乎全身皆在发力，似乎已经不能承受之重。远处是连绵起伏的群山，光秃秃的，触目皆石头。这座山似是不毛之地，是荒芜之所，没有生命的气息，荒漠而沉寂，似乎是鲁滨孙所居住的岛。天空挂着一轮椭圆的红日，夕阳残照，空气似乎都泛着血色。

中央美院曹庆晖先生说："在北京画院工作期间，跟杨刚先生的接触，主要是在画院的例会上，杨刚先生基本上是沉静的，很少发言。有一回杨刚先生的发言，让我突然觉得他有一种学术情怀，他有他不满意的地方，他有'我们应该怎么样'的想法。这是我的一个印象。我是晚辈，实际上说这个印象，主要还是要说这个老师的气质，他的话不多，长得也比较魁梧。"

杨刚与陈老铁、龙瑞、刘骁纯共同策划在北京国际艺苑举办第三届"98张力表现水墨开放展"。

12月26日，香港一画廊举办的"杨刚近作展"开幕。

当时杨刚给人的观感是"神"。作家张抗抗在《自由的力度——读杨刚画集》中说："如今年逾五十的中年杨刚，心无杂念，气定神静。他只是埋头不停地画着，画一切飞扬灵动的生命体。但昔日的草原已经成为杨刚生命的一部分，他至今仍在画草原，他画得最传神的仍是草原，草原情结实际是杨刚内心深处的自由情结，因而，杨刚笔下的草原马，出神入化，如电如风，永远呈现出飞翔的姿态，跃入杨刚心目中的自由王国。那几乎已经不再是马，而是驾云巡游的艺术精灵。有人说杨刚的抽象水墨，有毕加索和凡·高之风，将传统与现代、东方和西方熔于一炉再达到炉火纯青，杨刚确实有点儿'神'。"

1999 年，杨刚五十三岁。

李立祥说："近年的春节，一般是正月初五，曾经在草原的几位兄弟按时小聚。席间，我们聊画画，聊艺术，但多数聊的是关于草原的内容。每次小聚，大家还带来这一年自己的美术画册、刊物、VCD 光盘等，以相互交流。杨刚还带来自己画的本年度属相的小画。但见在咫尺斗方的红或粉红色宣纸或粉连纸上，以墨汁画的马、羊、猴等，极简极新，喜庆吉祥，有汉画像砖的味道。每人一张，我将之悬于壁上，一挂就是一年。有时，待奶茶喝到七分时，大家趁着兴头还在画案上铺纸泼墨，亦书亦画，成为小型的新春雅集。杨刚特别善于现场记录，每次小聚他都带着一个小相机，不断抓拍，并亲力亲为，进行整理，制作光盘。由此留下了不少珍贵的镜头和活动场面，如今翻看起来如昨，令人回味。"

李立祥先生在《杨刚作品印象》中说："我曾经看到在杨刚的画案旁，一大黑塑料袋内塞得满满的毁掉的作品，我知道，不满意的作品他不会将就，不会留下。他说：'对于水墨画，我的改法就是重画。当我发现前一阶段的画儿画得不好时，就撕掉重画。'"李立祥先生所说的这个黑口袋，一直置于杨刚画案一侧，其中皆是杨刚废弃之画，笔者日日见之。大写意看似简单，然而既写大貌又能精细则非常难，杨刚对自己要求又极严，所以废纸难以胜数。

4月20日—25日，杨刚、陈继群、孙志钧在北京中国美术馆举办了第一回"曾经草原——99三人画展"，作品为表现北京知青草原情结的油画、国画作品。主办单位为北京美协、北京画院、首都师范大学。展讯写道："将于4月20日—25日在中国美术馆举办'曾经草原——99三人画展'。三位作者以油画、国画等多种艺术形式表述'曾经草原'这个在特殊年代的同一人生主题，以及各自共同与不同的心灵感悟。以此跟曾经草原、未经草原、仍在草原的，艺术圈里、艺术圈外的各路朋友进行交流。"杨刚在《"曾经草原——99三人画展"序》中写道："草原是我们的大学，是我们的第二故乡。离开草原越久，其情愈深，其意愈浓。这大概因为，那段特殊的共同经历，正值我们人生中最富理想与幻想、热情与体能的青春年华吧。三位画家虽有不同的学艺道路、艺术观念和艺术个性，但在以上的心灵交汇处，却跳动着同一脉搏，那就是：远方草原的芳香、游牧的反思与感悟。"在《曾经草原》文中，杨刚写道："是今天开放的文化氛围，使三位作者能从各自新的视角，对以往的草原情结重新聚焦。此次画展上，他们以油画、国画、习作、图片等多种形式，同曾经草原、未经草原、仍在草原的，艺术圈里和艺术圈外的朋友们进行心灵与思想的沟通。"

7月底8月初，与画家陈继群等赴内蒙古东乌珠穆沁草原旅行写生二十天，合作一百余幅作品。陈继群先生说，他和杨刚租了一辆面包车，深入到草原深处，晚上就住在牧民家里，画得酣畅淋漓。杨刚在《重归乌珠穆沁》中写道："草原变了！原始的游牧生活已近结束，现代牧场的雏形正在形成。铁丝网分隔着的草场，定居点盖起多隔断的砖瓦房，汽车、摩托车、电力发电、电视、VCD、大锅盖卫星接收器应有尽有；卡拉OK、新潮发型、时髦牛仔服既俗气又充满活力；牧人们又祭上了敖包供上了成吉思汗，富裕户雇人放牧，自己则忙于广开财路；年轻人的眼界更开阔了，正当城里人热衷于绿色纯天然的今天，这里却在直追现代文明。老陈两口子尽为牧民做好事，这回又带去电视机VCD，抽空还为他们介绍汽车保养知识。有了这种关系，我们的旅行写生自然也很顺利。原本我的目的地就是满都牧场，老陈提议再去宝格达山林场一游。他在逆境中曾与一位被打成右派的人在那里砍过木头。路很难走，把租来的面包车换成牧民的吉普，我们又开始了最后一段旅程。牧人开车不规范，换挡时你会感到车子猛然一蹿，齿轮发出嘎嘎的怪响，只要车还能动，他们就照开不误。灌的是劣质汽油，一路上崩断了两个半轴，那车硬是摇摇晃晃浑身乱响地开了几百公里来回。同路的老韩说：'这地方就得开这种傻车！'宝格达山风景很美，满山的白桦林像是到了俄罗斯。生活却很苦，一场大火后，为了保护山林，政府封了山，林区工人只好靠牧区养活。我们在这里画了一批写生，又连夜赶到兴安盟境内的阿尔山矿泉玩了一天，就调头踏上了归程。回来路过满都，正巧遇上锡林郭勒先锋乐队在这儿演出，这很新鲜，给我留下了难忘的印象。巴图奥琪尔说他们唱的多是蒙古国的歌。途经锡林郭勒盟时我就请他的儿子朝勒蒙帮我选购了几盘哈仁嘎乐队的磁带。小伙子也爱音乐，我们挺说得来。途经阿勒坦赫利，陈继群到处寻找一位曾为他当过模特的女孩，最后终于在一个靠近边境的牧业点找到了，并重新为这位不凡的姑娘画了肖像。告别了那家牧民后，巴德门措在晃动不止的汽车里双手捧着丈夫这张未干的油画肖像，如同捧着性命一般。在锡林浩特朋友接待我们的宴会上，巴图奥琪尔、朝勒蒙和主人们对歌，最后大家又一起唱起了《锡林河》。"

与李立祥先生论画。杨刚说，喜欢牧民的皮德勒、草原帽、毡疙瘩、勒勒车和马群。他说自己画的是感受。而他经常说的是画画儿要借气，即借环境、人文之气，以神行气。他说我"应该多借雍和宫之气"。他喜欢傅抱石先生的作品，他常以大抓笔蘸墨写马，但见数个富有弹性的大小墨块落于纸上，再趁势写之，八面出锋、长短横竖、干湿浓淡、虚实相间、大胆落笔、小心收拾，远观之，大马群扑面而来，以视觉的张力和强烈的冲击力震撼人心。他说自己是幸运的，幸运能够画画。

是年，杨刚举办"马路天使水墨展"。此展具体日期目前不能察明，展览邀请函的画面乃是杨刚水墨作品，画一人推车踽踽独行。

1999 年，杨刚在《杨刚美术创作小结》中写道："从 95 年下半年开始，受后现代解构思想的启发，我根据自身特点和身心状况，选择了'脚踩两条船'的作画状态——同时涉猎中西绘画。此间油画、丙烯画、图片拼贴和各种综合材料的作品开始出现。主要作品有图片拼贴《都市的脸》、丙烯画拼贴《图腾》《信仰》《草原》系列、《都市》系列、《古战场》系列、《自由长旅》系列、《舞》系列、《乐》系列、《运动》系列和油画《羊馆》系列。这些都是近期的代表作。香港一画廊和北京可创艺苑使这些作品的一部分进入了艺术品流通流域。近三十年中，我的创作观念和画风都发生了巨大变化，而始终不变的是对自由表现艺术的追求。可以说，我的艺术创作史，就是一次人生的'自由长旅'。"

杨刚在《中西结合的艺术个案》中称："80 年代我就是想借远古之魂壮水墨之气，当时的反叛对象也包括旧文人画。到了 90 年代末，我又做了调整，因为文人画发展到梁楷、青藤、石涛、八大等，已经形成了突破，与西方现代主义的很多主张不谋而合，且早于西方。"

2000 年，杨刚五十四岁。

2 月 15 日，陈逸飞在炎黄艺术馆观看了有杨刚作品的展览，表示非常喜欢作品中的张力，还特意买了一本此展画册作品集《中国画人物肖像展作品集》，此书收录了杨刚 8 幅肖像作品，其中 3 幅标出创作时间 1998 年。此则材料得自杨刚的一位藏家"我爱八大"，当时他陪着陈逸飞看了这个展览。杨刚先生辞世后，我爱八大告诉了我们，并将他当时买的画册寄赠给了笔者。

王德娟先生说："2000 年，我和老头毕克官七十岁，想在中国美术馆开个画展，作为一个总结汇报。杨刚他来捧场，并送我一大束鲜花。我非常感动，因为他是唯一的送花人。"

香港一画廊举办"曾经草原——杨刚新作展"。

杨刚、陈老铁、龙瑞、刘骁纯共同策划、参展，在北京国际艺苑举办第四届"张力表现水墨展"。

9 月底，北京可创艺苑举办"杨刚近作展"暨第一回"亦中亦西画展"。华天雪女士说："我第一次看杨刚老师的画展，是在李小可的可创艺苑，当时是 2000 年，我还特别清楚地记得当时小可跟我说，他是多么喜欢杨老师的画。"

10 月，"互联中西——北京画院六人画展"举办。杨刚在展览《前言》写道："启蒙运动前后，西画随着西学进入中国。它迫使中国人开始怀疑自己，连长处短处既长又短处一块儿怀疑。另一些人则起来捍卫，连长处短处既长又短处一块儿捍卫。有人提出有选择地保护与借鉴，说来容易，做到实难！于是你来我往，打进打出，周而复始，十分壮观。于是就有了徐悲鸿、林风眠、刘海粟、赵无极、吴作人、吴冠中这些勇敢的先行者，以及当代一批继续这一探索的中青年画家。'互联中西'的话题就是这样提出的。说'互联'不如说'耕耘'——困难重重。参展的六位作者，都是近年来关注这一话题并付诸实践的北京画院中年画家。此次展览的宗旨在于，他们从各自不同视角力求把握东西绘画的精神特质，并使之在自己的艺术世界中或并行或融合或反向发展，以体现自己对此话题的所思所为。"

11月底12月初，香港一画廊举办"杨刚水墨画展"，以《古战场》系列为主打。《古战场》系列在香港极受欢迎。画廊老板方毓仁先生提出，希望杨刚多画一些古战场，杨刚表示不愿意重复画同一个题材，于是拒绝。

是年，故宫博物院举办院庆邀请展，杨刚《墨马》等参展。

是年，Peter于德国创办久久画廊。

2001年，杨刚五十五岁。

是年，开始画电视速写默写。此创作习惯，一直延续到去世前。杨刚在《让瞬间之美长存》中说道："我画电视速写，是一种随缘而动的艺术行为，始于北京老百姓家家都有了电视机的时候。其内容以动态速写为主，而表现形式则多为纯线描。"杨刚在《异域风情速写》中写道："机械毁了速写，却也帮了速写——这就是突发奇想、随缘而动的电视速写。听说陈丹青也画电视速写，不知还有多少这么干的。反正我是尝过梨子，知道那滋味有多过瘾。"杨刚曾和笔者讨论过电视速写问题，他说电视是不得已的现场写生替代，但电视速写和画照片不同，电视是动态的，需要从中提炼典型的意象，画照片如无升华则几乎等于照抄。

参加北京画院"绿风——关爱我们的家园画展"。

6月2日—10日在北京国际艺苑举办"杨刚、庄小雷画展"。

9月30日,水墨《借西风》参加在中国美术馆举办的"百年中国画展"。

参加北京国际展览中心举办的"2001 国际艺术博览会"。水墨画《风雨牧人》获博览会一等奖。

北京可创艺苑举办"亦中亦西——杨刚近作展"(第二回)。杨刚在展览《前言》中写道:"我喜欢自由自在地画画,画得稍有起色,就不知不觉地陷入了商战。我常画《古战场》却不爱打仗。'世人都晓神仙好,唯有金钱忘不了',我只好在神仙与金钱之间寻找一条折中的路,就像在中西绘画之间寻找折中的路一样。"

是年,杨刚和 Peter 初见。Peter 说:"我和杨刚第一次见面,应该是在 2001 年春天,在李小可创办的北京可创艺苑。杨刚的画,从我看到它们的第一眼起,就给我留下了深刻印象。我立刻意识到,这是一位不同寻常的杰出艺术家。当时我就想,总有一天,在我 2000 年创立于德国的久久画廊(Galerie 99),我要为杨刚举办展览。从 2002 年到 2019 年,杨刚与我合作在德国总共参加了 19 次展览!其中包括 6 次个展,3 次联展和 10 次群展。在与我合作过的中国艺术家里,没有其他任何一位曾与我有过如此频繁的合作。我从第一眼就痴迷于杨刚的艺术,因为他的艺术并不仅仅是一般意义上的画。他的艺术就是他的生存方式,就是他与人交流的方式,如此真实而纯粹。他以毫不迟疑、毫无掩饰的方式，将他的灵魂透过他的画作呈现在我们每个人的眼前。"杨刚在《致皮特的信》中说："你刚一来，就买走了我那幅没人要的墨象，以资鼓励我的想象力和创造力。然而我在后来的创作中，却未能使之更上一层楼。"

是年，杨刚接受某记者采访，被问及艺术的意义何在。杨刚答："艺术是一种生活方式，一种人类交往的方式，一种精神寄托和身心修炼。"被问及如何看待艺术的永恒问题，杨刚答："不管哪派哪路，只要有意味或有品位或地道的作品，都能顶时候（这里也包括那些好的然而转瞬即逝的观念艺术作品）。有些好东西一时间可能被冷落，但下一个轮回却能时来运转，这个轮回有时是几年，有时是一个时代甚至好几个时代。"

2002 年，杨刚五十六岁。

春节前后，参加在北京可创艺苑举办的"名家画马展"。杨刚在《2002 年艺术展》中写道："展览效果不错，让我更加注重其艺术水准，画马热一发而不可收。其中《马》系列、《人马》系列、《马群》系列等作品都有了不同程度的提高。"

3 月 27 日—4 月 3 日，作品《锡林河——我的第二故乡》《都市节奏》《乐之灵》等参加在中国美术馆举办的"大匠之门——北京画院作品展"。

5 月 6 日，杨刚与董正贺游京郊马场。杨刚在《京郊有个马场》中写道："猛然间，车窗外闪过一座带骏马雕塑的大门；

随着妻子一声惊叹，眼前又出现了一大片蓝色的湖面。心情豁然开朗，旅途奔波的疲劳顿时除去大半。沿着平整的车道拐了几个弯，车子停在一座巨大的拱形建筑前。经小孔夫妇引领，我们步入这座现代化的室内马术场。场内的一切，以前只有在香港或影视节目中才能见到，我真为北京也能有这样的马场而欣喜。"

6月5日，德国久久画廊举办"杨刚作品展"。杨刚去德国，飞机晚点，Peter站在机场等候杨刚一个半小时。据董正贺回忆，她和杨刚想去听一个音乐会，但是买不到票了，杨刚在场外站着听完了整场音乐会。在德国期间，以及前后出国时期，杨刚创作了大量"异域风情塑形"。杨刚写道："现场速写画得越少，偶尔画几张就显得弥足珍贵，在我和妻子游历欧美大陆时就画了这么一批，从中还真能看出几分年轻时的英风。"

8月24日—9月9日，在北京可创艺苑举办"亦中亦西——杨刚水墨油画新作展"（第三回）。邀请函画面用杨刚水墨《春风得意》。

9月初，杨肖考入北京师范大学中文系。

9月5日—8日，水墨《马群》系列参加在北京中国国际科技会展中心举办的第十届中国艺术博览会。

11月，4幅《墨马》载入人民美术出版社出版发行的《中国现代画马名家》画册。

11月29日，香港一画廊举办"乐之灵——杨刚水墨画展"。杨刚与董正贺出席开幕式。方毓仁先生印制了《乐之灵》画册，收录杨刚先后创作的音乐题材水墨写意作品二百余幅，可惜这画册不公开发行。音乐题材是杨刚创作的重要系列，音乐中的酒神精神和大写意的酣畅淋漓相得益彰。近几年，不少人找笔者来求此画册，可惜已非常少见矣。

彩墨画《山花衬马蹄》由北京画院收藏。

是年，始习怀素《自叙帖》，并与速写中的线性经验融会贯通，于是草书大进。

是年，杨刚迁居海淀区枫丹丽舍。杨刚在《2002年艺术总结》中说："今年女儿考上了大学，我家得以住进京郊的新居。空间大了，生活、画画都比先前方便多了。只是妻子上下班时路远，一时还不能适应——啥时候也没有十全十美的事。"

瑞士朋友布克曼先生访问杨刚。杨刚在《乐之灵——杨刚水墨画集序》写道："由于喜爱音乐，就引出不少传闻，什么'作画必听音乐'呀，什么'如果不画画，准是个音乐家呀'，越说越神。于是有相当音乐水准的瑞士朋友布克曼先生就来了一次突袭式的音乐知识测试，结果我的成绩排在了女儿之后。"

是年，杨刚的部分作品受到市场好评。杨刚在《攀登珠穆朗玛峰》中说："2002年前后，画的一批水墨画，艺术市场上极有卖相，实际上，这是一张大画画坏了，局部非常好，扔了可惜，于是我反复看，当我看出东西之后，就在上面画上几笔，这种方法往往被科班出身的人所不齿。但霍去病墓就是依据，我的这样的画，犹如霍去病墓前石雕的刻手，看到石头天然的生猛，稍微刻上几下，随形就势，就出来了。"

是年，陈明桂先生经张重庆介绍，认识杨刚。之后，杨刚的作品基本由陈明桂装裱。当时，杨刚看到陈明桂的一幅油画，觉得很好，提出要用他的作品交换。陈明桂以为是客气，当然不敢交换。及至 2013 年陈明桂为杨刚策划展览时，杨刚又提出互换作品，二人才交换了作品。

杨刚在《2002 年艺术总结》中说："回顾 2002 年，要说有什么重要事，首先是画了不少的马。确切地说，就是以画马为切入点，进一步锤炼水墨大写意。今年出现画马高峰，这与马年频繁的马信息有关，使我自幼喜爱画马的童心再一次被激活。"又说："在水墨画稳中求长的同时继续尝试个性化的油画语言，其中《草原那达慕》等作品又有新的突破。"

是年，杨刚参加了老甲艺术馆成立五周年学术研讨会，并发言。

是年，在北京画院艺委会、培训中心会议上，作了关于画院应鼓励在院画家发展个人艺术道路的发言，以及画院应经常主办"合并同类项"小型院展的建议。

2003 年，杨刚五十七岁。

杨刚在《2003 年工作设想》中写道："新年度创作设想是除了在个人与画院群体活动的重叠点上参加适合的院展外，我个人的绘画创作仍将以'自然、社会、人'为主题。自然是指人类以外的宇宙万物给予我的启示；社会指的是横向的茫茫人海给我的感悟；人则是对人生经历的纵向感悟。在大千世界与时间长河面前，人类、人生是极渺小的存在，其意义就在于过程本身。人死之后，其意义还会以其他形式延续。对于画家来说，这其他形式主要就是他的画。当代国际艺术潮流已进入后现代时期，纯绘画已成为非主流的艺术形式。但我却依然迷恋其中，这是缘分。我画画是随缘而动。光有灵性与感悟还不能成画。从人类第一次可称其为绘画的现象开始，便与工具和材料紧密关联。工具材料又直接关联着绘画语言。可以说，当一位成熟的画家想作画时，他是用自己的绘画语言去看世界的。我目前看世界的眼睛，主要有比较成熟的水墨大写意和不太成熟的油画。近期还应在水墨画稳中求长的同时继续修炼油画，使其逐步成熟起来。亦中亦西也是我随缘而动的一种表现。"

是年，赴平西府陪同卢沉先生过除夕。杨刚在《良师益友卢沉先生》中记录："自从卢老师移居京郊后，我们就走动得少了，然而他那随遇而安的超拔之气却更深地影响了我。只知道他每日里于闲散中读书写字，留意着架上的葫芦院中的竹。每逢除夕，挚友邵大箴夫妇便像老小孩似的跑到平西府跟他一块放花炮。感此纯情，2003年我和家人也加入了平西府的除夕游戏，不料却偏在这一次燃放走了火，点着了邻家一堆无人看管的木材！接着便是众画家群起灭火的壮观场面。每次走访，除了坐而论道，就是看卢老师草书的好长势。直至看到他的巨幅新作——《东坡长诗》，其艺术水平，只有他在法国讲学时的即兴巨幅才可与之媲美。在平西府的日子里，卢老师在艺术上长势最好的，应属草书和受吴门画派影响的人物画。"

此处涉及邵大箴先生，于是记出这段公案。2021年11月，中国美术馆举办"自由长旅——杨刚艺术展"时，恰逢邵大箴先生"文心墨韵"展出。听中国美术馆的朋友们讲，邵大箴先生展览的开幕式可以有多个选择，但听到杨刚展览的开幕式定为2021年11月29日上午，邵先生也选择了这个日子。笔者犹记得，邵先生的展览布展完成后，他在范迪安和安远远的陪同下观看了杨刚的展览，走走停停，看了很长时间。杨刚的展览开幕式后，邵先生又观看了杨刚的展览。我们在撤展时，悦阳空间的主理人（他们是邵大箴先生作品的主要代理者）前来洽谈合作，告诉笔者说，邵大箴先生观看了杨刚先生的展览后，告诉他们，"谁说当代中国没有大师，杨刚就是中国当代美术的大师"。邵大箴先生于2024年7月25日辞世。

天津人民美术出版社出版《走近画家——杨刚》。

水墨作品《立马》《马群变奏曲》《牧人》《聆听》《乐队指挥》《乐队》《鸽群》《借西风》等，参加山东现代水墨艺术馆在台湾举办的"裂变·蜕变——中国现代水墨艺术展"。

9月11日，作《至精疏朗　至味淡泊——品肖金钟花鸟画》。杨刚写道："我的不少朋友都是先认识画，而后才认得人，老肖也在其中。实际上我们之间很少交谈，却常在一个点头微笑或是三言两语中互通情思。老肖的爱人山水画得很好，也是个少言语的人，一接触就知道也是钟情艺术的人。我在画展上见到他们，经常是静静的，静静的，就像他们的作品一样。"

颇可见杨刚取友之原则，都是以画会友，因画识人。

10月11日—19日，可创艺苑举办"亦中亦西——杨刚水墨油画展"（第四回），展出杨刚本年度所创作的水墨和油画作品30余幅。

10月17日，杨刚《皇城遗韵》等参加中日美术联展，主办单位为北京画院与日本南画院。

水墨作品《琼岛春荫》参加北京市文化局和北京画院在中国美术馆举办的"北京风韵"大型连续展之一"园林胜境画展"，刊入《北京风韵》系列画册。

水墨作品《都市节奏》参加文化部在广州美术馆举办的"第二届全国画院双年展"。

在故宫看展览，偶遇卢沉先生。杨刚在《良师益友卢沉先生》中写道："在故宫绘画馆参观书法展时遇见了卢沉先生，发现他多咳喘，说话也显得很吃力。"

赴医院看望卢沉先生。杨刚在《回忆卢沉、周思聪》中记录："卢老师病危时我去看他，他都那样了还惦念着国画基础课的事。我像在课堂上回答问题似的说：'有书法、临摹、写生，还有小品练习。'卢老师很吃力地说：'还有水墨构成。'他坚持这一主张，至死不悔。"在《良师益友卢沉先生》中记录："再见到他时，已经是在医院病房中了。我和小董听说他病重，就约上聂鸥一起去看他。我们已几乎认不出面前的他了！整个人蜷缩着，病服裹着瘦弱虚弱的躯体，脸又黑又瘦，深陷的眼睛闪着无奈的光，一切已不能自理了。他不停地咳，不时咳出带血的痰。我们都很震惊，没想到这样一位大好人却惨遭如此厄运！"

12月31日—2004年1月5日，杨刚彩墨作品《皇城遗韵》《时装秀》《草原那达慕》《故城寻梦》等参加文化部和中国画研究院在北京中国美术馆举办的"东方之韵——2003中国水墨画展"。彩墨画《皇城遗韵》由北京画院收藏，2021年底北京画院举办"生·生——杨刚艺术作品展"时，曾展出了此作品。

杨刚在《2003年艺术总结》中写道："饿了吃，困了睡，看书写字画画遛弯看电视，跟偶尔拜访的人聊天——这就是迁居京郊后头一年的生活创作状态。今年的水墨和油画新作基本上就是在这种状态中完成的。预计，这种相对稳定的绘画状态将会延续相当长的时间。"

王非主编《艺术状态》，邀杨刚作封面人物，发表杨刚部分作品。

2004年，杨刚五十八岁。

1月23日凌晨7时30分，卢沉老师在北京去世，享年七十岁。杨刚大恸，为卢老师写挽联，几夜不寐，地上废纸没过脚踝。

杨刚偕妻女、外甥赴锡林郭勒草原采风，故地重游。杨肖记得在草原上一路颠簸，脑袋几乎撞到车顶；锡林郭勒盟卫生条件不好，买油饼用纸包着吃，吃完之后整个纸都油亮油亮的。

参加北京画院 10 月 10 日—15 日在中国美术馆举办的"互联中西"六人画展,作者还有王怀庆、聂鸥、赵成民、庄小雷、邵飞,作品有国画、油画和雕塑。

4 月,香港一画廊举办"杨刚油画作品展",展出杨刚 40 件作品。

彩墨画《皇城遗韵》参加北京市文化局和北京画院在北京中国美术馆举办的"北京风韵"大型连续展之二。

《故城寻梦》刊入《北京风韵》系列画册。

《汉宫秋月》《草青牛壮》《菩提树下》《太极魂》《罗汉图》《傩》《琴韵》等水墨作品,参加中国画研究院举办的"回望——中国画邀请展",并刊入展览画册。

5 月 8 日,香港利园与一画廊携手在利园地下写字楼大堂举办"杨刚与方向中国画联展",杨刚参展水墨作品共 38 幅。

10 月,德国爱莎芬堡久久画廊举办为时一个月的"杨刚水墨作品展",杨刚参展作品 36 幅。杨刚和董正贺老师参加画展开幕式,走访多位当地艺术家,跟熊猫旅游团游历西南欧洲共七个国家。在德国期间,与上海前卫艺术家王天德在久久画廊办展,共同探讨艺术及艺术市场等问题。

2006 年,笔者在复旦大学读硕士期间,曾在上海拜访了王天德先生,王先生和我谈及昔年在德国和杨刚见面的情况,又和我大谈作品市场化等,与我自幼接受的教育以及和杨刚平常对我的教育大相径庭,及归学校,思及自己尊敬的艺术家竟如此重视市场，不觉且悲且失望，大哭一场。

11月13日—21日在北京可创艺苑举办"亦中亦西——杨刚水墨油画展览"（第五回）。参展水墨作品33幅，其中油画作品11幅。在展览《前言》，杨刚写道："除了将旧有题材尽量画得更好之外，如果说这次个展还有什么新东西拿给大家，那就是山外山系列和墨象系列了。这些水墨系列的作画状态与邵大箴先生的山水系列以及薄云先生的风景系列相仿，都属于无心插柳柳成行那一类，只是在绘画风貌上各不相同。"

水墨画《牧马人》《奔腾》由北京画院收藏。

2005年，杨刚五十九岁。

1月12日，参加中国美术馆举办的中央美术学院"1978级研究生——春华秋实画展"。展出杨刚《奔腾》《套马图》《赛马》《长河落日》《墨马》等作品，其中《套马图》《奔腾》由中国美术馆收藏。

7月2日，刘凌沧、郭慕熙艺术馆在河北固安成立，杨刚、董正贺参加开幕式。其后，杨刚、董正贺多次到访艺术馆。

7月，《艺术状态》第三辑出版杨刚专辑，主题为"亦中亦西"，主编房永杰。

9月1日，四川美术出版社出版《名家逸品》画册丛书，其中有杨刚专册，主编为岳增光。

10月15日—22日，可创艺苑举办"亦中亦西——杨刚水墨油画展览"（第六回），共展出杨刚水墨、油画 30 幅。

水墨画《骑手》由北京画院收藏。

方毓仁先生说，约杨刚一起去看吴冠中先生的展览。大家都到了，结果杨刚过了很长时间才到。及至，杨刚说，坐上出租车才发现兜里只有 5 块钱。他就和师傅说，就拉 5 块钱的路程吧，到了把他放下。结果后半段，是杨刚自己步行走来。由此可见杨刚为人之质朴。

是年，可创铭佳艺苑举办杨刚、贾浩义、胡勃、赵成民联展。

是年，作品《轰》被评为全国画院优秀作品展览最佳作品。

是年，中国画研究院举办纪念黄胄写生展，杨刚 10 幅速写参展。

杨刚在作于 2005 年的文章《极古极新　亦中亦西》中说："我在赴美国讲学时给他们介绍过，十年浩劫后，中国画坛出现了与三四十年代相仿的多元化格局，其主要倾向有三，一是以科学造型为基础的写实主义；二是以气韵生动、书画同源为基础的写意传统；三是以把握形式美感、提倡观念更新为主旨的现代主义。如今细想一下，发觉还应该补充一个四，是除欧洲、北美之外，其他地域性绘画的影响。中国近现代绝大部分绘画现象，都处在此四者之间。三十五岁之前，我主要遵循的是当时大一统的第一条道路；这之后，便长期寻觅于这四者之间，直到形成了今天的面貌。"此颇可见杨刚当年的艺术境界和艺术探索的历程。

2006 年，杨刚六十岁。

2月10日，接受付京生采访时，杨刚谈到自己的创作："我的学画过程非常杂，有些东西表面看是水火不相容的，但以我的经验，对立的东西开始会在脑子里打架，如何将打架变成艺不压身，这需要一个过程。相反面的山脚是互相对立的，从它们各自的位置出发爬上山顶，在这一高度上就不对立了。各种艺术流派艺术门户在各自打基础时好像是水火不容的，修炼到一定高度才发现是互通的，才能够艺不压身、融会贯通、互为补充、运用自如。"又说："你说的那种悬的感觉我也有，但我特别想上珠穆朗玛峰，所以不能待在那里不动。走险，是一种迫使自己不停攀登的动力。现在，在艺术上，我追求大格局、大框架，有时，我特别想找形，但一找形就完了，特别深层的生动东西就丢了，没有了。在大写意方面，我的画与贾浩义有和而不同的地方。贾浩义借鉴了花鸟的手法，是齐白石、崔子范的红花墨叶大写意的发展，色彩上有强烈的民间精神。我主要是从山水、书法中找感觉，我练字，追求皴的苍。老贾的花鸟是淡笔，我是大片，有时甚至不讲层次。我一直在追那个心中的极致状态，不过瘾就用排笔了。马蒂斯不过瘾，就动剪刀，走到极端，大片才过瘾。我的这些东西有过去欣赏传统书法时的经验，譬如金冬心的漆书，魏碑，包括楷书，那种硬边的，但视觉上不感到薄，我不一定都去临写，但我读帖。青藤、八大、美国的克莱茵我都读，主要是借气。金冬心、魏碑、青藤、八大、克莱茵，我大写意里面都有，但又不是单一地学谁。有一幅作品，大片的彩墨中有齐白石的水波，框架是现代的。我还画有一幅作品，是看电视影像的记录，我把它以近似抽象的手法中国趣味化了。我从小喜欢画马，现在的马，也有中国趣味变形的。"

在这次采访中，杨刚谈到了他水墨大写意的追求："在水墨方面，最近十几年下来，我主要用抽象半抽象的手法，尽量把水墨材质的语言的可塑性发挥好。我的感觉是，必须注意西方抽象的本质和中国宣纸借鉴西方抽象形式元素的局限性，而且必须注意局限性也是它的优点。对中国的宣纸，我在折腾了很长时间以后发现，还得重新认识中国的宣纸，因为它太特别了。特别是生宣、墨和中国的软毛笔碰到一起，太特别了，我折腾了大半辈子了，觉得这宝贝不能扔。画家和宣纸的关系，如同骑马，下马后必须把马伺候好，了解它的性情。一个骑手要懂马、爱马才是好骑手。"

在这次访谈中，杨刚谈到其当前的创作，明确提出要攀登珠穆朗玛峰，并言已经看到了山顶。杨刚说："近期，我的风格表面看相对稳定，但我实际上经常作一些探索性的作品，许多表面看风格相对稳定的作品，其实都是实验品。在这样的实验过程中，我好像向着水墨的珠穆朗玛峰攀登，不能停也停不下来，因为我看到了峰顶。有人说，我现在的意象水墨作品远离了对现实生活的观照，其实，雪地上的脚印、发芽的柳条等，自然中到处都有形式美信息（视觉信息）。我的调色盘，有时都想把它锯下来一块永久保存，那上面的形式美感有时候非常感人。过去，张旭观公孙大娘舞剑器而悟出书法的道理，现在，我对雪地上的脚印、发芽的柳条的关注，同样是对生活的热爱，是对生活充满情趣的观照。研究生时期，是关注生活时期，现在经常关注纯艺术，就像斯特拉文斯基回到巴赫，回到古典，走汲古汲新的路。前几年，搞实验水墨，我已经找到了新的切入点，在这之中，书法中的美学意识和承载于其中的精神观念对我的作品的帮助是显而易见的。现在，影视中看到的音乐会演奏、舞蹈的照片，我都把它们当成字帖了，像写字一样，我的那些尽量达到只有中国书法精神意象才能达到的境界的画面，就是这样画出来的。在老附中崇尚科学造型时，我是绝对想不到自己会画这样的东西的，这批东西，它们看似笔墨、造型简单，但实际上它们凝聚了我几十年的艰苦的探索历程，就是现在创作它们，也是我付出了极大的心血才能够画得出来的。我希望它们被看成我的'灿烂之极，复归平淡'的产物。"

6月5日，水墨画《大妈》和油画《夜深沉——什刹海印象》参加北京画院在中国美术馆举办的"北京风韵——城池漫游"画展。

9月初，杨刚和董正贺送杨肖赴复旦大学。盖因杨肖从北师大毕业，保送至复旦大学中文系读硕士。杨刚和董正贺陪杨肖安顿好，熟悉了校园环境，又稍待了几日，即返回北京。告别时，杨肖抱住杨刚泣别。此为杨肖第一次离开父母身边，第一次赴外地求学。

为画家王训盛画集写序道："起初我在画廊展线上常见到王训盛的好画，朴厚而敏锐、稳健又率真，蕴高贵典雅于荒率粗放之中，特别是他用薄画法画的油画，那种看不出技巧的高超技巧，感觉不出经营的精心经营，在众多他人作品中一眼就能认出。后来又听到不少关于他的人生传奇，苦难的青少年时期、侠义的手足深情、于黑暗中探寻光明的艺术慧眼、前所未闻的学艺道路，等等。而我最看重的，乃是他的作品本身。"

速写和彩墨写生多幅，参加中国画研究院美术馆举办的"纪念黄胄写生画展"。

年底从北京画院退休，在自己命名的工作室入境庐中写字作画。杨刚在《关于入境庐的几则解释》中写道："从北京画院退休，我开始在家里画，'入境庐'是我的斋号，意思取自陶渊明。上有天堂福，下有入境庐，我一进入境庐，就感觉到了天堂，一拿起画笔或者思考艺术问题的时候就感觉有神仙附体，觉得是最幸福的时候。我把艺术当成我生活的一部分，很重要的一部分，只要我还能画得动，画画、写字就是我生活中非常享受的一部分。我把工作室命名为'入境庐'。回想起儿时的绘画心态令人向往，想画什么拿起笔就画，画坏了就撕，直到画好为止。如今有了一身功夫一脑子想法，作画时却经常要面对许多非艺术问题。如何以儿童的心态，画儿童画不了的画，这就是我给自己提出的一大难题。"在一份北京画院的表格中，杨刚写道："2006 年退休后，将主要时间精力用于水墨和油画创作，继续实施‘汲古汲新’和‘亦中亦西’艺术探索。”

退休后，杨刚生活规律，早上八点到画室，中午回家吃饭、午休，下午三点左右又到画室，晚上回家。晚饭后，他就在家中临习书法，几案上常摆放的是《铁山摩崖刻石》《书谱》《自叙帖》等。杨刚在《从速写加笔墨说起》中甚至说：“近些年来我对书法的迷恋正在逐步赶超对速写的爱好。”

杨刚非常爱运动，最喜欢徒步和游泳。退休后常到奥森公园徒步十公里，然后再走回三元桥居所。杨刚亦擅游泳，居所楼下的健身房常年办了游泳卡，几乎每天游一千米。

2007 年，杨刚六十一岁。

四川美术出版社出版《中国画名家画库——杨刚精品卷》。

广东南方电视台录制播放《杨刚画马专辑》。

3 月，南新仓皇家粮仓画廊举办杨刚水墨画展，展出杨刚运动题材作品 40 余幅。策展人为李光先生。之后，其中的 20 幅做成了版画，各限量 100 张，均有杨刚签名。此杨刚作品第一次制成版画。

4 月 5 日，填北京画院表格，其中一栏为“近年活动内容”，杨刚写了“为人类留下些好画”；“教学情况”一栏，杨刚写道：“为北京画院上过几次大课。给中央美院国画系学生上过一次课。”

7 月中旬，杨刚、董正贺重回草原，陪同央美附中时期同学谢志高、翁如兰、陈继群赴锡林郭勒草原采风，故地重游。是年同学翁如兰回京时和杨刚表达了一个遗憾，说虽在内蒙古工作多年，但一直在呼和浩特，未能深入草原。杨刚当时即表示，可以陪同她去锡林浩特草原深处走一下。这次一同前往草原的为杨刚、董正贺、翁如兰、谢志高等，在锡林浩特对接安排的就是若希。董正贺回忆，若希非常周到，他几乎用内蒙古最盛大的礼仪迎接了杨刚、翁如兰一行。在距城十五里的地方，若希带了很多朋友献歌、献酒，充分展现了内蒙古朋友的好客与热情。此行，若希陪他们游了锡林浩特城，也陪同他们在草原深处走了几天。现尚存一张他们在贝子庙前的合影。

油画《草原那达慕》《乐队》参加"时代华章——北京画院、上海中国画院五十年作品展"。

夏天作诗《入境庐》："昔日速写痴，今朝书画迷。欲收八方气，挥毫涉中西。"

作品随德国爱莎芬堡久久画廊，参加"纪念约翰内斯堡联展"。

是年，吴洪亮先生到北京画院工作。吴洪亮先生说："到北京画院工作以来，我和杨刚先生接触不多。只有几次的交流，每次话都不多。因为周思聪先生的活动，杨刚先生才出现，其他的不曾出现。"

赴环铁艺术区参加王非个展。王非此展主要是水墨人物。杨刚与王非言，画要好好留着，不要散掉。

2008 年，杨刚六十二岁。

在北京饭店贵宾楼举办"奥林匹克之窗——杨刚画展"，展出 29 幅体育题材的水墨大写意，李光先生策展。

4 月 29 日，作文《中西结合的艺术个案》，谈自己亦中亦西的艺术创作道路："我从小就接触到两种绘画教育，一个国画一个西画，同时接触。上科班后主要是西画，后来缘分又让我回到国画，来回来去，亦中亦西，两种绘画都舍不得扔。'东一榔头西一棒子'，这是美术创作中的大忌。从道理上讲，不专一经常会导致一事无成。但是从我的个案上看，'从一而终'的内涵有所不同，'亦中亦西'就是我的'一'。所以我就不管别人怎么说，要'从'这个'亦中亦西'而终，把我想画的都尽力画好，就成了现在这个样子。"

历博集团在海运仓主办"生生不息——杨刚动态水墨画展"，展出杨刚 20 余幅体育题材作品。策展人为李光先生。

参加人民美术出版社主办的"盛世中国"画展、宋庄美术馆"水墨同盟"名家邀请画展、国际展览中心"奥运画展"、中国美术大事记杂志社"名家邀请展"、首都师范大学美术学院"当代百人作品邀请展"、中国美术馆"新时期中国画之路"画展。

在《艺术状态》《中国水墨 2008（卷一）》《中国书画》等刊登作品。

退休后，杨刚深居简出，逐渐退出美术圈子。杨刚在访谈中说："一开始我还比较注意和美术圈子互动，因为一路上走过来，跟这个圈子缘分注定，老是跟这些人打交道。到退休以后，和他们联系越来越少了。现在，我受各种圈子的影响越来越少了。"

退休后，研读《老子》《周易》《五灯会元》等。杨刚在《就是这样走来的——杨刚访谈》中说："很多东西是后来补的，这两年我退休以后补的东西更多，就是从中华文明的根儿上的东西开始补，像《易经》《道德经》，还有佛教的《金刚经》一类经典的东西。中华文明最根上的东西在这些经典里面。"

2009 年，杨刚六十三岁。

每年春节前夕，杨刚就开始忙碌着画当年的生肖动物。因为是新年，杨刚用裁成四方的红纸，画完写上"鸡年吉祥""狗年大吉"之类，也不落款。他画的动物具各种神态，几乎不重样。春节前后，是走亲访友的高峰期，凡有亲友来，杨刚都会送他们几张生肖画贺岁。

在德国久久画廊举办杨刚画展。展览期间，杨刚和董正贺在欧陆考察采风。

作品入选北京人民美术出版社出版的《万骏骧腾中华情——当代中国画家画马集萃》。

作品入选天津美术出版社《当代书画》杂志。

中国科学文化音像出版社出版 DVD《杨刚速写人生》。

《中国书画》杂志2009年增刊发表杨刚作品。

7月，杨刚和董正贺赴上海接杨肖回北京。杨肖从复旦大学硕士毕业，放弃保送复旦大学文艺学博士机会，考入美国西北大学艺术史系，师从胡素馨教授。在沪期间，与杨肖的硕士导师、复旦大学中文系教授郑元者教授聚谈，参观上海博物馆等。

8月初，杨肖赴美。杨刚和董正贺送至首都机场。

《文艺报》2009年9月27日星期一头版发表《杨刚作品赏评》。

是年，李鸣钟故居作为河南省文物保护单位落成。杨刚作为李鸣钟后人，受沈丘县委、县政府邀请审阅李鸣钟生平展材料，也参与相关典礼。杨刚以草书为故居题写了"贺李鸣钟将军生平展成功揭幕"，今依然张挂于展厅之中。

2010年，杨刚六十四岁。

恰值虎年，杨刚复印布老虎面部，三维变为二维，制成版画，效果出人意料，赠予亲友贺岁。

9月18日，学生王非、吕子真来访，一起到杨刚画室入境庐作画写字切磋。杨刚常对他的学生言"见于师齐，减师半德"，又论其学生曰："诸生皆有可法者，王颖生工笔过我，王非水墨实验过我，吕子真篆刻过我。"

9月22日，观电影《山楂树之恋》。杨刚说，此已与"伤痕文学"有异，不是控诉时代，而是诉说人生无常，确实时代已大变了。

参加中国美术馆"春华秋实——1978届中央美术学院中国画系研究生班学友毕业三十周年纪念展"。参展者有刘大为、史国良、胡勃、杨刚等中央美院同学。

10月17日，游故宫，登景山。

10月24日，赴保利剧院观看Semele。

10月25日，赴北京音乐厅听音乐会。

10月27日，观看波士顿剧团歌剧《白蛇传》。

12月2日，赴恭王府观看陈平戏剧《孤山梦》，与陈平交流创作近况。

12月5日，赴北京画院观看李可染画展，邹佩珠女士出席。晚与许涿饭。

12月11日，杨肖回京。此为其2009年赴美国后，第一次回国。

12月中旬，王颖生来，携其所创作工笔长卷《鬼谷子》，请杨刚和董正贺题辞。杨刚题："颖生老弟以工笔重彩画鬼谷子传，颇得海上任氏造像之魂。若能再多些古法并诡异之气或许更佳。"

参观史国良画展。史国良说："杨刚对于我来说，就像一个老大哥一样。后来，我们同学之间彼此看了展览都很客气，一般都说好的话，杨刚不是，他对我的创作有很多忠言和忠告，是他的真实看法，我觉得特别珍贵、温暖。"

是年，作品在《国家艺术》杂志 2010 年第 2 期、《天下收藏》2010 年第 1 期、《太原日报》2010 年 3 月 10 日、《中国画苑杂志》2010 年第 8 卷、《中国艺术》2010 年第 3 期等发表。

2011 年，杨刚六十五岁。

1 月 1 日，杨肖假期结束回芝加哥。杨刚作《杨肖兔跳图》，题曰"女儿杨肖，儿时参加小朋友的兔跳比赛。众多对手皆犯规而走捷径。她却坚持以规定动作最后一名通过终点。今兔年将至，遂想起于大洋彼岸就读的杨肖。遥知她至今仍在兔跳不止"。

1 月 15 日，游颐和园。

1 月 22 日，卢飞丽（Felicity Anne Lufkin, *Folk Art in Modern China, 1930–1945* 作者），携其小女儿来访，其女儿极活泼，杨刚为其女儿作画像赠之。卢飞丽为高居翰学生，在北京留学期间曾从董正贺学习书法。其先生为美国学者江忆恩（Alastair Lain Johnston），为哈佛大学政府系教授，北京大学李零先生称其"懂兵法"。2008 年，笔者在美国游哈佛大学时，曾去其家做客。

1 月 23 日，赴中央美院美术馆观看"女性自画像展"。下午赴国博，观看吴为山孔子雕像。此雕像 12 日竖立，4 月 28 日移除，当年引发极大争论，左翼、右翼学者颇多批评，国内外社会有颇多解读。

1月29日，游圆明园。

2月3日，正月初一，陪董正贺老师游白云观。

2月13日，晚赴王志远家，一起画画写字。杨刚作《套马图》，稍有误差，王志远才思敏捷，立即题诗，大意为套马没套着，于是放跑了。

2月14日，赴中山公园来今雨轩晚饭。

2月19日，杨刚去看望常锐伦先生。常锐伦先生赠杨刚《美术学科教育学》（人民美术出版社，2007年），扉页写着"杨刚留念，常锐伦，2011.2.19"。2020年4月，时正疫情，笔者致电常锐伦先生咨询杨刚相关情况。常老师虽年过八旬，但耳聪目明、思维清晰、判断精准，耐心细致地解答了所有的问题，对杨刚也一直抱着极为欣赏的态度，说一直关注着杨刚的画，最喜欢的是《古战场》系列水墨。常老师评价杨刚道："他待人真诚，一直非常重视速写，所以其艺术贴近生活，充满浓郁的生活气息，艺术表现上，粗犷豪放。"

2月20日，赴颐和园游。

3月6日，游东岳庙，观年俗展览。杨刚学生吕子真任职于此。

3月14日，杨刚、董正贺赴美国。第一站在西雅图，住在董正贺初中同学胡东娃女士家。作《岛居图》系列水墨，每天和胡东娃的爱人贾新生一起捕鱼、散步，画了大量速写，并草书贾新生所作古体诗。

3月19日，至芝加哥城近郊埃文斯顿小镇（Evanston）看望杨肖。其间，董正贺为杨肖整理屋子、衣服等，杨刚有一张速写记录此事。杨肖陪同游芝加哥美术馆、芝加哥大学等。见杨肖在美国西北大学留学辛苦，颇觉伤感。

5月2日，回京。起飞前看望王德娟。王德娟先生说："杨刚夫妇来美国看望在芝加哥留学的女儿杨肖后，特地到洛杉矶来看我。送我高等的绿茶，请我吃大餐，并带来电脑放给我看他的全部作品，因为数量大，看了很长时间。当时杨刚已是有名气的画家了，他还以学生的身份向老师汇报他这些年的作品。"

5月17日，杨刚、董正贺请张文江先生在沪江香满楼用晚饭，饭后陪同张老师往观天安门。杨刚的学生岳洁琼，在中央美院任教，于传统文化有兴趣，于是邀请张文江先生来中央美院讲《庄子》、禅宗等。

王颖生邀请杨刚往中央美院讲课。王颖生说："我多次请杨刚老师到美院讲座，杨老师稳健大气的讲演和示范，获得了美院国画系及壁画系师生的交口称赞，让人很难想象杨老师当年曾视讲台为畏途，放弃了留校任教的机会，去北京画院当了专业画家。他自己笑谈超越了自己，已经不是当年了。"

6月13日，杨肖暑假归国。

6月18日，应Peter与史红艳之邀，与董正贺、杨肖、刘涛往河北赤城白草镇。该镇四面皆山，极为幽静。6月19日晚返回北京。

7月30日，赴颐和园游。

8月15日，董正贺六十岁生日，王志远等亲友来贺。

8月18日，与董正贺、杨肖、刘涛访吕嘉民与张抗抗，参观其书房，吕嘉民多政治类书，张抗抗多文学类书。吕嘉民藏一柜子各种版本的《狼图腾》，其中包括正式出版本、盗版本和各种译本。

8月22日，送杨肖返美国。

8月28日，赴北京展览馆观看东方歌舞团节目。

9月12日，赴中山音乐堂听盛燕纪念邓丽君演唱会。

9月13日，赴梅兰芳大剧院观看陈平《画梦诗魂》。

10月3日，访张抗抗。

10月5日，参加董正贺侄女董姗姗婚礼。董正贺致辞，表达了祝福，同时勉励董姗姗当致力于书法创作。

10月6日，赴保利剧院听马勒《第八交响乐》。

10月23日，赴香山观红叶。

10月30日，赴保利剧院听音乐会。

12月4日，Peter来访。

12月12日，杨肖回京。

12月13日，Peter复来访。

12月30日，杨肖回美国。

是年，陈明桂问杨刚，说杨先生年轻时的油画《打靶归来》非常经典，现在很多人还能记得。杨刚则说，这幅作品是特定时期的产物，只是代表了当时的水平，应该每个时期有每个时期的作品，不能没有变化。

2012 年，杨刚六十六岁。

1 月 1 日，往游清华大学。

1 月 23 日，正月初一，陪董正贺老师游白云观。

2 月 11 日，往农业展览馆看非遗展。此展提出了非遗生产性保护概念。

2 月 20 日，Peter 来访。

2 月 21 日，晚访王良武、邱坚，一起打乒乓球。

2 月 24 日，朱振庚去世。杨刚悼之曰："悼朱振庚兄。人生痛失一挚友，道内又少一雄杰。耿直忠勇德长在，志猛才高艺永存。"

2 月 26 日，往游颐和园。

3 月 4 日，往中国现代文学馆打乒乓球。

3 月 23 日，杨刚与董正贺一起赴黄山。董正贺的侄女董姗姗、侄女婿张焱外派黄山，邀二老往游。归来后，杨刚作《黄山》，向黄宾虹致敬，故此作以枯墨为主，但杨刚笔下的黄山更为简略，只写大概。

4 月 2 日，赴中国现代文学馆观邓拓收藏展。杨刚言，曾观《三家村札记》，颇叹息邓拓遭遇，始之被毛主席批评为"书生办报"，继之被批评为"死人办报"，终辞世于"文革"。

4 月 4 日，赴中国美术馆参加赵建成雕塑展。刘春华、王镛、史国良、孙景坡、聂鸥等亦来。

4 月 6 日，王颖生约杨刚、董正贺赴美院晚饭，饭后参观其工作室。当时，王颖生正为山西寺庙画佛教壁画。

4月10日，赴国家大剧院观陈平《富春梦》。

4月14日，赴炎黄艺术馆观庞薰琹展览。

4月17日，与董正贺老师赴德国。在德国久久画廊举办"杨刚作品展"。4月22日画展结束后，赴法国参加北京环铁美术馆在巴黎举办的"2012水墨百年画展"，住法国大使馆，时董正贺同事的女儿为法国大使馆一秘。

5月16日，回北京。

5月19日，赴中国文化遗产研究院参加刘绍刚新书发布会。李学勤、书法家刘涛等亦在。刘绍刚先生在《杨刚，一位具有赤子之心的画家》中写："杨刚先生还是一位书法家。刚才，董正贺先生带着我去看了杨刚的草书，纵横捭阖、元气淋漓，观之畅快。杨刚在世时，我和他有过多次交流。他对我说，绍刚你应该写草书。因为，他觉得我性格开朗。其实未必，杨刚虽然性格内敛、温和，像一个老大哥一样，但我知道他有一颗非常狂奔的心，这在其草书作品和大写意作品中有淋漓尽致的体现。"

杨刚、董正贺赴中国美术馆看朋友的展览。不经意间看到朱铭先生的两幅雕塑作品，杨刚驻足良久、颇为赞叹。笔者记得，其中一幅作品是《太极》，大块写形、人物厚重、线条灵动。当斯时也，杨刚尚不知朱铭。

5月28日，赴中央美院听张文江先生庄子课。

7月8日，上午游颐和园。

夏天，杨刚送刘涛《状元媒》（作者为叶广芩）并一封信。信系该书责编所写，称喜欢杨刚《皇城遗韵》这幅作品，也觉得适合用于《状元媒》封面，但因一时不能联系到杨刚，出书在即，所以从权先用，之后才打听到杨刚的通信地址，望见谅云云。对于此类事，杨刚很少留意，知刘涛研究文学，所以将此书并信送给了他。《状元媒》的封面将杨刚的彩墨《皇城遗韵》用作画面主体部分，但皇宫上空的云及宫殿之前的车马则是编辑补加。

9月7日，杨刚与董正贺赴中国台湾。因杨肖从美国西北大学获得资助，正在中国台湾"中研院"做访问学者。杨刚在"中研院"和邓丽君葬焉的墓园都看到了朱铭的雕塑，也一起进行了观摩讨论。游览了台南、女王头、日月潭、阳明山、嘉义等。

9月16日，回北京，携回杨肖在中国台湾所购图书几十种。

10月14日，杨刚、董正贺见孟繁禧，谈及康雍先生往事。

10月26日，董正贺哥哥去世，杨刚、董正贺往悼。

10月27日，杨刚部分作品在中国美术馆展出。

12月15日，中午请Peter午饭。下午赴中央美术学院参加朱乃正先生展览。曹星原在。杨刚高度评价朱先生绘画和书法。

12月17日，杨肖回京。

是年，与朝戈偶遇于中国美术馆。朝戈和杨刚相识于90

年代，朝戈在《关于杨刚》中写道："我真正见到杨刚本人，是较晚近的事了，他已经是一个平和持重的中年人了，我们互致对彼此艺术的印象和好感。"

2013年，杨刚六十七岁。

1月15日，杨肖回美国，送赴机场。

2月9日，送刘涛赴美国探望杨肖。

正月作诗《张力与表现的水墨实验》："金刚杵，开山斧，苍浑简穆通今古。老龙游，狮子吼，重剑无锋沙里走。"

春天作诗《草势旁通》："高人舞带，利刃划冰。曲铁游丝，始转调锋。纵情恣肆，贵在天成。无失法度，沁染古风。"又作《观物自警》："二月风高，垃圾飘摇。横行数里，俨然飞鸟。"

去北京画院讲关于龙的形象问题，出发之前和刘涛讲了两层意思。一是引《史记·老子韩非列传》："孔子去，谓弟子曰：'鸟，吾知其能飞。鱼，吾知其能游。兽，吾知其能走。走者可以为罔，游者可以为纶，飞者可以为矰。至于龙吾不能知，其乘风云而上天。吾今日见老子，其犹龙邪！'"下手看上手，盖不能认识其大体，犹龙的形象不能识别，故叹犹龙。二是龙是阳之形象，春夏秋冬阳状态不同，没有一定，故以各种形象综合于一体。

4月30日，在北京环铁艺术区举办杨刚油画展，主要展出杨刚40幅马主题油画作品，策展人为陈明桂。同时展出了画家周颖超的作品。同时，北京马术节举办，杨刚几乎每天去观马术展，到了废寝忘食的程度。杨刚马术节系列作品，即作于此时。

5月26日，杨肖回京。

5月27日，胡素馨来访。

杨刚和董正贺赴美国旅行考察采风，住西雅图。杨刚在《绘事随缘》中说："我在西雅图一个朋友家住，看到他家一张老照片，他的小孩很小的时候对各种动物都十分亲和，动物也有这种感觉，马上就跟她特别亲和。有一张照片是一个特别小的小女孩在一匹高头大马跟前，我立刻就想到了人和自然和野生动物的一种关系，不能只强调人定胜天，强调改造自然的这一面，而忽视古人讲的天人合一，这是一个大的道理，这是古人非常好的观念，《人马缘》里体现的就是这种人文精神。"7月回北京。

8月26日至29日，杨刚与董正贺赴吉林森工进行为期四天的绿色采风及笔会活动。26日上午，抵长白山，宿仙人桥温泉宾馆。27日，考察长白山生态系统。28日，参观北山公园、四保临江纪念馆、中朝边界。杨刚曾在现场作画，观照片曾画过一幅森林主题水墨画。29日，返回北京。

9月10日，杨肖与刘涛领取结婚证。

初秋，作诗《张力与表现的水墨实验之二》："观象执行，火眼金睛。入骨三分，直面人生。"

11月26日，与董正贺、杨肖见傅益瑶，与谈三小时。盖因杨肖博士论文其中一部分涉及傅抱石，故采访傅益瑶女士。杨刚和傅益瑶女士说起，曾看过朱乃正先生所作傅益瑶油画像等。

杨刚与董正贺赴内蒙古锡林浩特，参加锡林郭勒盟政协主办的"锡林郭勒盟草原书画摄影邀请展"，并赴东乌珠穆沁草原采风。

2014 年，杨刚六十八岁。

1月20日，作诗《听沧浪歌有感》："看破人间沧浪水，濯足洗颜皆从容。修得海上操帆术，东南西北尽好风。"

春节期间，作诗《观冬奥会有得》："人从天降，笔自空抛。高山滑雪，气通狂草。"《看花滑赛》："冰舞巧转刃，草书长调锋。风神合俊骨，千姿百态中。"盖观冬奥会高山滑雪，而草书大进。

春节期间，杨刚与昔年一同在锡林浩特插队的画家们互相串营子，名曰串营子，实是笔会。奶茶喝足、手扒肉吃罢，每人画几幅画，写几幅字，互相品评交流。

是年，至李立祥家，为其创作了一幅作品，并有题款曰："余兴满山川甲午春节刚"。据李立祥回忆，杨刚创作《余兴满山川》时，没挤新的颜色，就用了其工作室颜料盘里所剩的一点花青、胭脂，因陋就简绘成此画。当时只落了款，2015年春节串营子时专门带了印章补盖。

春节前后，杨刚参加北京民俗博物馆"春节名家画马展"。

春日作诗《赏孔·纳德木雕有得》："我爱笔墨迹，君迷刀斧痕。殊途无常路，同归有常门。"

2月22日，Peter来访，专程带了一位德国摄影师到家里为杨刚拍照。摄影师与杨刚初次见面，磨合需要过程，故拍了好多张，两人都不满意。杨刚于是拿起毛笔，将自己的脸画成老虎脸，摄影师记录下这个珍贵的镜头。除了画成老虎脸这个特征，照片中的杨刚还身着海军服，盖因推重毕加索之故。画成老虎脸，是杨刚对《周易》革卦"大人虎变"的艺术化处理。杨刚的一生，就是不断自我革新的一生，就是"大人虎变"的一生。

2月底，贾新生从美国回京。

3月8日，画家李文亮来访。其为《品逸》主编，此刊物刊发了不少古代名画，故杨刚颇重之。

3月14日，与董正贺老师携作品随德国久久画廊参加卡尔斯鲁厄国际艺术博览会（*Art Karlsruhe*）。4月11日，归北京。

3月27—4月3日，杨刚的《锡林河我的第二故乡》《乐之灵》《都市节奏》等，参加中国美术馆举办的"大匠之门"展览，主办单位为北京画院。

4月5日，杨肖回美国，继续撰写博士论文。

参加北京油画学会主办的"感知中国——中国当代油画展"的北京展和巴黎展。

随北京永峰画廊参加北京农业展览馆"2014艺术北京博

览会"。

7月9日，作文《绘事随缘》，总结自己创作的几个大系列："在中央美院附中我学的是西画基础，'文革'后到中央美院国画系研究班回炉深造，整个学画过程是亦中亦西，今天做个小结。我认为能够成系列的有几个方面：一、人马画系列（包括草原情结、现代马术等）；二、从像到傩系列（包括信仰系列）；三、人体、动作和范儿的系列等。"又说："我从小就特别爱画人马画，一直画到现在，临摹、写生、国画、油画都有。我喜欢古人的咏马诗，就用草书录写。"

10月2日，杨刚、董正贺、杨肖和刘涛赴山东胶州。晨开车离京，一路慢行，傍晚至胶州。3日，赴刘涛出生地，下午游高凤翰纪念馆。5日，游黄岛。6日，杨肖、刘涛举办婚礼。出发前，杨刚定下一条原则，要入乡随俗，一切按当地礼仪办理婚事。于是有迎亲、藏鞋、吃饺子、坐床、抱斧等一整套仪式，杨刚既是重要的当事人，作为岳父大人参与礼仪，又似乎旁观者，对礼俗颇觉新奇，不断拍照。7日，游青岛。8日，归京。回北京后，杨刚作多幅胶州大秧歌主题速写、水墨作品。

杨刚与董正贺，陪同王良武、李凯、路盛章、周萍等同学乘船赴俄罗斯旅行采风。据王良武先生讲，杨刚每天手不离笔，白天基本在甲板上画速写，船上的服务生几乎每天都来看杨刚的速写本，赞叹不已；有时候他们几个同学一起在甲板上发呆、看风景，或者讨论电影和音乐。他们游览了圣彼得堡、莫斯科红场、基日岛、斯莫尔尼宫，参观了特列季亚科夫美术馆、艾尔米塔什博物馆等。在圣彼得堡大剧院观看了芭蕾舞《天鹅湖》，当时不让拍照，杨刚就边看边画速写，坐在后排的俄罗斯孩子们基本没看芭蕾舞，一直在看杨刚的速写。其间，董正贺因为水土不适，病倒在船中，参观时几个同学用轮椅轮流推着她。

10月，刘涛家乡两位同学专程来京祝贺婚礼。归乡前一晚，杨刚分别赠与书法作品。翌日行前，杨刚又专程找到他们，说昨天写完后觉得不满意，又重新写了一幅，换回昨天的。

笔者陪同杨刚参加中国临沂"2014国际艺术品博览会"，此展览是水墨主题。策展人非常重视刘知白先生，展出了他很多作品。

作品参加画马研究会在广东中山市举办的"中国当代画马名家马年精品邀请展"。

鉴于互联网上经常出现假冒伪劣的杨刚艺术信息，决定授权雅昌艺术家网建立"杨刚个人网页"。（笔者注：当时其工作人员来到家中，游说父亲开设此网页，作为交换条件，携走十余张杨刚的小幅水墨人马画作品。后又来人至家中"续约"，交换条件为继续拿画。姑存于此，以见杨刚为人之朴素。）

11月，参加王良武画展，杨刚在开幕式发言："在老同学中，王良武属于一直坚持艺术创作的。在修炼中，他注意扬长补短，素描和色彩已经达到了高度的统一。他掌握了直接画法，做到一笔下去既形既色，这有利于材料的新鲜感得以保持。这种从局部入手，基本上一次铺开的画法，要求作者有很高的整体把握能力。在创作中，他又善于扬长避短，胡同系列把他长期对风景画的修炼经验与胡同主题很好地结合起来。"

12月21日，赴中央美院观董希文展览，之后又观冯法祀展览。

2015年，杨刚六十九岁。

春节期间，杨刚作《曾经草原宣言》，其中写道："特殊的人生历练与感悟，是引发艺术创作灵感的巨大张力。个人的综合艺术素质决定了能否将心中的变为画面。这是艺术成败的关键所在，因此我们必须为此精进不止。身心状态决定了艺术水准的发挥，所以我们既要主动调整，又要顺其自然。蒙古高原的游牧生活正在萎缩，我们无意中赶上了它的尾巴。人类游牧生活也许会最终消亡，而我们曾经草原的绘画却能继续与人类文明同在。"

初春，作《艺苑游牧》一文，提出自己创作的路径："我以往的从艺之路，经历过西学、中学、旧学、新学乃至官学、野学，等等。在学到本领的同时，也连同接受了各自的清规戒律。在融会贯通的过程中，有些条条框框消失了，有些则因需要而继续加固。在自由时，我常离开轻车熟路而自寻不自由，再经过不断努力而达到新的自由。正如人家说的：我是经常在失去很多的同时又得到了很多。天性如此，复欲何如？"

4月5日，往中国美术馆观看展览。

5月30日，往望京听友人弹奏古琴。

7月4日，往北京画院观启功书法展。杨刚在中央美院读研究生期间，启功先生曾给他们上课，笔者整理杨刚藏书，见过启功先生手书的复印讲义。

油画《霁》《夜归》、水墨画《老雁》《牧野云天》参加中央美术学院在北京太庙主办的"中蒙艺术家联展"。

9月，与董正贺多次赴卢沟桥观石狮，端详研究、讨论品鉴，复拍了大量喜欢的石狮照片。在此基础上，杨刚在一段时间内集中创作了33幅规模相同（30cm×40cm）的石狮造像，皆是水墨作品，每幅特征不同，或庄严或俏皮，或怒或喜；形象上或面目清晰，或唯具大体；笔法上或浓墨或淡写，线条或繁复或简笔。

常在朋友圈发表其新近创作。李立祥先生说："近年有微信后，他在朋友圈发了不少速写，造型、线条、神态极佳。说到速写用线，他说：'叶浅予先生主张单线，自己是根据情况，单线、复线都用。'他那复线的速写多以钢笔绘制，数线中似有根主线，显得厚重、自然，使我过目不忘。"

2016 年，杨刚七十岁。

———————————————————————

兴安先生来访，请教画马等问题。兴安在《杨刚：一个被忽略的水墨画大师》中写道："2014 年，我在恢复画画的时候，其实临过很多杨刚先生的画。我现在画的马，不能算是大写意，算是'中'写意吧，有不少是受杨刚先生的启发而得的。2016 年，因刘涛引荐，我到家里拜访杨刚先生，我们独处了两三个小时，看了先生的很多画。他知道我老家是内蒙古，感到特别亲切，找出来他制作的一些有关他在内蒙古生活和创作的录像让我看。都是一段一段的，有黑白的，有彩色的，衔接在一起，给我特别强烈的印象。他每放完一段的间隔，都会沉默一段时间，像是在平复自己的情感，回味过往，沉浸在对内蒙古的回忆之中。两个人用沉默倾听或者感受着这份短暂的静谧，但此刻我感觉我们是在用心灵交谈。他不善言谈，但内心饱满，他的一生的多数记忆和艺术创作都留在了内蒙古。我离开之前，他送了几本画册给我，郑重地签了名。这段记忆，让我特别感动。不久，我在中国现代文学馆举办了我的第一次水墨艺术展，他和夫人一起来观看，给了我莫大的鼓舞。"

5 月 18 日，国际博物馆日，北京工艺美术博物馆馆长邢军邀请杨刚前往作画。邢军先生说："国际博物馆日，我馆想请杨刚和董正贺老师为我馆创作几幅作品，但他两都是从不参加类似活动的，好在我去请时说明是博物馆日的活动，在董老师的帮助下，杨老师如约光临。那天杨老师在一个独立的客厅里非常认真地为我馆创作了几张作品，我们也是由衷地感谢和满意。真正的故事还在后面，过了两周，董老师给我打电话说：'杨刚感觉给你们画的那幅《牧归余兴满山川》他不太满意，在家又画了几幅，选了一幅最满意的换一下。'当我去换画时发现，不仅画面更加精致了，画的尺寸也从4尺变成了8尺！这是在画界听也没听过的事（杨、董二位老师从没把利益放在心上）。我再三感激，满意而归。故事还没结束，过了一年，有一天，董老师又打来电话，说：'一个国际上很知名的专业艺术刊物希望刊登杨刚一幅作品，杨刚仔细考虑认为还是给你们博物馆的这幅最好，你们是否愿意出版？'当然愿意！他遇到这么好的机会不是先考虑自己家里的作品，而是想到已经送给我们的作品，这是什么品质？！雷锋有吗？！"

7月10日，往798观展。

7月16日，往国家大剧院观看歌剧。

7月24日，赴内蒙古锡林浩特办"曾经草原美术作品展"。李立祥说："2016年，在第二次'曾经草原美术作品展'的间隙，承办者海军带着杨刚等我们数人驱车到乌珠穆沁草原的路上，看到远处草地上多了数座偌大的人造山（煤灰堆）时，大家都觉得突兀，占据了草地，与绿色的草场极不协调。归来后不久，杨刚根据所见创作了《人造平顶山》，这是他关注草原环保于笔下的体现，他在人文与生态中，在曾经的草地上自由行走着。还有作品《被孤身遣返到农村的老人》《门》《"文革"中的内蒙古寡妇上访团》等都是他内心的深入思考在笔端的流露。杨刚在艺术领域别开了一片新天地，这片天地既需要有艺术家的慧眼，又需要有对于社会、环境等方面的独立的思考、清醒的认识和社会担当。"

8月，杨肖、刘涛赴锡林浩特，实地走了杨刚当年牧羊、工作和生活等地，作《牧羊诗》并序："戊戌立秋前二日，车行六小时至锡林浩特。海军盛情，复驱车千里，赴东乌旗，登白石山，观乃林河，夜宿边境小镇。翌日走乌拉盖草原，过西乌旗，回锡林浩特。父辈昔日牧羊于此，艰难困苦不堕其志，草原不言，呼吸暗积。今履迹过草原，念之怆然，志之曰：鞭其后者学牧羊，草海深处一身藏。呼牛为牛马作马，见惯草青与草黄。"

8月13日，杨刚往游奥体公园。

8月14日，往人艺观《天下第一楼》。

8月20日，李光约杨刚、董正贺共进晚饭。

10月2日，杨刚、董正贺和杨肖往社会科学院附近访扬之水。扬之水原名为赵丽雅，是董正贺幼时玩伴，二人皆住南池子。扬之水言，每日凌晨三点半起床，晚九点半睡觉；其爱人言陪扬之水出国，扬每日在博物馆，如此用功，故能有所成绩。扬之水的代表作为《〈诗经〉名物考》，交谈中劝杨肖研究名物，此可见其志与局限。

10月11日，杨肖回美国。12月，完成英文博士论文。

为国家大剧院完成定制油画《音乐会》，尺寸为90cm×130cm。

2017 年，杨刚七十一岁。

1月28日，初一，陪同董正贺老师赴白云观。

3月12日，杨刚、董正贺赴机场接杨肖回。

4月17日，杨肖赴中央美院人文学院试讲，名次为人文学院第一。

4月19日，陪杨肖准备材料，美院学术委员会将看每人的相关材料。

4月20日中午，学校面试结束，得消息杨肖未被录取。刘涛分别电话咨询范迪安与郑岩，方知人文学院院长尹吉男要留他的博士生，故以杨肖专业不符为由，游说学校学术委员会，致杨肖落选。杨刚对杨肖说："不要难过，更不要气馁，把这件事当成你的回国第一课，关键是自己要有真本事，出的成果能顶时候。"

6月8日，杨肖回美国，准备毕业。6月8日夜，杨刚忽生病，赴和平里医院诊疗，误诊为肠胃炎。

6月9日，中午与董正贺、刘涛一同赴西雅图。刘涛日记记录："2017年6月9日，晨接岳母电话，言岳父昨日忽生病，腹泻不止，赴医院诊。晨已大致痊愈。中午与岳父母去首都机场，赴西雅图。"此是刘涛陪杨刚和董正贺赴美国参加杨肖博士毕业典礼前夜事。因刘涛晚上睡觉习惯手机静音，故是夜未接到董正贺电话。当时杨刚病发，腹泻严重，急就近赴和平里医院诊疗，医生断为急性肠炎，用药后清晨大致痊愈。因行程早已定好，中午依然飞赴美国。

6月10日，至西雅图，宿卡梅侬岛。杨刚来此岛多次，这几天主要是静坐、散步和画速写。14日，赴芝加哥，飞机晚点，深夜方至杨肖住处。15日，参加杨肖毕业典礼。导师先入场，奏乐；学生入场，奏乐。校长主持，每位博士上台，老师为绶带，似有中世纪遗风。傍晚，杨肖同学告别宴会。16日，在西北大学陪杨肖拍照，杨肖在此学校学习七年半。17日，游芝加哥，观芝加哥美术馆，游芝加哥大学。18日，杨刚、董正贺赴纽约。20日，杨刚与董正贺赴德国。Peter做了一个杨刚的展览，邀请二人参加开幕式。

7月15日，杨刚复发病，赴和平里医院，复误诊为盲肠炎，住院接受治疗。

7月23日，参加王德娟展览开幕式。王德娟先生说："我在北京798有个小展览。当时，杨刚已经有病了，还特地带着朋友看我的展览，大力推荐我的画，用了很长时间说服友人，甚至都影响了他去内蒙古参加会议的行程。"

8月19日，Peter与史红雁来访。

9月初，杨肖正式入职中国艺术研究院。

9月5日—15日，"杨刚、孙志钧曾经草原展览"，在内蒙古美术馆展出。展出杨刚五十余幅草原题材水墨和油画作品。朝戈先生观看了此展，称："我前年在内蒙古美术馆观赏了他与孙志钧的联展，看得出他依然深深迷恋内蒙古草原，以及永不能忘怀的知青生活。那里的艰苦，渴望与真情，无法形容，我们一定有强大的共鸣。"其间，马沛成先生来访杨刚，说："四年前，杨刚、孙志钧二人来内蒙古展览。因了宝德与孙志钧多年同窗之谊，我叨光在二人下榻的宾馆一叙。我拿出几年前写的《再读杨刚》一文，杨刚读了，又接过宝德递上的老花镜，咂摸了几个来回，不好意思地笑了笑：'把我夸得太高了。'"（《灯》）然这个展览闹了一次不愉快的事件，退画时，内蒙古美术馆故意将孙志钧的一幅画放到了杨刚的画中，当时粗略点数没有问题，及后来核对发现少退了一幅油画。通过朋友去内蒙古美术馆核问，方发现此作果在该馆。

锡林浩特举办"曾经草原展览"。据李立祥先生说："记得那年在锡林郭勒盟'大写草原美术作品展'后的文化活动中，但见他以斗笔蘸墨，在宣纸上一阵皴擦点染，随着笔势的轻重缓急、抑扬顿挫，呈现出苍苍的笔道和大片的墨色。立于一旁的霍校长开玩笑地说：'画坏了。'杨刚则不紧不慢，细心收拾，又写出有聚有散的骑马者，于是，一幅森林中数人骑马的场景出现了，亦真亦幻、苍辣大气。"山东青州的聂培卿先生说，当时他在现场，展览结束后，几位参展画家笔会，别的画家都是随便画一两张就结束了，唯有杨刚一直在画。这些画都是送给当地主办方的，杨刚毫不在意。

10月1日，杨刚复生病住院。刘涛10月1日日记记录："凌晨三点，电话忽响，盖岳父肠胃又出问题。与肖、岳母急送岳父至和平里医院，深夜做各类检查。晨6：30左右住院。"10月2日记："上午去医院。"10月3日记："上午赴医院。晚又与妻去医院。"10 月 4 日载："晚与妻去医院探视。"10 月 7 日记：
"晚赴岳父家，王颖生等在，与之聊天。"当时，王颖生老师
闻岳父病，前来探视。笔者尚能忆起，王颖生谈及岳父大写意
《骆驼图》，以为极妙。10 月 8 日记："晚岳母来电，方知岳父
因中午饮食稍多，复住院。晚往医院探视，其病情加重。"10
月 9 日记："晨先往医院探视岳父。"10 月 11 日："今日岳父做
肠镜，医生初步确定为癌症。"杨刚 10 月 1 日住进和平里医院，
但逢国庆节假期，故迁延至 11 日方做肠镜。10 月 12 日记："晨
赴肿瘤医院，见史红雁所介绍的医生。医生看相关检查后言，
缺盆腹腔 CT，做完此项检查，他再全面诊疗。回和平里医
院，接岳父，转至中日友好医院。"10 月 13 日："晚先去中日
医院。与岳母商，拟在中日医院手术。今日 CT 出结果，言无
转移，但肿瘤已大。医生定初步治疗方案，先化疗，使肿瘤缩
小，再手术。"10 月 14 日："上午赴机场接杨肖，途中告知岳
父情况。归家稍休整，去医院。岳父见到肖，极高兴。"当时，
杨肖入职中国艺术研究院不久，国庆假期结束后赴敦煌参加研
讨会，因不愿使其在外心乱，故确诊等未通知她。及归，方知
杨刚病情。10 月 16 日："晨去肿瘤医院，医生看 CT，言不能
断定是否已扩散，建议在肿瘤医院重做 CT。"10 月 17 日："晨
赴中日医院，岳父又肠梗阻，上吐下泻。医生言，昨日做加强
CT，喝水太多之故。"10 月 18 日："今日岳父呕吐腹泻缓解。
岳母下定决心，在中日医院手术。"10 月 19 日："今天岳父手
术。与岳母、肖、表姐候于门外。中途，一医生出告，手术艰

难，问家属是否同意继续手术。手术中途，当然要完成。下午一点，手术毕，医生言极成功，肿瘤切去，但淋巴未完全切除。切除 60 公分结肠转至重症监护室，情况逐渐好转。"10 月20 日："晨去中日医院。今日岳父从重症监护室转普通病房。"10月 21 日："赴医院探视，病情好转。10 月底，出院回家休养，进入化疗阶段。"

11 月，澳大利亚艺术家协会美术馆在墨尔本举办杨刚水墨画展，展出杨刚水墨体育、马术、书法作品 50 余幅。杨刚原拟参加开幕式，因病情原因未能出席。该展策展人为李光先生。

作品《墨象——奔腾》参加"第五届全国画院美术作品展览"，此展出版画册。

是年，杨刚整理了一个名为"自由长旅"的文件夹，汇聚其作品 1000 余幅。该集分为四个阶段：1956—1978 年，青年时期，学徒阶段；1978—1985 年，成长期，探索变革阶段；1985 –1995 年，低谷时期，激烈变革阶段；1995—2019 年，艺术成熟时期。此可视为杨刚的自我总结。

2018 年，杨刚七十二岁。

杨刚观看新年音乐会后，画了多幅作品，有指挥、歌者、提琴手等，亦在电脑中做了拼贴效果图《巴黎音乐会》，精彩纷呈的音乐会呈现于眼前。2021 年 11 月，中国美术馆举办的

"自由长旅——杨刚艺术展"展出了该作品。

2月20日，曾经草原画家年度聚会。

2月25日，王颖生、岳增光来访。

5月，国博举办了"真理的力量——纪念马克思诞辰200周年主题展览"，展出了马克思相关照片、手稿等，亦颇多关于马克思的绘画作品，其中即包含杨刚的两幅工笔作品《同维利希—沙佩尔集团作斗争》与《在恩格斯家做客》。笔者陪同杨刚赴国博观看了此展览。

创办"殊途同入境"群，乃是杨刚师生探讨艺术的群。杨刚说："殊途者，各行其是也。同入境者，共同投入视觉艺术也。这些艺术家都在北京画院入境庐（杨刚工作室）学习过，师傅领进门，修行在个人。如今都已经硕果累累，逐渐步入了艺术人生的成熟阶段。"

7月10日，杨刚接受媒体采访，成稿为《平常心用在艺术上就是艺术本体》。杨刚提出："艺术本体就是本真，平常心用在艺术上就是本体。艺术可以承载各种各样的，比如政治、社会问题，给人各种各样的启发，承载面很宽，但必须是艺术，可以承载经济、军事、亲情、理想，但是它必须是艺术，不是艺术就变成口号，就变成简单的说教了。在现实中，如果艺术任何时候都能满足人深层的心理需要，那这样的艺术才是真正的艺术，才能打动人心，唤起人的心理共鸣。平常心落实到画面上，落实到艺术上，就是艺术本体。好比说，本来你吃饱了喝足了，为什么还要画画？别人还要看画，这问题的答案就是艺术本体，尽量去追问这个。这就是绘画的本源，也叫绘画的本体。在画家老了以后，绘画本体就起特别大的作用，其实就是对人生起决定性作用，高中前就决定了你的人生是怎么样的，作为画画的，本体的东西就已经形成了，以后就是后天的了。"

7月，接受马立军（马立军先生在美国读美术史，以杨刚和朝戈为研究对象）采访，整理为《求索自由之路——杨刚访谈录》。杨刚谈到速写在其创作中的关键作用："西方的速写和国画没有任何联系，但在中国就出现了叶浅予、黄胄。我小时候苏联展览馆（现在的北京展览馆）有一个大展览，四个人——叶浅予、黄胄、邵宇、陆志庠——速写展。我一看觉得特棒，再加上附中老师的鼓动，我就特来劲。我小时候画山水、临摹连环画，三国什么的，画电影记忆画，没人教我，我就看完电影特激动，回来就画，电影镜头，一个一个的。后来又发展了，初中时候看小说，读世界名著，自己画插图，速写全都用上了。但是真正到附中以后，科班了，速写倒真跟国画没有什么关系了，因为当时我们学的主要还是西画基础，后来教育改革加了一点国画，有几堂课，临摹、白描，画白描的菊花，写生，和国画联系很少。到了内蒙古以后，速写就和工笔联系上了，因为和包世学、萨纳巴特尔、若希他们一块儿，那里工笔成风，我也觉得挺有意思的，就学工笔，速写的一些人物形象、动作，跟工笔重彩联系上了。到了中央美院，人家看我当时工笔比较好，就给我分配到了刘凌沧的工笔组。其实我的速写有'速度'，工笔就一下把节奏变慢了，觉得还有点压抑。到了北京画院很快就转入水墨了。一开始是黄胄、叶浅予的路子，就是速写和水墨结合。后来跟周思聪、卢沉，逐渐走到大写意，就是受当时吴冠中先生、贾浩义这些人的启发，我想把速写用笔墨给它'翻译'出来，一开始就这么简单。但是笔墨呢，画着画着，发现不是这么简单。笔墨学进去了，发现水墨画进去以后，再加上在美院叶浅予先生强调的'意象造型'，这时候开始发挥作用了。一开始光是听人家讲，这个老师讲，那个老师讲，到画院以后有时间了，自己考虑，看了关良，崔子范，然后临摹顾恺之线描造型，临摹陈老莲、贯休的罗汉，这都是为了学水墨。在这个过程中，还有写字。逐渐我就发现不是那么简单，并不是把速写用水墨画出来就是水墨画，越来越接触到水墨画的根儿了，是意象造型。"杨刚在《绘画伴随着少年时代》中写道："人家都说我练功刻苦，其实我是乐此不疲。画速写，是内心与外界沟通的一种渠道，对于青少年时期不善言谈的我来说，这个渠道就格外重要。画速写，成了我五十岁之前绘画的主要支柱，也是艺术人生的一大乐事。"

9月9日，参加王非"非关系——王非个展"开幕式。

9月22日，香港方毓仁先生及其子来访，杨刚、董正贺与他们一起晚饭。其子方力申为香港歌手，吃饭时被服务员认出，邀请他一起拍了照片。

9月24日，胡素馨来访。

9月28日，"薪火相传——王吉祥、王颖生画展"在河南省美术馆举办，杨刚到场祝贺。展览结束后，杨刚游洛阳。

10月27日，游朝阳公园。

12月13日，赴协和医院检查。当时杨刚癌细胞指数持续升高，虽经七次化疗，指数一直不正常。

12月14日，接受第二周期化疗。

12月15日，反应极强烈，几乎茶饭不思，呕吐不止。

油画《雾》《白毛风》参加中国国家画院油画院在中国美术馆主办的"古代文明与当代社会油画展"。笔者往中国美术馆看了此展览，《白毛风》描写内蒙古的白毛风，极具冲击力，可谓杨刚的代表作品。

12月下旬，吕嘉民和张抗抗来探访杨刚。

是年，吴洪亮看到了杨刚冬奥会系列作品。吴洪亮说："杨肖给了我一个杨刚先生冬奥会题材创作的优盘，当时我正做这届冬奥会的中国艺术作品全球征集活动，无论是设计师还是找来的雕塑家设计的一些形象，我们觉得都不足以代表中国冬奥的形象。看完这个优盘，我说推荐一位北京画院的前辈杨刚先生的画给你们看，大家一致通过，他们说这个作品代表了中国的艺术，又代表了冬奥的精神，而且有雕塑感。很多画中国画的艺术家没有雕塑感，齐白石是有的，我专门还研究过这件事。杨刚先生作品当中的雕塑感如何生成，我们可以进行研究。"

是年，又创作《迎亲图》。杨刚在《我画〈迎亲图〉》中写道："后来创作的多种版本《迎亲图》，见到的人褒贬不一、各抒己见，还要靠时间去作出最后的判断。写这篇文章时，我正在创作一幅一米多乘两米的油画《迎亲图》，今后也许还会有新版的《迎亲图》继续问世。"

刘凌沧先生的女儿郭菡君来访。她在《我所认识的两位先生》中说："在杨刚病中我还去他家里探望他，也没见他病态，还兴致勃勃地介绍他编的片子，然后让我坐在他每天都坐的落地窗前的椅子上说：'你看这里多好，我每天晚上在这儿看夜景。'我也是经常在微信朋友圈里看他发的窗前的早霞、夕阳、夜景。也许他还是喜欢大自然，大草原。在城里也只能在窗前看看景色了。我去看他的时候记忆最深的是，他偷偷告诉我，'自从病了，她对我可好了，也不批评我了'，然后露出小男孩天真的笑容。我想董先生对杨先生的不食人间烟火也是无奈了。还有一次他对我说：'你妈画得比你爸好。'这样的评论我从来没听说过，杨刚先生的眼光很独特，其实我也是这么认为的，只是不敢说而已。"

杨刚时常发微信朋友圈，记录他的创作情况。朝戈先生称："我几乎天天读杨刚的微信，日出日落。有时觉得杨刚琐细了，现在可以理解了，他更深地预知生命的长短，以露对全部生命的珍惜与爱恋。我与杨刚相处很少，但在这个世界的有些人，具真正的心灵相识。"

12月19日，家人为杨刚庆祝生日。一起吃了董正贺做的长寿面，吃了蛋糕，畅谈，一起拍了很多照片。杨刚非常开心，笑得像一个孩子。此为杨刚最后一次过生日。

2019 年，杨刚七十三岁。

2 月 8 日，应邀赴杨刚表弟儿子李若凡家做客，午饭于其家。李若凡为北京语言大学教师。

春节期间，"曾经草原"画家们组织了一次特殊的聚会。事后，杨刚做了视频《曾经草原画家新年聚会串营子》，记录了这次聚会，也加入一些昔年在草原时的照片。他们一早来到格日图家，在那里用完午餐，吃了手扒肉、蒙古饺子，喝了奶茶。下午又分别赴孙志钧工作室、杨刚工作室，观看了彼此的近作，写字画画、切磋交流。李立祥说："今年正月初五串营子时，我们来到他的画室，杨刚搬正这幅油画，但见草原冬月婚礼中送亲的场景迎面扑来——瑞雪、身着皮袍的牧民与蒙古马，远处持杆纵马的牧民，白与厚重的土红、土黄，概括的形体与色块，绘制了昔年草原上独有的民风民俗。可以感到，他以画笔表现关于草原以及对于自然万物的关切。对于自己的生命，他已有预知，这样抓紧做是在争取时间，意在为这个世界留下更多的作品。今日观其作品，越看越厚重，越看越有味儿。"晚上，他们来到李立祥工作室，大家进行了雅集。杨刚写了两幅书法《素心如雪》《拙实》。董正贺写了《飞泉鸣玉》《天乐人龢》。孙志钧写了《惠风和畅》。李立祥写了《紫气东来》。

2 月中旬，中央美院附中老同学聚会。聚会时，艾轩评价杨刚说，中国水墨画杨刚第一，他的水墨是神品、逸品；活着的中国水墨画家，如果每人拿出十张画，挂在屋子里盲评，杨刚肯定第一；杨刚虽然师从叶浅予先生，但艺术水准、格调、品位远超叶先生；杨刚的艺术创作有很高的艺术造诣，有很深沉的情感，是国宝，特别值得珍惜；因为他变化太大，美术界批评研究者没有研究透他，没有给他合适的评价；我们很多人能感觉到杨刚艺术的高妙，但因为学力不够，还评价不到位，也因为在好的美术作品前，语言是贫乏的，说不出作品的精微；杨刚虽然画水墨画，但是他的画具有世界性的意义；理解、认识杨刚的创作境界、美术史地位，还需要时间，当前中国美术界对杨刚是不公正的。同学们一致表示同意。

2月24日，杨刚去西坝河看望父母。

2月26日，杨刚、董正贺与牛克诚、李湜一家晚饭，一起交流了对当前美术的一些看法，聊到了牛克诚先生的青绿山水画。

3月3日，杨刚、董正贺、王良武、邱坚一起去卢沉先生和周思聪先生的女儿卢欣家聚会，畅谈往事，还一起喝了红酒。

3月25日，杨刚与董正贺赴扬州。住瘦西湖畔，游瘦西湖，访董正贺所题牌匾与对联。又游个园、何园、大明寺，杨刚非常开心。

3月29日，至杭州，访观董石良先生在西湖之畔所题牌匾，访观董正贺所题牌匾。在黄宾虹的雕塑前留影，可见对黄宾虹先生之尊敬。

在杭州状态尚好，可一人登山。

4月4日，杨刚、董正贺回京。当晚，笔者往见之，杨刚状态已非常差。

4月6日，孙志钧、王铁民、李立祥来访，讨论"曾经草原"展览事。商定后一起签名。杨刚坚持端坐与谈，及朋友们走后，极其疲惫，几乎不支。李立祥先生在《亦中亦西写草原》说："之前，我们还在他家商量5月下旬画展的具体筹备事宜，看他消瘦了，精神状态不好。殊不知，那天他是忍着病痛硬撑着与大家坐在一起商量事儿的，之后，还一起在宣纸上签名，可是万没料到他会走得这样急。"

4月7日，杨刚与董正贺去民族文化宫看展览场地，研究展览哪些作品、作品如何摆放等。归来极疲倦，休息后还尝试写了草书，此是杨刚最后的墨迹。

4月9日，入中日医院，情况已非常差。其后，杨刚的学生王颖生、王非、吕子真、兰子等人轮流看护。杨刚中央美院附中同学许涿、王良武、邱坚、李凯等来探望。

4月17日，已不能下床。

4月25日，刘涛与杨刚讨论王阳明《瘗旅文》，杨刚听罢答道："《瘗旅文》传播甚广，故尝读过。我四十之际，名、利已不能动心。不牺牲自由之外的东西就得不到自由，不牺牲此一自由就得不到彼一自由。后来，已然认定今之美术要责我开出生面。但生乎今之世，不能反古之道，也不能完全崇拜西方，于是我言亦中亦西，沟通中西，又提出汲古汲新，打通古今。此八个字是我从事美术创作的基本志向与格局。2017年

10月，第一次手术后，我已深入考虑过死生问题，当时也创作过一些作品有所表达。人世有代谢，我只尽我这一代应尽的责任，后面的事由后来者做。其后，坚持数次化疗，病情未得到有效控制。现在复发，来势汹汹。即使我心不动，或亦不能免矣。我今年七十三岁，人生七十古来稀，不算短寿，且一生作画不辍，从未浪费时间于无聊之事，故无所愧疚。我的绘画作品就是自传，一生的行迹、志向都在其中。我作画不执成见，美术界对我认识不足，原因即为道屡迁。若假我十年，还要变法，绝不固执。"杨刚又言："中年之际读过《传习录》，心学对我的创作有启发。有的画家以格物为主，穷格诸物，希望有朝一日豁然贯通。我则异于是，创作以诚意为主，意诚而物革；以明心为要，心明则能以物付物，故不管画什么都要使物各得其所、是其所是。但我不是凌空蹈虚，曾在明心上实实在在下过功夫，仅速写一项，一生所画最少十数万幅。所以对于阳明说的'博学是约礼的功夫''惟精是唯一的功夫'，感同身受。"

其时，王赫赫邀请杨刚参观其展览，但因病甚笃，未能成行。王赫赫写道："前段，中国艺术研究院为推介青年艺术家，在中国美术馆连续推出中青年系列展。我有幸被评选上，因画的都是以内蒙古题材为主的写意人物，所以我又想起了只有一面之缘的杨刚先生。特别希望先生再去莅临批评，我好当面求教。于是辗转问到先生电话，不揣冒昧地拨通了先生的电话，电话通了，但并无人接。于是我又短信说明了请先生观拙展的意愿。过片刻，先生电话回我了。我问：'是杨刚先生吗？'电话中说：'我是杨刚的爱人，我们在外地。回头再联系。'我的展览持续十来天，我期盼着杨刚先生的回复。谁知4月28日突然有陌生人加我微信。一问知是杨刚先生的女婿，告知我先生逝世的消息。并说：'整理我爸爸的手机，看到您给我爸的信息，非常感动。'我的眼泪止不住地流淌下来。直至我去八宝山送先生，师母还握着我的手说：'非常抱歉未能看你的展览，杨刚先生记得你，只是当时他说不了话。'每想此言，又不觉潸然泪下。这是怎样一种宽厚仁慈的品格。"

4月28日，因癌症已扩散至肝，治疗无效，于中日友好医院逝世。

杨刚去世后，兰子知道我们白天忙着应对丧事，于是她独自守灵三夜。

北京画院悼作《杨刚同志生平与艺术》称："杨刚同志作为北京画院的专业画家，一生精研业务、念兹在兹，艺术造诣深厚、博涉多优。他兼收中西、并蓄古今，于中国画、油画、速写、版画、连环画、书法都有很深造诣，工笔能放在精微、写意则得其大体，其创作实践'演绎了中国美术百年来的变化与演进历程'；他注重笔墨语言和形式创新，简笔写出所绘对象的典型特征，其所创当代水墨表现性绘画语言独具一格；他创作题材广泛，具象、抽象相结合，笔墨奔放、粗犷，画面始终表现出理性与感性交融的思考状态；他强调中西格义，创作出融通中西的大写意、写意油画《望春归》《毛毛雨》《白毛风》等作品，是中西相遇以来绘画创作的重要收获。"

4 月 30 日，杨刚遗体告别仪式在八宝山兰亭举行，全国各地来悼者五六百人。王赫赫记录了告别仪式："杨刚先生的追悼会在北京八宝山举行，亲朋好友排了很长的队为他送行。我看到田黎明老师，田老师问我：'也和杨刚先生熟识？'我眼里含着泪说不出来。我与先生只有一面之缘，但似乎是很熟识的朋友，如同林语堂知苏东坡一样吧。杨刚先生的画感动着我，如果'画如其人'此言非虚的话，那么见他笔下涌动的笔墨与色彩，正可见其人的刚正、豪情。杨刚先生于我当然是位良师，但又是慈父，又可说是肝胆相照、可托死生的朋友。说来奇怪，有些人天天见面可能无法深交，有些人只见了一面便可托死生！我为先生作了首道别诗：与君一面竟长别，二十年来似太匆。何处丹青歌壮美，岂知脊骨爱狂风。京华寒雨斯人去，大漠阴云万马空。热血豪情应犹在，举觞泪洒草原中。"

王明明作文《杨刚的智慧》称："没想到杨刚兄匆匆地走了，告别式后心情久久不能平静。他是我最为佩服的艺术家之一。他在世时为人低调不常露面，很多人对他不很了解。他的离世，不仅让我感到美术界失去了一位艺术大家，更缺失了一面无法弥补的镜子。他是一位造型能力极强且又能融会贯通的全才艺术家，他思想活跃眼光敏锐，力求别开生面。在他的艺术生涯中有大批的写生、油画、工笔、水墨、书法、微电影……以及很多无法被归类的艺术形式。"

中央美院附中王德娟老师说："杨刚是国画家，性格内向，少言寡语，敬师重老，其人具有中国传统美德，其作具有中国气派。但他的画中充满着张扬的活力和冲击力，他的画具有时代感，他是当今卓有成就的画家。我们中央美院附中有杨刚这样的学生，是附中全体师生的骄傲。杨刚是一位丰满的有真有善有美的人，是大有成就的人，虽短短的一生，他已做到尽善尽美，可以说是无憾的一生，完美的一生。他对我的爱戴，作为一个教师的我，觉得此生值了。杨刚，我们想念你，我们不会忘记你！"

朝戈先生《关于杨刚》言："两年前茂茂告知我杨刚病重，我亦想到内蒙古地区正速速发展的心身疗法，奇迹多多，亦与杨刚通话，但因我着急出门，话语草草，未能打动他，是一个遗憾。我与杨刚相处很少，但在这个世界的有些人，具真正的心灵相识。杨刚的性格与心灵是属于草原的人，那里是他永远的归属。对我来说，又走了一个诚挚的人。杨刚，是永远的草原知青，是蒙古人的朋友，是富才华的画家，是珍贵的诚挚的人。"

田黎明先生作《杨刚：一个大写的人》道："每一笔都从性情中写来，物我不分，意在当下，又忽然万转，若诗一般，看似眼前所现，实为心底深处的远方。杨刚先生把生活中的一切转化为境遇，将笔墨书写转向了现代书写，形成了具象、意象、抽象的合一，创造了属于时代的独特画风与画格。每个人的生活中都会有境遇或是遭遇，杨刚老师作品中没有经历遭遇，我们领悟的是心灵的慰藉和心灵的净化，领悟的是时代精神的大写，杨刚老师率真的心性和为人为事为学达到的一致性，对于每位创造型艺术家是一辈子所去追寻的。"

吕嘉民、张抗抗、苏士澍、孙晓云、中央美院同学、中央美院附中师生、"曾经草原"画家、内蒙古师友等送来挽联，痛悼杨刚辞世。

谱

后

2019 年

5 月 26 日,"曾经草原画展"(第五回)在民族文化宫举办。展出杨刚水墨、油画作品约四十件。展览开幕式,天降大雨,杨刚的一些朋友说,此天哭杨刚也。

2021 年

8 月,杨先让先生作文《"闯将"杨刚》。杨先生称:"杨刚岂止画马,他包罗万象,在随心所欲、尽力摆脱不必要的束缚,造儿童达不到的境地。他最后选用我族传统的纸墨笔砚,去延展、去表现、去追求他化中西艺术上的自由。他的心比别人都大,这也是他作为新时代艺者身上的重担。"

11 月 25 日—12 月 5 日,2021 年文化和旅游部国家美术作品收藏和捐赠奖励项目"自由长旅——杨刚艺术展",在中国美术馆圆厅举办,主办单位为中国美术馆,协办单位为北京画院。展览分为"唯变所适""汲古汲新""亦中亦西"三个篇章,展出杨刚作品 150 余幅。中国美术馆馆长吴为山在致辞中说:"今天,为杨刚先生举办这个展览相当于是盖棺论定,是中国美术界对杨刚先生美术成就和地位的充分肯定。"他说:"杨刚先生追求大框架、大格局,从'尽精微'的写实工笔,到'致广大'的意象水墨,尽量保留深层、生动的元素,努力实现心中的极致状态。在寥寥数笔的中国书法式的意象造型背后,凝聚着画家几十年的艰苦探索历程,是绚烂之极而复归平淡的产物。"北京画院院长吴洪亮先生在开幕式致辞中称,杨刚是画家中的画家。他说:"今天开幕式的时候,圈子里很多画家都说,杨刚的作品真好。可是目前,甚至大的美术圈都还不太清楚杨刚先生的价值和意义,更别说整个文化系统和社会了。但是只要艺术家有好的作品作为宝藏留下来,一点都不要着急。我相信历史特别公平,不需要急。一旦大家看这个好,一大堆人做研究,将开始改变美术史的写法。今天中国美术馆的展览是一个真正的开始。"

11月29日下午,杨刚艺术研讨会召开。李敬泽、安远远、胡勃、何家英、孙志钧、许涿、张志中、裔萼、吴洪亮、蔡涛等人参加,诸人客观、高度地评价了杨刚的艺术。大家以为,这个研讨会必然为杨刚研究史的重要转折点和新的起点。

韩子勇说:"对于杨刚先生的艺术过去了解较少,后来在微信朋友圈中看到了他的作品,于是一下子就记住了他,我觉得他特别了不起。好的艺术绝不会被埋没。后来我不断从刘涛的朋友圈看到杨刚先生的作品,这次是第一次看他的原作,看完后更觉得非常有震撼力,能勾魂,他的作品看完后让人永远能记住。杨刚了不起,他是非常杰出的画家,打破一切陈规陋习，在艺术的原野上不羁长旅。我们在很多宣传其多的美术作品中看到的是平庸，但在杨刚先生的作品中呼吸到的则是真正的美的气息。"

李津先生至中国美术馆看毕杨刚展览，临别出画作一幅，名为《天边》，言杨刚辞世，非常伤心，当时作画一幅，今日赠送家人，以为纪念。

邵飞说："当今美术界，有追求观念的，有追求写实的，有追求抽象的，有追求学院派的，但能像杨刚这么融会贯通的艺术家真是很少很少，他是一个大艺术家。这个展览非常成功，是大家全面认识杨刚创作的开始。"

谢志高评价道："我们的画都是从写实这条路上走出来的，但他率先从写实的道路上走到抽象，但他没有走得很远、扔掉写实，而是找到一个点，维系了写实和抽象的平衡。可惜他走得早了一些，如果再给他一些时间，杨刚肯定会成为中国美术史的一座丰碑。"

裔萼评价说："杨刚说，不牺牲自由以外的东西就得不到自由，艺术尚未成熟而过多地被杂事分心就得不到艺术上的自由。我觉得他这个才是大智慧。很多艺术家为什么最终没有成就，关键还是因为修养不高，入世太深，不能舍弃艺术之外的东西，所以只能舍弃艺术，或者说被艺术所舍弃，这是一定的。历史是公平的，杨刚舍弃了艺术之外所有的东西，只选择了艺术，艺术也选择了他，美术史也选择了他。"

祝东力先生说："'自由'是80年代的气质，尤其是杨刚先生的代表作品，比如《登上山顶》《暮雨低》《望烟归》等，扑面而来的就是这种气质。80年代自由探索的时代气质，通过某种最能代表那一代人精神的现代主义艺术形式，与亘古不变的蒙古大漠的雄浑气象交融在了一起。特定时代的气质、一方天地的气象、优异禀赋的艺术家的心与眼与笔，可以说都是常数，但它们的交汇相遇则是异数。"

马振声先生说："我上中央美院的时候，杨刚上附中，那时候就知道他速写很好。后来见过他好多次，他为人谦虚低调，一般都是听别人说，自己很少说话。我见过他画的工笔，又见他转向大写意。看了这个展览，受到很大的冲击。杨刚为中国画的转型做出了巨大的贡献。"

《北京青年报》采访小柯先生问道："2021年有哪些好书或影视剧、综艺、展览让您难忘？您会选哪两个推荐给大家？理由是什么？"小柯先生答道："前阵儿看了杨刚在美术馆的一个展览，挺棒的，是水墨画现代，也有油画。这个画家已经去世了，他原来常在国外做展。那个画展让我印象很深刻，就是明显可以看到一个艺术家成长的过程，而且与众不同。"

杨力舟先生说："杨刚后期执着追求，秉承能得神则笔数愈简而神愈全的理念，为破解写意精神之密码苦下功夫。在群马奔驰、民族歌舞、运动竞技、音乐交响、草原盛会等蒙古族风情中，用速写水墨写极难捕捉的美景，皆长于记忆。默写夸张造型，静观得神，形指腕追物象内在的运动规律掌控在笔下，雄厚的基本功夫不经意间体现。这一批作品删繁就简，写意中融合抽象，他做到了中国画贱形而贵神之高端，为今日画坛开了先河，攀登创新型艺术园地。"

何家英先生评价道："杨刚的一生就是纯粹画家的一生，木讷且不谙世事，也不按照普通人做事方式出牌，他远离市场和社会，始终保持着纯正、纯净、干净，保持着自身的人格独立。他的自我，他的个性太强烈，绝不会圆滑。杨刚就是今天我们美术界的高峰，他所达到的艺术上的高度，绝对不亚于西方任何一个大师，杨刚就是今天中国画的大师。"（《一个纯粹的画家，一座创作的高峰》）

张志中先生作《"自由长旅——杨刚艺术展"赞》曰："巍巍殿堂，大展杨刚。自由长旅，溢彩流光。亦古亦新，气吞八荒。如歌如诗，时代华章。大笔如椽，挥洒飞扬。长旅漫漫，甘苦自尝。少言木讷，外朴内刚。为艺而生，热血中肠。有胆有识，跬步行长。精神世界，无限风光。广阔草原，大野苍苍。晨昏寒暑，冰雪风霜。放牧劳作，车马牛羊。骏马奔驰，屯石火光。笔留心画，儿童额娘。情深似海，交融深藏。速写万象，车载斗量。继之水墨，淬炼成钢。化繁为简，笔力雄强。气象万千，慨当以慷。生命长歌，生灵翱翔。熔古铸今，出新拓荒。砥砺前行，大气辉煌。高峰深谷，幽兰芬芳。灵魂自由，艺术之光。名垂画史，大哉杨刚！"

2021年12月24日至2022年1月13日，"生·生——杨刚艺术展"在北京画院美术馆举办，主办单位为北京美协、北京画院和深圳美术馆，该展览被纳入"相约北京"奥林匹克文化节暨第 22 届"相约北京"国际艺术节。以水墨表现冬奥，且水准如此之高者，当代舍杨刚先生已无有也。吴洪亮先生在展览序言中写道："杨刚先生是北京画院的前辈，谦和而决绝，不慕名利，大隐于市。我们也仅在纪念周思聪、卢沉的活动上见过面。而对他的作品很早就有所关注，是那种很纯粹的绘画，我也很单纯地喜欢。杨刚强调笔墨、造型的质量，有品格却不大讨好，熟悉他的圈中之人虽赞誉有加，但之于大众既难见到，在理解上也有一定的门槛。因此，对于杨刚的推介，的确需要一个契机让大家进一步了解这位北京画院了不起的艺术家。2018 年，杨刚的女儿杨肖发给我她父亲对着电视画的一批冬奥会速写，有毛笔的、有马克笔的，也有大约是签字笔或圆珠笔画在各类纸上的作品，那份自由的力量如同体验高台滑雪时凝在了空中，的确把我惊到了！老先生将速度的质感与人体的量感，包括无数可供回味的动态细节，竟然在挥洒间全部抓在手里，然后安安然然地张开，交给你的眼睛去体味。这已然超出了我们惯常对速写的要求，瞬间中的雕塑感充满了精神性！我们当即相约，到 2022 年北京冬奥会时，请杨先生再画批作品。无论在哪里，一定要做个展览。而哪里能够预料，2019 年杨刚先生病情突变，离开了我们。此后，经过一年多的酝酿，在吴为山馆长、安远远副馆长的主导下，'自由长旅——杨刚艺术展'于中国美术馆开幕，不仅在具有标志性的圆厅展出了多幅代表性作品，更通过'唯变所适''汲古汲新''亦中亦西'三个板块对杨先生一生的艺术探索进行了梳理。此展虽在疫情之中，却产生了很好的反响，杨先生作品的能量终于开始被大家感受到了。而将在北京画院美术馆举办的以'生·生'为题的展览，希望借由冬奥主题作品为主的百余幅作品，在凸显'天地大德曰生'和'生生之为易'哲思的同时，以冬奥主题作品为核心呈现杨刚先生艺术背后的生成逻辑。在展现那些'所以'的同时，我们更希望体现出作品的'因为'。譬如，我们会展出杨刚先生表现运动员动作、形象、比赛场景的作品，且平行展出他的书法、内蒙古草原题材、北京题材甚至音乐题材的作品。观众不仅会在对比中有恍然大悟后的欣喜，更将体会到一位艺术家画外丰盈而深厚的修养以及生活的磨砺，对创作的反哺有多么重要。"

2022 年

1月20日—2月15日，深圳美术馆举办"生·生——杨刚美术展"。陈履生先生作展览前言《另类的杨刚，另类的艺术》道："杨刚——中国画界的另类；他好像不在今人的视野范围之内。今天当人们看他的画，如同当年人们看印象派，看梵高、毕加索一样，有着别于人们视野之内的千篇一律。他不是主流中的一滴水，或一朵浪花，随主流而动；而是主流之外的一条小溪，自由自在，按照自己的流向前行。杨刚的特殊性在于他有着令人羡慕的专业出身，但他背叛学院派而走在属于自己的孤独的艺术道路上。他本应该在公众的视野之内，应该在潮起潮落中看到他的搏击，可是，面对如今的媒体世界，面对那张好像是能够包罗万象的网以及各种喧嚣，他的远离，使人们渐渐地淡忘了他。""重要的是杨刚把现实主义建立在自我表现的方式之中，并在脱离主流之外显现出了一种这个时代中难得见到的自由的状态。所以，杨刚的艺术有着独特的趣味，是画的感觉。这种趣味并不是人们所说的笔墨，也不是人们常说的形式或其他，而是属于他心中的自由。有了心中的自由，艺术的自由就呈现出了不一样的风采。这就是不同于一般的杨刚，这就是当代画坛中如果缺少了他就变得不够生动的遗憾。因此，当杨刚去世之后，人们发现他的存在，忽然感觉到这样一位曾经叱咤风云在主流画坛中的画家离我们越来越远。但是，它又像一颗黑夜中的明星呈现出了闪闪的光亮，其在黑夜中的明亮正是我们今天的艺术需要。"

杨刚多幅水墨作品作为 2022 年北京冬奥会公共艺术全球征集活动的宣传形象。吴洪亮先生在《但求至善　无问西东——关于杨刚先生艺术创作的对谈》说："而我为什么会在 2020 年力主杨刚先生的这组水墨作品作为 2022 年北京冬奥会公共艺术全球征集活动的宣传形象去推广、作为雕塑项目的形象去凸显出来？那是因为，在他的作品里，我明明看到了如同雕塑那样的空间的力量。"

3 月，中国美术馆举办"'江山壮丽'馆藏山水与风景题材作品大展"，杨刚先生油画《雾》在其中。2021 年 12 月 5 日"自由长旅——杨刚艺术展"结束，我们捐赠给中国美术馆

30 幅作品，《霁》为其一。2021 年 11 月 24 日"自由长旅——杨刚艺术展"布展将毕，笔者陪吴为山馆长巡馆，他在《霁》前驻观久之，叹为稀有，及闻此画拟捐中国美术馆，以为得其所哉。

3 月，中国美术馆展出杨刚油画《牧民迎亲图》。

4 月，《心远集——杨刚谈艺录》由东方出版中心出版。"心远集"名此书，典出陶渊明"心远地自偏"。"谈艺录"可知此书是杨刚讨论艺术的文章汇集，分为论艺第一辑，自序第二辑，师友第三辑，访谈第四辑，另有三篇附录。封面用了杨刚的画《傻小子在草原》系列之《睡入一槽晴空》，是回忆昔年在内蒙古牧羊的生活，带有自传性。封面"心远集"由董正贺老师题写，取法爨宝子，古朴厚重。《序言》用了 2019 年杨刚辞世之际北京画院撰写的《亦中亦西与汲古汲新——杨刚先生生平与艺术成就》。《后记》由杨肖撰写，交代了编辑的基本思路和原则等。

11 月，杨刚的油画《牧民迎亲图》在中国美术馆展出。

11 月，杨刚工笔画《草原传说》在安徽省美术馆展出。

12 月，杨刚线上美术馆创办。

2023 年

7 月，《杨刚体育作品绘画集》由浙江人民美术出版社出版。2021 年底至 2022 年初，北京画院和深圳美术馆主办的"生·生——杨刚艺术展"，分别在北京画院美术馆和深圳美术馆举办。展览结束后，深圳美术馆与北京画院支持出版了此书。该书分美术作品与相关文献两个部分。该书作品分为九类：冬奥会第一，水上运动第二，球类第三，体操第四，传统体育第五，田径第六，马术第七，自行车比赛第八，难以分类或数量较少的作品归为"其他"第九。共出版杨刚体育题材作品300幅。

12月，青岛墨非墨举办"于地行空——杨刚、赵文华作品展"，展出杨刚水墨作品8幅。赵文华先生为内蒙古人，年轻时曾和杨刚有所接触，他评价杨刚道："凡画马的人都是在画一个综合体的画马，但杨刚画的马与他的生命历程息息相关，他的马是蒙古马，是锡林郭勒的身影！全中国有两位画家的马是有姓名的，一个是妥木斯，另一个就是杨刚。"

2024 年

7月，小众书房举办"终日乾乾——杨刚体育题材作品展"，展出体育题材作品16幅。8月3日，在小众书房举办交流座谈，作家蒋一谈，学者刘志荣、陈均参加，杨肖主持。

8月10日，青岛墨非墨举办"莫不中音——杨刚艺术展"，展出杨刚20幅音乐舞蹈题材类作品。

8月12日下午，青岛墨非墨举办杨刚《莫不中音》学术研讨会。青岛文联主席、青岛大学美术学院院长王绍波先生表示，杨刚的审美和技法无可挑剔，不经意的一笔可能都有深意。杨刚是艺术史上的一座高山，他的签名"刚"似"山"字，不知道是不是有意，这可能就是他艺术自信的表现。杨刚先生太低调了，但是他不低调怎么可能有今天的艺术成就，二者虽然相悖，其实是统一的。杨刚是一本很难读得完的厚厚的书，要好好地品。世界中的造型千千万万，杨刚也是千变万化、洋洋大观，他在画大千世界，没有重复。杨刚先生太丰富了，他的画几乎幅幅精彩，看完杨刚先生"莫不中音"展览，真是激动不已，连笔放下的念头都有了。杨刚先生是永远值得学习和仰望的艺术家，是中国艺术史上的大艺术家，甚至是中国走向世界的最具代表性的艺术家。评论家、良友书坊创始人臧杰先生说，"杨刚先生尝试水墨、油画、工笔等各种美术媒介，广泛描写草原、音乐、体育、域外等各类主题，受到中国传统、音乐等深刻影响，走出了亦中亦西、汲古汲新的美术路径，其水墨写意作品具有强烈的个人风格、高超的审美水准和重要的美术史价值。之所以能达到这样的水准，一方面是杨刚先生纯粹的品质，另一方面是他发现了自己的特点、走出了与众不同的路，最后则是因为杨刚先生勤奋不倦地创作。"

9月，"江山如画——北京画院典藏精品展"在国家大剧院展览，共展出北京画院 70 余位画家的 80 多幅作品，其中包含杨刚先生 3 幅《花样滑冰》作品。

2024 年 11 月—2025 年 1 月，杨刚作品《俩马倌》（该作品被中国美术馆收藏）选入"中国写意——来自中国美术馆的艺术"，在匈牙利国家博物馆约瑟夫·那多尔厅展出。

4 月 29 日—6 月 29 日，"瞻彼阕者——杨刚运动题材写意水墨展"在奥森公园南园奥森书局举办。

5 月 24 日—6 月 2 日，北京画院、内蒙古美术馆主办"生生不息的大象——杨刚的内蒙古世界"展览，展出杨刚水墨作品 70 余幅。

附录　杨刚同志生平与艺术

　　杨刚同志 1946 年 12 月出生于河南淮阳，1963 年考入中央美术学院附中，1969 年到内蒙古乌珠穆沁草原放牧，1970 年返校下放参加农业劳动，1973 年进入内蒙古锡林浩特文化馆工作。1978 年考入中央美术学院首届研究生班，师从刘凌沧、叶浅予、蒋兆和、李可染、卢沉、周思聪等先生，系统地学习了中西绘画技艺和绘画史论，为之后的专业创作打下了坚实的基础。1981 年，调入北京画院，担任专业创作干部。2006 年 9 月退休，为国家一级美术师。

　　杨刚同志作为北京画院的专业画家，一生精研业务、念兹在兹，艺术造诣深厚、博涉多优。他兼收中西、并蓄古今，于中国画、油画、速写、版画、连环画、书法都有很深造诣，工笔能放在精微、写意则得其大体，其创作实践"演绎了中国美术百年来的变化与演进历程"；他注重笔墨语言和形式创新，简笔写出所绘对象的典型特征，其所创当代水墨表现性绘画语言独具一格；他创作题材广泛，具象、抽象相结合，笔墨奔放、粗犷，画面始终表现出理性与感性交融的思考状态；他强调中西格义，创作出融通中西的大写意、写意油画《望春归》《毛毛雨》《白毛风》等作品，是中西相遇以来绘画创作的重要收获。

草原是杨刚先生绘画的主要题材，青年时期的草原生活及在内蒙古的工作经历，开启了他探究自然、生命和艺术的通道，使他的人生变得更加丰富，画路变得更加宽广，那里的蓝天、白云、草地、牛羊、骏马、蒙古包一直定格在他的记忆里，成为他创作取之不尽的源泉。他从生活的各个细节出发，多维度地刻画大草原的天地大美、风土人情、时代变迁，创作了一大批草原风情作品。这些描绘深入、鲜活生动而独具风格的作品，在当代画坛显得尤为耀眼。他还擅于表现音乐、舞蹈、体育等题材，以简洁有韵味的线条展现人体律动的姿态，以或粗犷或纤细的线条展现出不同的舞风，篮球、足球、游泳、乒乓球、滑冰、太极等题材的创作，能取大体、得其神。

1980 年他在央美研究生班的毕业创作、工笔重彩长卷《迎亲图》获得"叶浅予奖金"二等奖；1984 年重彩画《摔跤手之歌》荣获新中国成立三十五周年全国美展北京地区甲等奖；水墨画《风雨牧人》荣获 2001 国际艺术博览会一等奖。此外，他的作品先后在中国、美国、瑞士、西班牙、德国等国家及香港等地区展出，并被国内外博物馆、美术馆等专业艺术机构收藏。出版有《杨刚速写》《走近画家——杨刚》《名家逸品·杨刚专辑》《中国当代美术家——杨刚画传》《汲古汲新——杨刚画集》《自由长旅——杨刚画集》《中国画名家画库——杨刚精品卷》和《当代速写精粹——杨刚专辑》等多部画集。

杨刚同志为人坚毅散淡、高尚坦荡，做事认真负责、诚实周到，待人和蔼热情，真诚宽厚，受到美术界同仁的深深敬爱。

杨刚同志热爱祖国、热爱人民，将身心全然地奉献给了艺术事业，在北京画院二十五年的艺术创作中，为北京市乃至国家的美术事业发展做出了自己的贡献。2006年从工作岗位退休后，杨刚同志仍怀着对绘画事业的热爱与执着，坚持水墨、油画以及其他艺术形式的创作，不断进行对"汲古汲新"和"亦中亦西"的艺术探索。

2019年4月28日，杨刚同志因病医治无效，在北京与世长辞，享年七十三岁。

他的艺术高度必将会被越来越多的人所认识。

我们永远怀念杨刚同志！

北京画院

2019年4月28日

后　记

　　2019 年 4 月，杨刚辞世，一代巨匠离我们而去。杨刚虽然说过，我的作品就是自传，然知人论世，方能更全面地理解杨刚的艺术。近年，杨刚昔年的同学、同事、朋友陆续离开人世，惧一代人逐渐谢世，恐杨刚的情况将不能复明，不仅有愧于父亲，也将有愧于中国当代美术史，于是我们广泛采访了杨刚分司厅中学同学、中央美院附中同学、锡林浩特同事、中央美院同学、北京画院同事等，多次去杨刚出生地河南沈丘、读书的分司厅中学、插队工作过的锡林浩特、读书的中央美院、工作的北京画院等地走访，积累了很多材料，也写成了一些文章。恰不少研究杨刚的朋友们来问，希望能多公布杨刚的生平资料，遂决定写一本杨刚的年谱。

　　2017 年，经笔者建议，杨刚自己纂成《杨刚简谱》。在此基础上，我们陆续补充，同时继续采访、研究，历三年，成此书。

年谱材料虽多，似亦较散，但有一以贯之者，即杨刚的艺术成长经历，希望让读者看到杨刚是如何养成的，希望让读者看到杨刚的青少年时期如何，学习时期如何，变革时期如何，最后的成就和境界如何。此为本谱之纲，执此则举目皆张也。

笔者虽是传主的女儿，同时也是美术史研究者。在撰写此年谱时，笔者一方面笔端常带情感，另一方面注意实事求是。在撰写的过程中，常常提醒自己要客观，不能因为情感而遮蔽理性。杨刚是我的父亲，这份年谱是纪念父亲之作。杨刚也是中国美术史的杨刚，这份年谱也是一位研究者致敬伟大艺术家之作。

此谱虽假笔者之手而成，实际凝结了诸多人的心愿、智慧和热情。当代美术界一度颇为混乱，位高者即成就高、市场好，令有识者心冷。杨刚则不然，素位而行，唯执于艺术，不热衷奔走，所以一度边缘化。然毕竟明眼人多，客观者众，他们希望一个真正的艺术家有应有的美术史地位，他们希望一个真正的艺术家的生平不应被湮没，他们热爱、喜欢真正的艺术家，这些理性、情绪和热情假笔者之手，遂有此谱。感谢母亲董正贺，这份年谱凝结着她的心血。感谢杨刚在锡林浩特插队时期的朋友们，孙志钧先生、李立祥先生、王铁民先生等。感谢杨刚中央美院附中的同学们，张志中先生、许涿先生、王良武先生、李凯先生、孙为民先生、艾轩先生、路盛章先生、周萍女士等。感谢杨刚中央美院研究生班的同学们，杨力舟先生、王迎春女士、聂鸥女士、胡勃先生、史国良先生、孙景波先生等。感谢杨刚北京画院的同事们，王明明先生、闫振铎先生等。感谢杨刚的朋友们，张祖英先生、陈履生先生、广军先生、田黎明先生、陈平先生、何家英先生、吴洪亮先生、李津先生、Peter 先生、方毓仁先生、陈明桂先生、余辉先生、巩海军先生、李光先生等。感谢杨刚的学生们，王颖生先生、王非先生、吕子真先生、兰子女士。

中国当代美术史尚在大浪淘沙的过程中，结果虽暂时还不明晰，但浮沉之大势已见。杨刚辞世前曾言："大家认识我还需要五十年的时间。"把一切交给历史，让艺术本身说话。

杨肖

2024 年 10 月 20 日